ERZIEHUNG ZUR ANTHROPOSOPHIE

Darstellung und Kritik der Waldorfpädagogik

von

Klaus Prang

2., durchgesehene Auflage

1987

VERLAG JULIUS KLINKHARDT · BAD HEILBRUNN/OBB.

CIP-Kurztitelaufnahme der Deutschen Bibliothek

Prange, Klaus:
Erziehung zur Anthroposophie : Darst. u. Kritik d. Waldorfpädagogik / von Klaus Prange. – 2., durchges. Aufl. – Bad Heilbrunn/Obb. : Klinkhardt, 1987.
ISBN 3–7815–0579–0

Gesamtherstellung: Graphischer Großbetrieb Friedrich Pustet, Regensburg
Printed in Germany 1987
ISBN 3–7815–0579–0

Inhalt

1. Blick von außen: Eine Gesamtansicht für Anfänger

I.

In dem Maße, wie die Reformimpulse des allgemeinen Schulwesens versiegen, richtet sich die Hoffnung vieler, die mit den gegebenen Schulverhältnissen unzufrieden sind, auf die freien Schulen in privater Regie. Insbesondere die »Freien Waldorfschulen« erleben jetzt inmitten einer allgemeinen pädagogischen Baisse eine unerwartete Hausse, sozusagen schulische »windfall profits«, die sie kaum verkraften können. Der Andrang ist größer als das Angebot an verfügbaren Plätzen; die Bereitschaft von Eltern, ihre Kinder Waldorfpädagogen anzuvertrauen, nimmt zu, und zugleich wächst auch die Zahl der jungen Lehrer und Lehraspiranten, die entweder gleich dem Staatsdienst fernbleiben oder sich aus Enttäuschung über fehlende Berufsaussichten den Waldorfschulen zuwenden. Von beiden Seiten, von den Abnehmern wie den Trägern schulischer Erziehung, kommt so der Waldorfpädagogik ein vertieftes und erneuertes Interesse entgegen. Sie erscheint als eine Provinz pädagogischer Gestaltungsfreiheit, als konkrete Alternative gegenüber der verwalteten und erlaßgeplagten Staatsschule mit ihrem bürokratischen Überbau und ihren curricularen Engpässen.
Diesem Unbehagen an der normierten Erziehung setzen die Waldorfschulen das Versprechen entgegen, einen Freiraum geistigen, musischen und verinnerlichten Lernens offenzuhalten, ohne Zensurendruck und Sitzenbleiberelend, ohne kognitive Versalzung und Eintrocknung; eine Schule, die nicht nur unterrichtlich instruiert, sondern die vor allem erzieherisch motiviert. Eine Schule also, die dem »ganzen« Menschen gerecht wird, die von der Betroffenheit und den Erlebnissen des Kindes ausgeht, und von daher sein wirkliches Können, Wissen, Fühlen und Wollen kultiviert, statt es den abstrakten Normen anonymer Lehrpläne auszusetzen. Wo solche Erziehung noch möglich erscheint, da ist auch Luft für Lehrer, die mehr als nur Stunden geben und Schule »halten« wollen: das angstfreie Lernen der Schüler – so ein Stichwort, unter dem die Waldorfpädagogik propagiert wird – bewahrt auch den Lehrer vor den Deformationen beamteter Unterrichtsroutine und gibt ihm die Chance, seine erzieherischen Motive einzulösen.
Nur: was wissen wir wirklich von der Waldorfschule? Es gibt sie seit

mehr als sechzig Jahren, seit nämlich im Jahre 1919 unter der Führung von Rudolf *Steiner* in Stuttgart die erste Schule auf der Grundlage der anthroposophischen Weltanschauung gegründet worden ist. Und seit mehr als sechzig Jahren ist die etablierte Erziehungswissenschaft nicht über Randnotizen und Fußnoten zur Waldorfpädagogik hinausgekommen.[1] Bis heute ist die Aufgabe unerledigt geblieben, dieses pädagogische Konzept vergleichend und kritisch zu überprüfen, so wie das Gymnasium des 19. Jahrhunderts, das Programm der Einheitsschule oder der Pygmalioneffekt untersucht worden sind. Fast alles, was über dieses Erziehungs- und Schulexperiment vorgetragen worden ist, stammt von Sympathisanten oder Anhängern. Wer sich auf das beliebte Prüfungsthema »Waldorfpädagogik« vorbereitet, sieht sich auf die einschlägigen Traktate von Waldorflehrern verwiesen, auf *Carlgren* und *Kiersch*, auf *Wehr* und neuerdings auf *Lindenbergs* Darstellungen, die die befremdlichen Besonderheiten der anthroposophischen Erziehungslehre dem normalen Common Sense und pädagogischen Zeitgeschmack anpassen.[2] Das ist so, wie wenn wir über den protestantischen Glauben oder die katholische Dogmatik, das kommunistische Manifest oder den Zen-Buddhismus nur von deren Anhängern und Mitgliedern unterrichtet würden.

Es gibt bis zur Stunde weder zu Rudolf *Steiner*, dem Erfinder der Anthroposophie und der anthroposophischen Pädagogik, eine wissenschaftliche Darstellung von Leben und Werk, die nicht von einem seiner Jünger verfaßt wäre, noch gibt es zur Pädagogik, Didaktik und Organisation der Waldorfschule eine unabhängige Erörterung, die sie mehr als bloß paraphrasierend und distanziert wohlwollend, sondern unter Berücksichtigung dessen behandelt, was heute zur Schulpädagogik gehört. Zwei Beispiele aus jüngster Zeit können das belegen: Hans *Scheuerl* hat *Steiner* unter die »Klassiker der Pädagogik« eingereiht, und als Interpreten hat er für den Sammelband gleichen Namens den Waldorflehrer und Anthroposophen *Lindenberg* herangezogen[3]; die Wissenschaftliche Buchgesellschaft hat in ihrer Reihe »Einführungen in die Erziehungswissenschaft« einen Band der Waldorfpädagogik gewidmet; er wird samt und sonders von prominenten Waldorfpädagogen betreut.[4] Es findet sich darin keine Stimme der konventionellen Erziehungswissenschaft. Anders gewendet: die Waldorfpädagogik, so viel Anklang und Beachtung sie über den Kreis der Anthroposophen hinaus findet, bleibt in der Diskussion unter sich. Es scheint, als gäbe es einen Pietäts- und Respektsabstand, der anderen Programmen und Praktiken nicht zuteil wird. Daran mag auch mitwirken, daß Waldorflehrer sich nicht gern auf die Finger und auf den Mund schauen lassen, wenn man beobachten und beurteilen, nicht aber mittun und mitmachen will.

In der Tat bestehen über die Waldorfpädagogik, ihre Grundlagen und Methoden, ahnungsvoll unkundige Vermutungen, die manchen Prüfungskandidaten dazu verführen, schon die Wahl des Waldorfthemas für einen hinreichenden Nachweis wohltätiger pädagogischer Motive zu halten. Dabei ist es überraschend, wie stark der Zusammenhang verkannt wird, der zwischen den Hauptlehren der Anthroposophie *Steiner*s und der alltäglichen Unterrichtspraxis besteht. Das gilt für Eltern und für professionelle Pädagogen. In der Regel weiß man, daß dort mehr gemalt und gesungen, auch getanzt und plastiziert wird, daß der Gartenbau und selbst das Spinnen zu den Unterrichtsfächern gehören; man weiß und begrüßt auch, daß der Leistungsdruck nicht in der gleichen Weise besteht wie in der Staatsschule: ein Hauch von freundlicher Bohème und avantgardistischer Pädagogik umgibt die Waldorfschule, der es nahelegt, die Nachfrage nach den höheren Welten der Anthroposophie auf sich beruhen zu lassen, so wie manche Eltern ihre Töchter den frommen Schwestern von Klosterschulen überlassen. Man glaubt zwar selber nicht mehr so richtig an das, was da gelehrt wird, aber die Mädchen kommen wenigstens nicht auf dumme Gedanken.

Solcher Indifferenz gegenüber den Grundlagen der Waldorfschule kommt entgegen, daß ihre Lehrer versichern, sie wollten natürlich nicht Anthroposophie lehren; sie sei keine Kaderschmiede und Vorbereitungsanstalt, um den eigenen Nachwuchs zu rekrutieren. Im Gegenteil, hier könne jeder nach seiner Konfession fromm werden; denn im Mittelpunkt steht Werden und Schicksal des Kindes, nicht die personelle Unterfütterung einer Lehre, eines Dogmas oder einer Parteimeinung. Die Schule ist für das Kind da, nicht das Kind für die Schule und schon gar nicht für die Anthroposophie als lehrbare Weltanschauung. So beruhigend solche Versicherungen klingen, es wird zu prüfen sein, wie es mit dieser Absichtslosigkeit steht, und wie es überhaupt mit der Formel vom kindgemäßen Lernen steht, die sich die Waldorfschule zu eigen gemacht hat. Zuerst jedoch geht es darum, einen Eindruck und eine Gesamtansicht von der Schule zu gewinnen, so wie man in ein Schaufenster sieht, um abzuschätzen, welche Qualität und welches Angebot das Geschäft vermutlich vorhält.

II.

Wie lernt man die Waldorfschule kennen? Unterrichtsbesuche sind verpönt, sie stören das Lernen im Atem der Klasse. In dieser Hinsicht sind die Waldorflehrer nicht weniger empfindlich als die Lehrer an Staatsschulen: Unterricht ist zwar öffentlich, aber nicht offen, eher eine Intimbeziehung, die Zuschauer bestenfalls erträgt, wie man eine Krankheit hinnehmen muß. Aber die Waldorfpädagogen müssen sich auch präsentieren und ihre Schule darstellen, damit ein Anfänger anfangen kann und die Vorteile jener Wege erahnt, die Steiner dem Erzieher vorgezeichnet hat. Und auf Präsentation verstehen sich die Waldorfschulen; sie sind Meister der festlich-repräsentativen Gestaltung, der Aufführung und Ausstellung, in denen sich die Ergebnisse von Übung, Schulung und Konzentration zeigen.

Für solche nun, die sich als Lehrer auf die Waldorfschule einlassen wollen, gibt es seit Jahren »Arbeitswochen«, früher nur in Stuttgart, jetzt auch in Hamburg und Wanne-Eickel. Der Zuspruch ist außerordentlich: die Tagung, von der hier berichtet werden soll[5], sah mehr als tausend Teilnehmer, überwiegend weiblich und meistens jung, Studenten und Lehramtsanwärter, auch honorige Aussteiger, die es in ihren vermarkteten Berufen nicht mehr aushalten, Umsteiger, die mehr als nur Fachlehrer sein wollen, Anhänger der grünen Welle Natur und Apostel eines technikfreien Naturumgangs. Sie fanden sich am Ursprungsort der Waldorfschulen zusammen, um sich in Buchstabe und Geist der anthroposophisch inspirierten Erziehungskunst einweisen zu lassen; zum geringeren Teil in abwartender Skepsis, zum größeren in adventistischer Hoffnung, hier Antwort auf die Themafrage der Arbeitswoche zu finden: »Schule und Unterricht aus Einsicht in Lebens- und Schicksalsgestaltung«.

In der Tat ein großes und bewegendes Thema, recht dazu angetan, eine Atmosphäre von Kirchentag und Pfadfinderei zu erzeugen, verstärkt und intoniert von einer Tagungsdidaktik, die den Gang der Vorträge und Seminare, Übungen und Gespräche rhythmisch zu gliedern verstand und ihn wie den neunstufigen Meditationsweg mystischer Erfahrung inszenierte. Diese Dramaturgie geht auf Steiners Gestaltung seiner Vortragszyklen zurück; man lernt nicht additiv, sondern rhythmisch, nicht nur mit dem Kopf, sondern mit Herz und Hand. Nicht unbeteiligt daran auch der »genius loci«, der architektonische Zauber der ageometrischen Formen, wie sie für die Baukunst *Steiner*s charakteristisch sind;

einnehmend auch die durchgehende Haltung freundlicher Zuwendung in den Seminaren und Vorträgen, so daß in diesen neun Tagen jene Stimmung gleichgültiger Betriebsamkeit gar nicht erst aufkam, wie sie sonst auf Großtagungen sich einstellt, auch nicht jene unbeteiligte Diktion von Lehrplanstrategen und Lernzielverwaltern, von denen selbst erziehungswissenschaftliche Seminare durchfrostet sind. Im Gegenteil: es ist ganz direkt und herzhaft von Kindern die Rede, denen der Lehrer die Hand gibt, von den Faulen und den Munteren, von dem Choleriker, dem die Trompete, dem Sanguiniker, dem die Flöte zur Ausbildung angedient wird; es ist die Rede vom Werkunterricht, in dem die rechte Arbeitsgebärde gezeigt und erlebbar gemacht wird, damit die Jungen nicht »auf dem Holz herumlümmeln«, wenn sie den Hobel ansetzen; es wird gar mitgesummt und mitgesungen, so daß man nicht nur hört und sich belehren läßt, sondern dazugehört und in die Harmonie, die gemeint ist, wirklich eintaucht; und schließlich gibt es auch das Pathos der großen Worte, wenn von Schicksal und Freiheit, Ewigkeit und Lebenslauf, Kosmos und Seele die Rede ist. Das sind herzstärkende und erhebende Worte; sie erinnern noch am ehesten an Pestalozzi und lassen den Jargon der Bildungskommissare und Curriculumfunktionäre dagegen schal und nichtig erscheinen.
Wohltuend sodann das Fehlen der sonst unvermeidlichen Podiumsdiskussionen, diesen Schaustellungen positioneller Besonderheiten mit ihrem »Ich würde sagen« und »Ich kann dieser Argumentation nicht folgen«; nichts davon, wie es denn überhaupt weniger um argumentative Auseinandersetzung als vielmehr um Annäherungen und Aufhellungen in sich ergänzenden und wechselseitig erläuternden Beiträgen und Übungen geht. So werden Wege gezeigt, die zu neuen Ansichten und Erlebnissen verhelfen sollen, Winke zu »Erfahrungen«, die die Einzelnen mit sich selbst machen können und die zugleich mit polemischen Untertönen gegen das »bloß« Kognitive und Intellektuelle, überhaupt gegen den wissenschaftlichen Zuschnitt unserer Lebensformen abgehoben und eben dadurch als bedeutsam und wesentlich ausgewiesen werden. Hinzu kommt ein gegen-politischer Affekt, soweit Politik nun einmal Parteiensache und Interessenkampf ist, weit unter jenem Niveau, das Steiner mit seiner Lehre von den eigenen Sphären des Rechts, der Wirtschaft und des Geistes dekretiert hat. Überhaupt gehört die Erhabenheit über das Tagespolitische zur Freiheit eines Waldorfmenschen, und eine große Hilfe für die sehr bestimmte und aktuelle Tageskritik ist die Unbestimmtheit jener Sozialutopie Steiners,

die von vielen Tagungsteilnehmern beifällig aufgenommen wird. Es ist, als ob die Weltstunde des technischen Zeitalters mit der Blumenuhr unberührter Natur neu vermessen werden könnte. Doch zunächst noch einmal zur Dramaturgie der Tagung.
Den einstimmenden Auftakt bildet die schulische Monatsfeier, halb liturgisches Ritual, halb Selbstpräsentation, durch die die Schule ihr Einverständnis mit sich selbst bekundet. Dann der abendliche Vortrag über »Anthroposophische Pädagogik in den Zeitforderungen der Gegenwart«: in der sinkenden Dämmerung wird ein großer Bogen von den aktuellen Tagesnöten über die allgemeineren Beschwernisse der Gegenwart und drohenden Katastrophen zu den verkannten Antworten geschlagen, die sich in Rudolf Steiner ausgesprochen haben und die darauf warten, aufgenommen und gelebt zu werden. Vor dunklem Hintergrund wird ein Bild unserer »nachatlantischen« Epoche gezeigt, dessen Sinn zwar noch zu entziffern ist, das aber jetzt schon dem Initianten jenen Halt und jene Zuversicht verspricht, auf die er hofft. In dem Bild ist ein Sinn verborgen, und er wird sich dem enthüllen, der sich auf die Wegrichtung nicht-sinnlicher Anschauung einläßt und so eine Erfahrung und Erkenntnis seines überleiblichen Wesens gewinnen wird. Der unbestimmte Ton fabulierender Besinnung, der die düsteren Befunde des Berichts »Global 2000« wie selbstverständlich mit der menschenkundlichen Einsicht in übersinnliche Welten verknüpft, trifft die Stimmungslage der Zuhörer und läßt so etwas wie Gemeinde entstehen, einen Bund der Eingeweihten: Er segnet mit innigem Beifall den Vortrag ab; Siegel auf das anhebende Einverständnis und die Bereitschaft, sich auf den Pfad etwas höherer Erkenntnisse einzulassen.
Und wie der Tagungsweg sich nun stufenweise und gliedernd entfaltet, das ist schon ein Kunststück, eine Reise in die Welt des Geistes, des Kosmos und zurück zum Gemüt. Das Bild der Wesenheit des Menschen wird vor dem großen Panorama einer goetheanisch verstandenen Natur entworfen; es wird variiert und instrumentiert in den Schulfächern, in den biographischen Aspekten der Schülerschicksale, in den Aufgaben des Klassenlehrers, und der Blick wird gehoben und erweitert durch Perspektiven einer weltgeschichtlichen Standortbestimmung, aus der sich zugleich ergibt, wie gerade der Einzelne eingreifen und mitmachen kann, wenn er sich von dem Atem dieser Eröffnungen ergreifen läßt. Wie von selbst lösen sich die großen Welt- und Menschenfragen: Schicksal und Freiheit, kosmische Ordnung und eigner

Wille, Weltlauf und individuelle Biographie gehen bruchlos ineinander über. Und was in diesem Leben nicht gelingt, wird im nächsten Erdendasein repariert. Der Eindruck ist bezaubernd; im durchaus doppeldeutigen Sinn: bezaubernd-anmutig in ästhetischer Hinsicht, aber auch bedenklich in ethischer Hinsicht, von begrifflichen Einwänden ganz zu schweigen.

Dabei haben die morgendlichen Vorträge einen räsonnierend erklärenden Duktus; ihnen folgen die Seminare zu einer Vielzahl von Einzelthemen und Problemen der anthroposophischen Pädagogik, während der Nachmittag den künstlerisch-praktischen Übungen, dem Mitmachen und Mitsingen, dem Malen und Musizieren, Tanzen und Schnitzen, den Sprach- und Sprechübungen gewidmet ist. Hier führt das Herz die Hand, und die Hand belehrt den Kopf. Wer schnitzt und einem Stück Holz eine Form abgewinnt, sie gleichsam herausarbeitet, der arbeitet an sich selbst. Und es kommt dabei darauf an, Wille und Absicht, die voreiligen Pläne und Programme zurückzustellen, um die in dem Ding liegende Formmöglichkeit herauszubringen. Ebenso erfahren wir im wirklichen Sprechen die Gestaltungen, die schon im Lautkörper der Sprache bereitliegen, den verdeckten Sinn und die leibhaften Anmutungen der Vokale und Konsonanten, durch die wir sprechend nicht nur den Schallraum füllen, sondern den Lebensraum des Lernens gestalten. Seelische Tiefe der Vokale und konsonantischer Knochenbau sprechen und lauten für sich.

Nicht anders entsteht im rhythmisch-eurhythmischen Bewegen eine Gliederung des Tanzraumes, der eine Bedeutung mitteilt, die nicht vorweg durch planendes Kalkül ermittelt und gewonnen werden kann. Und schließlich haben die Farben ihre Sprache, die sich dem erschließt, der mit ihnen umgeht und sich von ihnen ansprechen läßt, statt sie als bloße Vehikel beliebiger Kreativität zu verbrauchen. Im Gegenteil: das Kreative liegt verhüllt in dem, womit wir malend, spielend, arbeitend umgehen, bis es sich zeigt und im Zeigen auf uns zurückweist. Das verlangt allerdings einen Lernstil, der nicht skeptisch-analytisch abwartet und sich erst einmal »informiert«, sondern der mitmacht und »eintaucht«, um eine bevorzugte Vokabel aufzugreifen. Affirmatives, identifikatorisches Lernen also, weil anders gar nicht das zusammengebracht werden kann, was in der »normalen« Schule heillos auseinanderbricht: Gedanke und Erlebnis, kognitive Erfassung und emotionale Betroffenheit, Beobachtung und Stellungnahme. Wer sich hier nicht ergreifen läßt, der begreift auch nichts.

So eingestimmt und eurhythmisch bewegt durch ein Lernen, das Hand und Fuß hat, kann der Tag mit fabulierender Besinnung oder in einer künstlerischen Darbietung ausklingen: Bildgedanken für die Nachtarbeit des Gemüts. Ein Höhepunkt ist hier die hagiographische Weihestunde, die ein Dornacher Spiritual dem Leben und der Erziehungslehre Rudolf *Steiner*s widmet. Das Bild des Meisters aller, die das Unsichtbare schauen, steht in makelloser Reinheit vor Augen. Es wird nachgerade szenisch vergegenwärtigt; so dachte er, so sprach er, so wirkte er, als ob er hier noch einmal zu inkarnieren sei. Das ist auch der richtige Augenblick für die Proklamation der Erziehungsmotive, ein Vierklang von Grundsätzen, die für Unterricht und Bildung gelten sollen. Als erstes gilt, daß der Lehrer nicht nur Schüler hat, sondern er ist ihr Schicksal, so wie zweitens das Schicksal ihm eben diese Kinder in die Hand gegeben hat, damit sie beide eine Schicksals- und Werdegemeinschaft bilden, indem sie aufeinander zugehen und zusammen wachsen. Das ist das dritte, was in der Erziehung geboten ist. Und zuletzt bedarf dieser Schicksalsbund noch einer Garantie, die ihn vor den Einreden einer unverständigen Zeit und auch vor dem törichten Ehrgeiz der Eltern schützt: das ist die pädagogische Freiheit, so wie sie sich Steiner gegenüber den Eltern des ihm anvertrauten Zöglings ausbedungen hatte. Pädagogische Freiheit – nicht staatliche Lehrplankommandos: solche Worte bewegen das Auditorium zum Beifall auf offener Szene. Das Herz der Waldorfpädagogik hat sich ausgeschüttet, und die Herzen der Teilnehmer sind gerührt. Der Lehrberuf steht nicht in trockener Allgemeinheit vor Augen; es geht nicht um Techniken des Lehrerverhaltens, nicht um professionelle Standards und kommunikatives Training, um mit ungebärdigen Klassen fertigzuwerden, weder um Rezepte noch um Bauformen des Unterrichtens, sondern Schicksal und Freiheit, unabänderliches Gebot der Natur und des Kosmos einerseits und eigener Einsatz andererseits vermählen sich zu einem bewegenden Motiv, durch das die Erziehungsaufgabe erst Rang und Würde gewinnt.

III.

Wen kann es wundern, daß dieser Herzenston des Erzieherischen, der das Entlegene mit dem Verständlichen, das Wissen mit der Seele, fachgelehrte Kenntnisse mit dem Weltschicksal zusammenbringt, eine solche Wirkung auslöst? Hier ist Geschlossenheit und Heimat, An-

kunft und Antwort: pädagogische Parusie. Die Biographie reimt sich auf das Wachstum der Pflanze, die Tonskala der Musik auf den Lebensrhythmus, die psychologische Temperamentenlehre von anno dazumal auf die vier Grundelemente Luft und Wasser, Feuer und Erde, mit dem der Chemieunterricht einsetzt; nichts ist ohne Bedeutung, keine Geste, keine Farbe, keine Gestalt, die nicht Antwort geben auf eine Frage, die wir haben und die sich im Anschauen und Mitschwingen löst. Die Welt ist nicht bloß ein Aggregat von Ereignissen und Sachverhalten; sie ist das aufgeschlagene Buch, dessen Schrift wir mit Steiner entziffern können, so daß sie uns sagt, wer wir sind, woher wir kommen, wohin wir gehen. Alles ist an seinem Ort: Ding, Pflanze, Tier und Mensch, verwoben in ein Kraftnetz, so daß die eine Bewegung hier eingreift in alles andere. Solches Wissen schafft Zuversicht und Gewißheit.
Was hat dagegen der Staatslehrer und Schulbeamte; was weiß er in seiner Austauschbarkeit und Anonymität von dem geheimen Drama, in dem er doch mitspielen könnte? Er arbeitet und werkelt ohne ein verbindliches Bild des Menschen und spiegelt noch einmal die Zerrissenheit der modernen Welt, die Trennung von Herz und Hand, von Kopf und Herz; er schreibt die Entfremdung fort, die sich einem Wissenschaftsstil und einer technischen Weltsicht verdankt, die die offene Natur mit »Schrauben und Zangen« quält, um sie verfügbar zu machen; er hat, um es kurz zu machen, kein Menschen- und kein Weltbild, und deshalb kann er auch nicht erziehen, sondern nur belehren und informieren. Indem er die ganzheitliche Sicht auf Mensch und Welt preisgegeben hat, ist auch seine Freiheit dahin: der Lehrbeamte von heute ist wieder der »paidagogos« antiker Art, nämlich der Sklave, der den Zögling begleiten, aber nicht leiten darf.
Da ist es schon etwas anderes, im Bewußtsein pädagogischer Verantwortung Schicksale zu gestalten, statt bloß an dem Netzwerk ständig sich verändernder Lernziele herumzubasteln. Eine solche Kontingenz der Normen, nach denen Schule veranstaltet wird, vermag kein Ethos der Verpflichtung zu stiften, bestenfalls den erforderlichen Gesetzesgehorsam. Anders hingegen jene Normen, die sich aus einem bündigen Welt- und Menschenbild herleiten, aus Wesenserkenntnissen, nicht aus den Fragmenten sich wandelnder Erfahrungswissenschaften wie Psychologie oder Soziologie, Ethnologie oder Ökonomie. Die Regelungen und Normierungen des öffentlichen Schulwesens beziehen sich in formaler Gleichheit auf Wichtiges und Banales, auf lehrinhaltliche Fragen und die Einhaltung der Pausenordnung, auf Vorschriften für die

Versetzung und die Prozeduren bei Strafen, auf Erzieherisches und organisatorischen Kleinkram, so daß sie in ihrer Summe ein Konglomerat von Sinn und Unsinn ohne einheitliches Konzept darstellen. Auf jeden Fall können sie die pädagogische Motivation weder stiften noch ersetzen. Sie sind ein Äußeres, und eben deshalb drücken sie. Das subjektive Bewußtsein des Lehrers ist: alle diese Anweisungen könnten auch anders sein, sie haben weder theoretische Dignität noch moralisch-politische Autorität. Wenn eine andere Mehrheit zum Zuge kommt, mit anderen Referenten und Dezernenten, dann werden auch die Erlasse umgeschrieben. Das hat mit Schicksalsgemeinschaft und Wesenserziehung wenig zu tun; das ist nicht auf Menschenerkenntnis und gelöste Seelenrätsel gebaut, sondern auf den Flugsand wechselnder Ansichten.

Doch so schön und befriedigend das Erziehen im Einverständnis mit den höheren Welten auch sein mag, es bleibt die Frage, ob jene Sinnvoraussetzungen und Gewißheiten, aus denen die Waldorflehrer sprechen und die sie darstellen, nicht selber auf Sand gebaut sind. Das pädagogische Ethos, wie es in dieser Gesamtansicht von außen erscheint, mag dem Lehrer zu Glück und Befriedigung verhelfen, es mag hilfreich und nützlich sein, aber ist es auch wahr? Wer nach den »essentials« der anthroposophischen Pädagogik fragt, wer sich erkundigt, ob man als Waldorflehrer die Lehre von den wiederholten Erdenleben zu übernehmen hat, ob die Lehre von den höheren Welten verbindlich ist und ob die Lehre von den Wesensgliedern des Menschen verpflichtend gilt, kurz wer wissen will, ob dieser ganze Überbau nichtsinnlicher Erkenntnis für den Anfänger gilt, der erhält zuletzt eine ausweichende Antwort. Es gehe nicht um eine Lehre und schon gar nicht um Dogmen, nicht um Formeln, auf die zu schwören sei; man brauche in der Waldorfschule nicht mit beiden Beinen auf der übersinnlichen Verfassung des Menschen- und Weltwesens zu stehen. Aber das ist auch gar nicht nötig; denn wer mitgeht, der wird schon finden, was der Meister gefunden hat. Wer den rechten Weg einschlägt und sich mitbewegt, der hat – nicht als Lehre, sondern als Gebärde und Einsicht – eben das, was die Eigenart der Waldorferziehung prägt. Der rechte Anfang ist hier schon die Antwort; und da kann denn doch kein Zweifel sein, daß für den Schüler und mehr noch für den angehenden Lehrer oder ausgebildeten Waldorfpädagogen eben jener Weg verbindlich ist, der in den Ritualen und Formen der Unterrichtsgestaltung, den thematischen Gewichtungen und Gesichtspunkten bis ins einzelne vorgezeichnet ist.

Wer zufrieden ist, Jünger und Gefolgsmann zu werden, um dem Weckruf zu Schicksalsgemeinschaft und anthroposophischer Lebensgestaltung zu folgen, der kann sich am Ende einer solchen Probe-Initiation getrost einreihen und mitmachen; wer aber wissen will, wie das gewußt wird, was Steiner zu wissen meinte, der wird nicht umhin können, den Konstruktionen und Voraussetzungen nachzugehen, aus denen die Waldorfpädagogik entstanden ist. Vor allem kommt man dann nicht an den Ansichten und Impulsen vorbei, die *Steiner* entwickelt und ausgesprochen hat. Keine andere Schulgründung ist den Gedanken und Wünschen ihres Stifters so verpflichtet wie die Waldorfpädagogik. Daraus ergibt sich die leitende Absicht der folgenden Erörterungen; sie sollen zeigen, wie *Steiner* sich Leben und Lernen vorgestellt hat, wie er sich als Menschheitsführer inszeniert und eine Gemeinde gebildet hat, aus welchen Beständen und Überlieferungen er sich bedient hat, um der Waldorfschule das unverwechselbare inhaltliche und methodische Gepräge zu geben, um so schließlich den zeit- und ideologiegeschichtlichen Ort dieser Pädagogik zu bestimmen. Die Erwartung ist nicht, daß die Anhänger der anthroposophischen Lehre und Pädagogik sich bekehren. Wohl aber mag die Schrift dazu dienen, die Naivität aufzulösen, die der Waldorfschule einen unverdienten Kredit verschafft hat. Sie wendet sich an die Unkundigen unter ihren Verehrern, die bereit sind, den Formeln und Leitworten, mit denen sich die Waldorfpädagogik präsentiert, nachzufragen, um ihren Sinn, ihre Herkunft und ihre Tragweite zu erkennen. Darüber hinaus ist die Schrift auch ein Beitrag zur Analyse einer pädagogischen Praxis, die abschließend als »absolute Erziehung« gekennzeichnet werden soll. Daß es dazu nötig ist, auch die Einzelheiten kennenzulernen und die Mühe der Nachlese der *Steiner*-Pädagogik auf sich zu nehmen, liegt auf der Hand; aber die Mühe wäre überflüssig, wenn sie nicht auch zu einem Urteil führte, das nicht vorenthalten werden soll. Deshalb geht es hier um Darstellung und um Kritik der Waldorfschule als Ort der Erziehung zur Anthroposophie. Darstellung ohne Kritik wird belanglos, und Kritik ohne Darstellung abwegig. Zusammen mögen sie dazu dienen, Gesichtspunkte für die Entscheidung darüber zu geben, ob einem Kinde geholfen ist, wenn man es auf die Waldorfschule schickt, oder ob es nicht doch wie die meisten anderen eine öffentliche Schule besuchen soll. Es ist klar, daß die folgenden Überlegungen eine solche Entscheidung nicht endgültig sichern oder gar ersetzen können; ebenso klar dürfte aber auch sein, daß nicht ohne Überlegung und ohne Kenntnis entschieden werden sollte. Das ist das Motiv dieser Schrift; es erscheint angebracht, Rudolf *Steiner* und die Waldorfpädagogen beim genauen Wort zu nehmen.

2. Anthroposophische Lebensansichten

I.

Wer in eine Waldorfschule kommt, kann nicht die leidend-ernste Ikone verfehlen, mit der das Andenken an den Gründer und Stifter der anthroposophischen Erziehung gegenwärtig gehalten wird. Er ist die bleibende, gewissermaßen »geliebte« Autorität dieser Schule. Seinem »pädagogischen Impuls« (G. *Wehr*) verdankt sie sich; er hat den »Durchbruch zur Menschenschule« (K. *Brotbeck*) vollzogen; auf ihn und ihn allein geht die »Erziehung aus Menschenerkenntnis« (G. *Hartmann*) zurück, nicht nur zuerst in Stuttgart, sondern inzwischen in der ganzen Welt. Rudolf *Grosse*, selber erst Schüler, dann Lehrer in Stuttgart, hat mit bewegten Worten den Gründungsakt festgehalten, die »ungemein feierliche Ansprache Dr. *Steiner*s, worin er aussprach, diese Schul-Eröffnung sei ein ›esoterischer Festakt der Weltenordnung‹ «[6], und Herbert *Hahn*, einer der Mitbegründer, erinnert sich an das »Quellengespräch«[7], das der »Geburt der Waldorfschule« vorausging. Die bei der Entbindung dabei waren und *Steiner*s Rede hörten, »erlebten miteinander die lösende und zugleich aufrufende Macht einer durch einen Berufenen ausgesprochenen Wahrheit. Aus einer bloßen Zuhörerschaft wurde im besten Sinne eine Versammlung, innerhalb derer es sich zu regen begann« (a.a.O., S. 85). Man erfährt zwar nicht, wer *Steiner* berufen hat, aber man sieht, daß er als Sendbote und Messias einer neuartigen Erziehungsweisheit anerkannt wird. Daran hat sich bis heute nichts geändert.

So bilden nach wie vor die Vorträge und Seminare, mit denen *Steiner* die Gründung begleitet und für sie geworben hat, Anhalt und Ausgang für die schulische Arbeit, Grundlage der besonderen Ausbildung zum Waldorflehrer und Rückhalt für die Einzelfragen des Unterrichts. Erich *Schwebsch* hat geschildert, welches Bild der Erziehung und des Erziehers Steiner den Seinen enthüllt hat. Nach »vier Jahren Krieg draußen (sank) der Ballast bloßer Bildungsinhalte (...) zu Boden, statt dessen aber enthüllte sich langsam eine Welt, die schon hinter all dem Bildungsnebel ungesehen, doch nicht unwirksam stand, ein neues Bild der Welt, für das dann Rudolf *Steiner* die Augen öffnete.«[8] Den Enttäuschten und Verwundeten von Langemarck und Verdun bot *Steiner* »das Bild des Menschen und des Erziehers (...), in dem aus einem inneren

Künstlertum bis in die intimsten Einzelheiten ganz individueller pädagogischer Technik das Ideal eines Erziehers greifbar dargeboten wurde, der wieder Lehrer, Priester, Künstler und Arzt vereinen sollte« (ebd.).
Der Abschied von der alten Welt der Vorkriegszeit, von den falschen Sicherheiten und Scheinwahrheiten, ist auch ein Abschied von der alten Schule, die das wirkliche Leben nicht erreicht. Die neue Schule soll auch ein neues Leben mit besseren Gewißheiten und Haltepunkten gewähren; mehr noch, sie soll über Erziehung das heilen, was im Krieg wie Spreu vor dem Winde vergangen ist. Mit dieser Erwartung, daß die Schule – allerdings eine andere als die alte Schule – heilen könnte, was der Krieg zerstört hatte, standen *Steiner* und seine Anhänger nicht allein. Der Gedanke einer Erneuerung und Lebensreform aus dem Geist der Erziehung und mit den Mitteln einer reformierten Schule gehörte zur Standardausrüstung der sog. Reformpädagogik. Noch in Antwerpen, wohin ihn der Krieg verschlagen hatte, gibt Herman *Nohl*, einer der Wortführer der »Neuen Pädagogik«, am 9. Nov. 1918 seinen »Pädagogischen Aufsätzen« diese Hoffnung mit auf den Weg: »Es gibt kein anderes Heilmittel für das Unglück unsres Volks als die neue Erziehung seiner Jugend zu froher, tapferer, schöpferischer Leistung«.[9] Erziehung soll retten und wiederherstellen, was im Krieg verloren ist.
Wo das Ziel so hoch gegriffen ist und Lösungen versprochen werden, die Politik und Recht, Wirtschaft und Wissenschaft allein nicht erbringen können, ist auf einen Fahrplan zu schließen, in dem die Stationen verzeichnet sind, den die Erziehung zu passieren hat. Sonst ist die pädagogische Hoffnung selber nichtig und leer. *Steiner* hat einen solchen Fahrplan, eine »Weltanschauung« und ein Menschenbild, die der neuen Erziehung Inhalte, Formen und Ziele geben. Im Jahre 1923 hat *Steiner* in Dornach, sozusagen an geweihter Stätte, zwei Vorträge zu der Frage gehalten: »Warum eine anthroposophische Pädagogik?« (30. Juni und 1. Juli). Da sagt er:

»Anthroposophie hat ganz gewiß im Anfang nicht darnach gestrebt, eine Pädagogik zu begründen. (...) Aber indem sie ganze, volle Menschenerkenntnis lieferte, entstand ganz von selbst das Pädagogische (...). Weil eine wirkliche Menschenerkenntnis heute in unserem ganzen Zivilisationsleben fehlt, kam Anthroposophie und wollte diese Menschenerkenntnis geben (...) Und weil eine Pädagogik nur auf Menschenerkenntnis fußen kann (...), weil Pädagogik nur gedeihen kann, wenn alles Wissen Kunst ist (...), muß eine solche in sich tätige Menschenerkenntnis Grundlage des pädagogischen Wirkens und Arbeitens sein.«[10]

Es ist diese anthroposophische Menschenerkenntnis, auf die sich die

Waldorfpädagogik etwas zugute hält. Sie ist scharf zu unterscheiden von dem, was die üblichen »Menschenwissenschaften« an Befunden und Kenntnissen über den Menschen bereitstellen. Immerhin schickte sich die Psychologie in der Lebenszeit *Steiners* an, mit Beobachtung, Vergleich und Experiment die gängige Art, sich auf Menschen zu verstehen, methodisch zu verfremden und teils zu bestätigen, teils zu zerstören. Die Forschungen von *Wundt* und *Freud*, von *Binet* und *Thorndike*; die *Köhler*schen Affen und die Gedächtnisexperimente von *Ebbinghaus*: an alledem geht *Steiner* vorbei. Das hat mit »Menschenerkenntnis, die in sich tätig ist«, nichts zu tun, und es hilft auch keinem Lehrer, die erzieherische Schicksalsgemeinschaft zu begründen, in die sein Unterricht eingelagert ist. Lern- und Motivationsforschung, empirische Entwicklungspsychologie und Sozialisationstheorie sind der anthroposophischen Menschenerkenntnis entbehrlich bis heute. Wo sie so ähnlich klingen wie die eigenen Ansichten, sind sie willkommen, der Rest ist Störung, der von der wahren Menschenerkenntnis ablenkt, und wird als wesensfremde Sachforschung abgetan.
Die Frage ist, welche Alternative Steiner mit seiner anthroposophischen Menschenerkenntnis anzubieten hat, wenn man gemeinsam mit ihm davon ausgeht, daß der Erzieher Menschenkenntnis braucht. Nicht diese Forderung ist problematisch, – sie ist vielmehr Allgemeingut aller Pädagogen – problematisch ist, ob es eine solche vollständige Kenntnis des Menschen gibt oder ob wir uns nicht vielmehr mit den Fragmenten und variablen Erklärungsmustern begnügen müssen, die Psychologie und Soziologie, Ethnologie und Verhaltensforschung anbieten. In der Tat hat es im Gegenzug zur empirischen Detailforschung, die nie das »Ganze« des Menschen in den Blick bringt, Versuche zu einer ganzheitlichen, »humanistischen« Deutung des Menschen gegeben, aber doch so, daß sie mit den Befunden der empirischen Forschung vereinbar sind. Das Recht der »natürlichen Welteinstellung« und des alltäglichen Verstehens gegenüber den theorietechnisch zugeschärften und hochselektiven Konstrukten der Wissenschaft ergibt sich aus den praktischen Bedürfnissen der handelnden Menschen, die ja nicht warten können, bis die Motivationsforschung herausbekommen hat, was Menschen bewegt oder hemmt, antreibt oder aussteigen läßt. Aber auch die Rehabilitation solcher Perspektiven muß sich an den vorfindlichen Gegebenheiten kontrollieren lassen. Das Motiv einer »vollmenschlichen« Erkenntnis allein vermag gar nichts auszurichten, so wichtig es gerade für den engagierten Pädagogen ist.

Deshalb liegt es nahe, zunächst einmal zu sehen, wie *Steiner* seine Menschenkenntnis praktiziert hat, was er an Menschen gesehen und wie er sie gedeutet hat, ehe der literarisch-theoretische Unterbau seiner anthroposophischen Menschenerkenntnis näher beleuchtet wird.

II.

Ein instruktives Beispiel für die Form und die Inhalte seiner Menschenerkenntnis läßt sich aus zehn Vorträgen entnehmen, die *Steiner* in seinem vorletzten Erdenjahr (1924) in Holland über den »pädagogischen Wert der Menschenerkenntnis und den Kulturwert der Pädagogik« gehalten hat. Er geht vergleichend auf die Lebenswege von *Goethe* und *Schiller* ein, um zu »zeigen, wie sich unter dem Einfluß der Geisteswissenschaft Menschenerkenntnis ergibt« (GA 310, S. 25). *Steiner* nimmt zunächst die Bemerkung *Goethes* aus »Dichtung und Wahrheit« auf, er sei »schwarz auf die Welt gekommen«:

»Er wurde ganz schwarz geboren, das heißt dunkelblau. Also er zeigte zunächst, daß er mit seinem Geistig-Seelischen außerordentlich schwer untertauchen konnte in das Physisch-Leibliche« (ebd.).

Dazu muß man wissen, daß in *Steiners* Bedeutungskalender das Blaue für das Geistige einsteht, das die vorgeburtliche Seele aus ihrem Aufenthalt in der Geisterwelt mitbringt. Es fügt sich zunächst nicht in den Leib, aber einmal »drinnen«, ist »*Goethe* unglaublich gesund« (ebd.). Zwar wird er mehrfach schwer krank, z. B. in seiner Leipziger Zeit,

»aber mit Bezug darauf muß man sagen, es war dazu schon einiges von Strapazen, man kann auch sagen von kleinen Lumpereien notwendig, um die Gesundheit, die Goethe *in sich trug, bis zu dem Grade ins Kranke hinüberzugestalten, wie dies damals gerade in Leipzig der Fall war«* (ebd.).

Man fragt sich, worin dies »Hinübergestalten« besteht. Die Redeweise läßt den Eindruck entstehen, als werde die Krankheit gewollt wie eine Leistung, oder als gebe es eine Instanz, von der aus Gesundheit und Krankheit »gestaltet« werden. Jedenfalls versucht *Steiner*, »das Geistige durch das Bild des Physischen hindurch zu schauen« (a.a.O., S. 26). Dabei fällt ihm auf, daß *Goethe* im Verhältnis zum Oberkörper kurze Beine hatte. Was kann die anthroposophische Menschenerkenntnis daraus entnehmen?

»Was heißt das, es hat ein Mensch kurze Beine und einen übergroßen Oberkör-

per? Das heißt: Wir haben bei einem solchen Menschen in der äußeren Erscheinung gegeben, daß er das, was er in seinem vorigen Erdenleben durchlebt hat, auf eine harmonische Weise karmisch in dem gegenwärtigen Erdenleben, das heißt in dem, von dem man spricht, zur Darstellung bringen kann« (ebd.).

Das ganze Geheimnis des »harmonischen *Goethe*« – eine Lieblingsvorstellung der Bildungsphilister – läßt sich aus seiner Leibesgestalt ablesen. Sie offenbart dem Blick *Steiners* das vorgeburtliche Karma, d. h. jene Taten früherer Erdenleben, die sich jetzt in diesem Leben auswirken. Und nicht genug damit. Zugleich läßt sich ahnen oder schauen, was *Goethe* in der nächsten Erdenrunde blüht:

»Da hat sich eigentlich alles ausgelebt, was karmisch veranlagt war; da ist eigentlich nichts geblieben, und Goethe *muß neu anfangen, wenn er wieder in einem Erdenleben erscheint, unter ganz neuen Bedingungen«* (a.a.O., S. 27).

Demgegenüber hat es Freund *Schiller* besser, auch wenn er es in diesem Leben, wie man weiß, nicht eben leicht hatte und schlecht bei Gesundheit war. *Schiller* litt an Krämpfen, wahrscheinlich einer verschleppten Rippenfellentzündung, die mit den damaligen Mitteln nicht kurierbar war. Nur eine Rippenfellsache? So banal und materialistisch mag die anthroposophische Menschenerkenntnis nicht verfahren. *Steiner* stellt die Frage:

»Was liegt karmisch bei einem Menschen aus früheren Erdenleben her vor, der in dieser Weise an Krämpfen leiden muß? – Krämpfe sind, wenn sie ins menschliche Leben eingreifen, ungemein hinweisend auf das menschliche Karma. Wenn man vom geisteswissenschaftlichen Standpunkte aus mit ernster, verantwortlicher wissenschaftlicher Untersuchung an Krampferscheinungen herangeht, so findet man immer, da liegt beim Menschen ein bestimmtes Karma vor, Ergebnisse von Taten, Gedanken und Gefühlen früherer Erdenleben« (a.a.O., S. 28).

Der klinische Befund, so unsicher er auch im Abstand von über hundert Jahren zu erheben ist, wird vor dem Hintergrund eines fiktiven kosmischen Werdeganges gedeutet, der unter der Formel »Karma« zusammengefaßt wird. Dazu eine Bemerkung über die Karmavorstellung. Das Wort stammt aus dem Altindischen (Sanskrit) und heißt »Tat«.[11] Was einer tut, wirkt sich so aus, daß er von den Folgen seiner Taten selbst wieder betroffen wird. Man vergißt den Regenschirm und wird naß; die Vergeltung folgt sozusagen auf dem Fuße. Nach diesem Schema stellen sich die Hindu-Denker den Zusammenhang von Taten und Leiden im großen vor. Kein Leiden ist unverdient; denn es geht auf eigenes Verschulden zurück, wenn nicht aus diesem Leben, dann aus

einem früheren. Und keine Tat bleibt ungesühnt; der Gute wird à la longue belohnt, der Böse bestraft. Auch den Betrüger, der in diesem Leben ungeschoren davonkommt und unerkannt seinen erschlichenen Vorteil genießt, holen seine Taten ein: das ist sein Karma, eine Art moralischer Gesamtrechnung, ein kosmisches Nullsummenspiel. Wer es durchschaut, hat die Gewißheit, daß sich auch die unbelohnte Tugend am Ende doch auszahlt und die Laster sich nicht lohnen.
Man sieht auch, welch beruhigender Effekt von der Karmalehre ausgeht. Es sieht zwar so aus, als lasse Gott die Sonne in gleicher Weise über die Guten und die Bösen leuchten, aber in Wirklichkeit entgeht keiner dem, was er verbockt; man kann darauf vertrauen, daß eine jenseitige Gerechtigkeit alles in Ordnung bringt. Dabei kommt es dann in diesem Leben darauf an, Schätze für die zukünftigen Erdenleben anzuhäufen, gleichsam als Investition in künftige Seligkeiten und höhere Lebensstufen, während der materialistische Dummkopf und unerleuchtete Egoist auf Kredit lebt, dessen Zinsen er dereinst abbüßen muß.
Schiller nun konnte, so *Steiner*, sein Karma nicht verwirklichen. Er mußte das verschieben auf die nächste Inkarnation, und daher kommen seine Krämpfe:

»Immer nun, wenn man es nötig hat, so sein Karma auszusetzen, entstehen krampfartige Erscheinungen im Leben. Man kann etwas, was man im Inneren trägt, nicht ganz herausbilden in sein Leben« (a.a.O., S. 29).

So verhält es sich also mit *Schiller*s Beschwerden, mit seinem Ringen um die vollkommene Form, das an der endgültigen Gestaltung des Malteser-Dramas scheitert. Die übliche Erklärung, *Schiller* sei nicht fertig geworden und vor dem Abschluß der Produktion verstorben, läßt *Steiner* nicht gelten. Er stirbt, weil der Stoff zu groß, die innere Verkrampfung zu stark, das karmische Erbe zu schwer ist.
Es wäre nun falsch, so *Steiner*, diese Einsichten für bloße Vermutungen und Gedankenexperimente zu halten; vielmehr versteht er seine Deutung als akkurate Wissenschaft:

»Das ist eben die Eigentümlichkeit der Geisteswissenschaft, daß sie nicht im Phantastischen herumschwimmt, nur so im Allgemeinen herumredet, der Mensch habe vier Wesensglieder: physischer Leib, ätherischer Leib, astralischer Leib und Ich, sondern daß sie eingeht auf das wirkliche Leben und hinweisen kann auf etwas im physischen Leben, wo die wirklichen geistigen Ursachen für irgend-

welche äußeren Ereignisse liegen, so daß sie weiß, wie der Mensch im äußeren Leben sich darlebt. Das ist es, was wirkliche Geisteswissenschaft eben können muß« (ebd.).

Wie weit solche Menschenerkenntnis reicht, was sie umgreift und sich zumutet, geht also weit über die kümmerlichen diagnostischen Verfahren hinaus, mit denen ein klinischer Psychologe arbeitet; es übertrifft auch das Wissen der historisch-hermeneutischen Philologie und Literaturwissenschaft. Die anthroposophische Menschenerkenntnis bringt das Ganze des karmischen Schicksals in den Blick, indem sie an die augenfälligen physischen Merkmale anknüpft und schauend noch die fernere Zukunft erschließt. So stellt sich *Steiner* die Aufgabe,

»zu studieren, was Schiller *geleistet hat in den letzten 10 Jahren seines Lebens (...) und dann zu verfolgen, wie dieses Leben nach dem Tode abgelaufen ist. Da gibt es, wenn man sich vertieft in diese Seele Schillers nach dem Tode, geistige Inspirationen in Hülle und Fülle aus der geistigen Welt heraus. Da haben wir den Grund, warum Schiller in der Mitte der Vierzigerjahre sterben mußte. Er konnte einfach, wie sich das in seinen Krämpfen und in seiner ganzen Statur zeigte, namentlich aber in seiner häßlich geformten Kopforganisation zeigte, er konnte mit seinem Seelisch-Geistigen, das tief drinnenstand im spirituellen Dasein, nicht in seine Körperlichkeit hinein«* (a.a.O., S. 36).

Der Blick über den physischen Tod hinaus in das weitere Schicksal *Schillers* bringt erst einen Zusammenhang in die dokumentierbaren Daten und Fakten des irdischen *Schiller*. Wo sich die Geisteswissenschaften der herkömmlichen Art damit begnügen, die Ordnung und Struktur der Motive, Werke und Umstände zu rekonstruieren (und oft genug vor dem Unverständlichen resignieren müssen), da beginnt erst die Arbeit der anthroposophischen Geisteswissenschaft: sie gewinnt ihre Lebensansichten aus einem Verständnis des ganzen kosmischen Lebens eines Menschen, zu dem das Erdendasein nur einen Ausschnitt bildet. Insofern sind die historischen Geisteswissenschaften viel zu bescheiden und zu eng; sie halten sich an das Gegebene und Belegbare, statt »zu verfolgen«, wie es zum Beispiel Georg *Heym*, der beim Eislaufen eingebrochen und ertrunken ist, in seinem Weiterleben nach dem Tode ergangen oder wie etwa *Kafkas* »Leben nach dem Tode abgelaufen ist«: man würde dann ganz andere Einsichten über ihre Dichtungen zustandebringen.
Auch wäre es sehr befriedigend zu erfahren, welche Qualen die großen Verbrecher der Weltgeschichte schließlich doch noch erwarten, nach-

dem sie hienieden ungestraft davongekommen sind. In jedem Fall enthält die anthroposophische Perspektive, wie man leicht erkennen kann, ganz neue und überraschende Forschungsaufgaben, wenn nicht nur die Zusammenhänge von physischer Ausstattung, sozialem Milieu und geistiger Produktion eines Menschen untersucht und erzählt werden, sondern auch noch, wie er sich nach dem Tode weiterentwickelt, wenn der physische Leib vergangen, nach einigen Tagen der Ätherleib abgestreift ist und der Astralleib seine Heimat gefunden hat. Folgt man *Steiner*, sollten die Geisteswissenschaftler sich als Geisterseher schulen lassen, ehe sie sich mit den Werken der Kunst und Dichtung, der Philosophie und Musik befassen.

III.

Für den Erzieher aus Menschenerkenntnis ergibt sich aus der spezifischen Geistesforschung *Steiner*s eine ganz andere Dimension des pädagogischen Sehens und Handelns. Er sieht sozusagen über das Kind, wie es da ist und sich zeigt, hinaus, einerseits zurück in sein geistiges, vorgeburtliches Wesen, das sich in diesem besonderen physischen Leib ans Licht ringt, und andererseits voraus in eine Zukunft, über die entscheidet, wie es gelingt, in diesem Erdenleben das Geistige in das Körperliche hineinkraften zu lassen. In der Tat lernt man, wie *Steiner* sagt, »mit viel innigerer Aufmerksamkeit auf jedes Menschenleben und Menschenwesen hinzuschauen« (a.a.O. S. 36), wenn man als Erzieher das kosmische Curriculum ins Auge faßt, also nicht nur das überschaubare »curriculum vitae« und schon gar nicht das noch viel engere »curriculum scholasticum«. Der Erzieherberuf gewinnt in solcher Optik eine weihepriesterliche Würde:

»Wird sich nicht dadurch (durch die Menschenerkenntnis) der Erzieherberuf umwandeln lassen, nicht zum phrasenhaften, mystisch verträumten, wohl aber zum ganz wahrhaften Priesterberuf, der dasteht, wenn die göttliche Gnade die Menschen herunterschickt in das irdische Leben?« (a.a.O., S. 36f.)

So wie der Priester in der sakramentalen Handlung zwischen dem Ewigen und dem Irdischen vermittelt, so schlägt der Erzieher eine Brücke nicht nur von der Eigenwelt des Kindes zur Kulturwelt der Erwachsenen – das wäre Steiner viel zu wenig –: er vermittelt zwischen dem Geistigen, das sich das Menschenkind in seinem vorgeburtlichen

Leben angeeignet hat und jetzt in seinem Leben herausbringen will, auf der einen Seite und seiner Geist-Zukunft auf der anderen. Insofern ist die anthroposophische Wesenseinsicht auch nicht einfach eine Variante einer ganzheitlich orientierten Psychologie im landläufigen Sinne, die den fragmentarischen Befunden und Erkenntnissen über den Menschen, wie sie die empirische Psychologie ermittelt, eine zusammenfassende Sicht entgegensetzt. Das haben Gestalttheorie und kognitive Psychologie ebenso versucht wie das Menschenbild der Existenzphilosophie oder der philosophischen Anthropologie; die anthroposophische Menschenerkenntnis, die den Erzieher erfüllt und anleitet, ist vielmehr eine Lebenslehre; sie »kann nach Geist und Körper eingreifen und kann dem Physischen so zu Hilfe kommen, daß es eine richtige Grundlage für das Geistige abgeben kann« (a.a.O., S. 41).
Wie das im Einzelfall aussieht, wie sich diese Erkenntnis nicht nur nachträglich als Interpretation vergangener Lebensläufe bewährt, sondern sie aufklärend unterstützt, dazu ein Beispiel von *Steiner*:

»Und wenn man ein Kind sich von hinten anschaut und sieht, es hat kurze Beine, es lastet der Oberkörper zu schwer, es tritt stark auf – hat man sich für diese Dinge den richtigen Blick angeeignet, dann weiß man: Da spricht ja das vorherige Menschenleben, da spricht Karma!« (ebd.)

Aus seiner Praxis als beratender Erzieher führt Steiner dann einen instruktiven Fall vor, an dem man sehen kann, wie diese pädagogische Optik funktioniert. Unter seinen Bekannten, so *Steiner*, sei auch ein Stotterer gewesen. Daß die üblichen Verfahren, einem Stotterer zu helfen, ganz unangemessen sind, versteht sich. Also keine differentialdiagnostische Untersuchung, die klären könnte, ob das Stottern etwa auf einen organischen Hörfehler oder eine traumatische Erinnerung oder einen Defekt der Sprechorgane zurückgeht, um aus solcher Kenntnis die Therapie zu bestimmen; nichts von alledem. Das Stottern ist karmisch, das zugeteilte Los, das in diesem Leben abzutragen ist. Denn es beruht weder auf einem organischen Fehler noch auf einer psychischen Störung; vielmehr handelt es sich um das Ergebnis früherer Taten und Zustände:

»Man sah diesem Menschen an, er hatte Bedeutsames erlebt zwischen Tod und neuer Geburt, das heißt in der übersinnlichen Welt. Er hatte sich hineingestellt in karmische Zusammenhänge, hatte sich hineingestellt in ein Zeitalter, wo das nicht herauskommen kann, was er zwischen Tod und Empfängnis sozusagen angehäuft hatte an innerer Seelenhaftigkeit« (a.a.O., S. 30).

So wird das Stottern erklärt. Es handelt sich um einen Menschen, der sein Karma nicht ausleben kann. Es wird zurückgedrängt, man sieht es ja an seinem Stottern. Solange dieser Bekannte nun jung war und Ätherleib und Astralleib noch nicht geboren waren, war das nicht weiter schlimm. Was aber, wenn er heranwächst und die höheren Geistestätigkeiten funktionieren sollen? Dazu *Steiner*:

»Wer in dieser Richtung Erkenntnisse hat, bekommt in einem solchen Falle die größte Sorge, denn er kann sich nicht denken, daß die Bewußtseinsseele, zu deren Ausbildung man alles, was im Kopfe entspringt, vollständig intakt haben muß, voll herauskommen kann« (a.a.O., S. 31).

Die Ansicht scheint zu sein, daß Stotterer zu elaborierten Gedankentätigkeiten, sozusagen zur Kopfarbeit, nicht befähigt seien, also unfähig sind, Mathematiker, Physiker, Künstler oder Anthroposophen zu werden. Zu allem Unglück hatte der arme Mann noch einen weiteren Defekt, er schielte nämlich, auch das ein Anzeichen, »daß man nicht alles, was man zwischen Tod und neuer Geburt im Überirdischen aufgenommem hat, im gegenwärtigen Erdenleben herausbringen kann« (a.a.O., S. 31f.) – (Man denke nur, was ein so produktiver Geist wie Jean-Paul *Sartre* sonst noch alles hätte herausbringen können, wenn er nicht geschielt hätte!) – Nun, der geplagte Bekannte *Steiner*s tut, was heute viele tun, die ahnungslos an ihren karmischen Pflichten vorbeileben: er läßt sich ärztlich beraten und erwägt eine operative Korrektur des Schielens. Indes, solche Hilfe ist aus der Sicht anthroposophischer Menschenerkenntnis rein äußerlich. Sie geht an dem Grund vorbei, auf dem Stottern und Schielen beruhen. Deshalb rät Steiner entschieden ab, die Operation ausführen zu lassen:

»Ich war nicht befugt, etwas anderes zu sagen als: Ich würde es nicht tun, wenn ich an seiner Stelle wäre. – Ich tat alles, um ihm abzureden (...) Nun, er ließ sich doch operieren; er folgte eben nicht« (a.a.O., S. 32).

Die Quittung für seine Unfolgsamkeit folgte auf dem Fuße. Der Mann starb, ehe er das 30. Jahr vollendet hatte. Eine Hirnhautentzündung raffte ihn hinweg. Man entgeht seinem Karma nicht, schon gar nicht, wenn man es technisch überlisten will. Es gehört zur Hybris des modernen Menschen, zu seiner Verhirnung und Entseelung, daß er glaubt, alles »machen« zu können, ob es sich um politische, soziale oder seelische Fragen handelt, um Fragen des Fortkommens, der Bildung, des Glücks oder der Gesundheit, wie in dem geschilderten Fall. Aber

dieses Machen hat nicht nur eine Grenze; es ist der falsche Ansatz, wie *Steiner* meint. Karma geschieht und ereignet sich, und es ist sinnlos, das zeigt das Exempel, dagegen anzurennen.
Doch anders als in der ursprünglichen Karmalehre der indischen Hindu zieht *Steiner* daraus nicht den naheliegenden Schluß, alles seinen Gang gehen zu lassen; vielmehr hält er es für möglich, den Lebensweg, das »curriculum vitae«, gewissermaßen karmakonform zu gestalten. Genau das ist die Aufgabe des Erziehers. Er soll, ausgestattet mit dem Blick für das karmische Schicksal, in priesterlicher Sorge das Eigene und Besondere des Heranwachsenden entbinden helfen, nicht gegen sein Karma arbeiten, sondern entlang seiner Bestimmung. Verhängnisvoll und falsch wird es nur, »wenn nun nicht eine Erziehung in der richtigen Weise (...) eingreift« (ebd.), nämlich aus der Wesenseinsicht, wie sie Steiner am Fall seines Bekannten bewährt hatte. Das bedeutet: es gibt pädagogische Interventionen, doch sie müssen dem entsprechen, was sich karmisch am Kinde offenbart. Der Bekannte Steiners hätte also durchaus noch das 30. Lebensjahr überleben können. Aber, wie *Steiner* sagt: er folgte nicht, und dann läßt sich nichts machen.
Dieses dramatische Beispiel zeigt, daß es für den Waldorflehrer darauf ankommt, sich in den richtigen Blick einzuüben, das zweite Auge für die übersinnlichen Welten zu gewinnen, aus dem das Kind in diese Welt ausgewandert ist, sonst sieht er nur, was auch Mediziner und Physiologen sehen. Er bleibt dann in der geläufigen, an Dingen und Stoffen orientierten Vorstellungsart und verkennt die karmischen Ursachen, die sich in den körperlichen Symptomen ausdrücken. Deshalb ist die Anthroposophie auch nach *Steiner* nichts Allgemeines, keine allgemeine Psychologie und Anthropologie, sondern eine Praxis am Leitfaden erlebter Zusammenhänge, die jedem besonderen Schicksal gerecht werden kann.

IV.

Die Kunst des Erziehens ergibt sich also »aus dem Erfassen der Menschenwesenheit«, so der Titel einer Vortragsreihe *Steiners* in England 1924 (GA 311). Sie bezieht sich direkt auf einzelne Menschen. So kann man bei einem Kind, das fest auftritt, sehen, »daß es fest im Leben drinnen steckte in seiner vorhergehenden Inkarnation, daß es sich für alles interessierte im vorhergehenden Erdenleben« (a.a.O., S. 29). Diese Einsicht weist den erzieherischen Maßnahmen die Richtung:

»Man wird daher bei einem solchen Kinde darauf sehen müssen, daß man womöglich die Dinge aus dem Kinde herausholt, denn es steckt viel drinnen in Kindern, die mit der Ferse stark auftreten« (ebd.).

Anders hingegen sind die Kinder, »die trippeln, mit der Ferse kaum auftreten« (ebd.), zu behandeln, denn »die haben in flüchtiger Weise das vorige Erdenleben verbracht« (ebd.). Also ergibt sich als pädagogische Leitlinie:

»Man wird bei ihnen nicht viel herausholen können; man wird darauf sehen müssen, daß man viel in ihrer Nähe macht, damit sie eben auch viel nachmachen können« (ebd.).

Hier sieht man deutlich, wie aus den weitesten Horizonten des Erkennens doch wieder direkt zu nahen und praktischen Situationen zurückgefunden wird. Darin offenbart sich die »in sich tätige« Lebensansicht, die nicht nur allgemein formuliert, sondern gleich zu Werke geht. Das mag erklären, weshalb in den anthroposophischen Darstellungen der Waldorfpädagogik so viele schwärmerische Beweise der Dankbarkeit für die von *Steiner* entdeckte Methode der Wesenseinsichten zu finden sind. Auch wenn die Nachfolger nicht das Niveau und die Detailkenntnisse *Steiners* erreicht haben, so daß das Corpus anthroposophischer Forschungsresultate eher dürftig erscheint, so scheint doch eine Bahn vorgezeichnet, wie der Armseligkeit empirischer Forschungspraxis abgeholfen werden kann. Und auch demjenigen, der hier selber keine Funde macht und die Methode übersinnlichen Schauens nicht erlernt, wird versichert, er könne wenigstens das schon Gefundene nachlernen; denn, so sagt Friedrich *Hiebel*,

»die anthroposophische Erkenntnismethodik beruht auf dem Grundsatz, daß alle übersinnlich erforschten Erkenntnisse dem logisch prüfenden Verstand zugänglich sind. Wer die übersinnlichen Erkenntnisgegenstände noch nicht selbst seherisch zu erleben vermag, kann diese mit dem logischen Verstand begreifen, wenn er zugleich alles herbeiträgt, was sich aus dem allgemeinen Bildungsleben der Kultur als ergänzende und beweiskräftige Erkenntnisstützen ergibt. Das Studium der Geisteswissenschaft ist die erste und zugleich grundlegendste Stufe auf dem Wege übersinnlicher Erkenntnisse.«[12]

Auch wer sich im Drüben nicht auskennt, darf demnach darauf vertrauen, daß er nicht in die Irre geführt und mit einem Scheinwissen versehen wird. Er kann begreifen – so muß man *Hiebel* wohl verstehen –, was er nicht begreift; denn das wirkliche Begreifen besteht ja in einem seherischem Erlebnis, das eben nicht allen zuteil wird. In der Tat haben sich im Umkreis *Steiner*s genug Anhänger und Gefolgsleute gefunden, die auf den seherischen Genius gebaut und ihr Leben nach seinen Weisungen eingerichtet haben. Rudolf *Grosse* schildert in seiner schon erwähnten Biographie »Erlebte Pädagogik«, wie er nach vollbrachter Schulzeit bei *Steiner* zu einer Privataudienz zugelassen und schicksalhaft beraten wird. Er erhält die Aufgabe, ein behindertes Kind zu erziehen, und darf sich dabei der Unterstützung des Meisters versichern.

»Welch eine Schicksalswende! brach es immer wieder aus mir heraus. Diese Aufgabe werde ich lösen mit den letzten Kräften, die ich hervorholen kann! Er soll mich nicht umsonst gefragt haben. Die Aussicht, nach jedem Vortrag zu ihm gehen zu dürfen, um direkte Anweisungen zu erhalten war überwältigend. (...) Ich sah ein Schicksal auf mich zukommen, für das Worte und Begriffe sich nicht finden lassen« (a.a.O., S. 119).

Im Spiegel des Jüngers ist der Meister zu erkennen, der Seelen- und Menschheitsführer, und die ihm Folge leisten, haben nicht das Gefühl der Knechtschaft, sondern der Befreiung. Diese Wirkung *Steiners*, seine eigentlich erzieherische und wegweisende Wirkung, ist vielfach bezeugt worden. Die »Erinnerungen seiner Schüler« halten die charismatische Stellung fest, die *Steiner* innehatte, sei es, daß Emil *Bock* seine »religiöse Erneuerung« auf *Steiner* zurückführt, sei es, daß Maria *Röschl-Lehrs* den »persönlichen Lehrer« feiert, der sich auch um Kleines und Kleinstes seelsorgerlich bemühte: man sieht in allem, daß Steiner nicht nur über Menschenerkenntnis sprach, sondern als Menschen- und Lebenskenner verehrt wurde. Albert *Steffen* hat den Eindruck der Lehrvorträge zu Unterrichts- und Erziehungsfragen festgehalten:

»Alles, was er sagte, war herausgeholt aus der Anschauung, die er vom Wesen des werdenden Menschen hat. Eine solche Anschauung kann nur jemand haben, der auch die Welt in besonderer Weise anzuschauen versteht. Und das tut Rudolf Steiner. Er sieht die Welt so, daß er in jede Einzelheit und in alle (!) Zusammenhänge des Menschen mit hineinschaut.«[13]

Ein besonderes Zeugnis der erzieherischen Wirkung Steiners hat der Pastor Friedrich *Rittelmeyer* in seinem Buch »Meine Lebensbegegnung mit Rudolf *Steiner*« gegeben. Es ist, als habe der irrende und zweifelnde Thomas seinen Herrn gefunden. Noch in seinen letzten Erdentagen hat Steiner für die Christengemeinschaft und den »Erzoberlenker« *Rittelmeyer* die Texte für die rituelle Einsetzung formuliert und über Günther

Wachsmuth, seinen späteren Biographen, an die Priestergemeinschaft weiterreichen lassen. *Wachsmuth* schildert, mit welcher Ergriffenheit er den Text der Einsetzungsworte entgegengenommen hat:

»Nur in solchen seltenen, entscheidenden Augenblicken habe ich Rudolf Steiner *so innerlich bewegt und zugleich vom vollzogenen Werk freudig ergriffen erlebt. Und als er die Worte der Handlung vorgelesen hatte, sagte er mir bei der Übergabe des Textes: ›Dies ist unmittelbar aus der geistigen Welt gegeben.‹ «*[14]

Die Reihe solcher Dokumente der Faszination ließe sich aus dem Kreis der Anthroposophen beliebig vermehren. Sie zeigen *Steiner* auf der Höhe seiner erzieherischen Macht, die fertige Gestalt, fast schon die Ikone, die jetzt wie der gute Geist in den Waldorfschulen gegenwärtig ist. Was sie nicht zeigen, ist der Weg, der *Steiner* an diese Stelle gebracht hat, nicht den Weg, der den »Rudi« der frühen Jahre in Weimar und Berlin über die theosophische Gesellschaft bis zur eigenen Weltanschauungsfirma führte, deren pädagogische, medizinische, landwirtschaftliche Filialen er nach dem Ersten Weltkrieg zielstrebig und energisch aufgebaut hat.
Ehe auf die Pädagogik *Steiner*s direkt eingegangen werden soll, scheint es deshalb geboten, seinen eigenen Lern- und Bildungsgang zu betrachten, und zwar auch mit der Frage, inwieweit das, was er über Lernen und Erziehung gelehrt und praktiziert hat, auf ihn selbst zutrifft, und wie er sich in der spezifisch anthroposophischen Optik ausnimmt.

3. Steiners Metamorphose: Vom Kulturkritiker zum Menschheitsführer

I.

Wenden wir uns also *Steiner* selbst zu. Das ist in seinem Falle umso mehr geboten, als die anthroposophische Geistesforschung bis zur Stunde im wesentlichen eine Ein-Mann-Unternehmung geblieben ist. Ihre Ergebnisse sind einzig und allein sein Verdienst. *Steiner* hat sie gefunden, ausgesprochen und mannigfach abgewandelt auf Erkenntnis- und Erziehungslehre, Medizin und Landwirtschaft, Politik und Kunst. Die Anthroposophie ist, als Schulrichtung im Konzert der intellektuellen Strömungen, über seine Forschungsresultate nicht hinausgekommen und auch nicht hinausgegangen. Sie gleicht der Pallas Athene, die als fertige Gestalt dem Haupt des Zeus entsprungen ist. Insofern stellt die Geistesforschung *Steiner*s ein Kuriosum dar; es dürfte sich hier um die einzige Disziplin mit wissenschaftlichem Anspruch handeln, die schon bei ihrer Geburt am Ende war. Was bleibt, ist die Nachlese und das Nacherleben dessen, was in den Vorträgen und Schriften enthalten ist, vielleicht auch dessen, was zur Fama Steiner gehört. So streng wissenschaftlich sich *Steiner* im Unterschied zur üblichen Mystik und Schwärmerei gibt, in diesem Punkte verhält es sich nicht anders wie auch sonst bei prophetischen Kundgebungen: er hat alles gefunden, das meiste davon mitgeteilt und ausgestreut, und die Jünger sind damit befaßt, die Brosamen vom Tisch des einen Reichen aufzusammeln, auszudeuten und zu vergleichen. Aber in der Sache ist die anthroposophische Menschenerkenntnis nicht mehr zu verbessern.

Das kann auch gar nicht anders sein. Denn das anthroposophische Sinnangebot besteht ja darin, »ganze, volle Wesenserkenntnis« zu liefern, nicht ein Fragment inhaltlicher Forschung, sondern endgültige Wahrheit. Ginge die Geistesforschung weiter, wäre das ein Hinweis auf ihre Unvollständigkeit. Sie könnte dann auch nicht leisten, was sie verspricht, nämlich aus »vollmenschlicher« Erkenntnis die Erziehung zu bestimmen. Beides zusammen: die Originalität und die Vollständigkeit der Anthroposophie weisen auf ihren Urheber zurück; sie können nur bewahrt werden, wenn *Steiner* als Wahrheitskünder und Menschheitsführer anerkannt wird. Der Nimbus begründet die Gewißheit. Ließe sich die Anthroposophie und mit ihr die Waldorfpädagogik auf die übliche empirische Forschung ein, auf Paradigmawechsel und Innovation, Methodenvariation und Problemverschiebungen, wäre auch ihr Anspruch dahin, ein für allemal die Menschen-, Welt- und Seelenrätsel gelöst zu haben.

Wenn so das Wissen der anthroposophischen Menschenerkenntnis mit dem Wissen dieses einen Rudolf *Steiner* zusammenfällt, dann stellt sich die Rückfrage, wie es ihm und nur ihm zugänglich geworden ist. Welche besonderen Umstände und Erfahrungen haben dazu geführt, daß gerade ihm jene tiefen Blicke gegeben waren, die zu gleicher Zeit einem Sigmund *Freud* oder Wilhelm *Wundt*, William *James* oder Edward *Thorndike* verwehrt waren? Es erscheint deshalb nicht unbillig, den Spuren nachzugehen, die von *Steiners* Lern- und Bildungsgeschichte erhalten geblieben sind. Sie können auch Winke darüber enthalten, wie man es zu der »Erkenntnis der höheren Welten« bringt, selbst wenn die Meisterschaft karmischer Einsichten nicht erreicht werden sollte. Dies gilt besonders für die folgenden Bemerkungen, wie vorsorglich angemerkt werden sollte. Sie stützen sich nicht auf Blicke in das vorgeburtliche und nachtodliche Leben *Steiners*, d. h. sie bleiben unter dem Niveau der biographischen Skizzen, die *Steiner* nicht nur zu *Goethe* und *Schiller* entworfen hat. Vielmehr folgen sie den erkennbaren und belegbaren Spuren des Schuljungen und Studenten, des Goetheforschers und Feuilletonisten, des Sekretärs der Theosophischen Gesellschaft und schließlich des Hauptes der Anthroposophengemeinde. Es soll versucht werden, aus diesen Aspekten, in denen sich Zufall und Absicht, Gelegenheit und Wille mischen, jene Figur näher zu bringen, als die sich Steiner schließlich präsentiert und als die er von seinen Jüngern anerkannt worden ist.

Indes: dieser Versuch trifft auf große Schwierigkeiten. Zwar haben die Schüler und Weggefährten den Lebens- und Geistesweg des Meisters nachgezeichnet, aber sie sehen ihn von seinem Ende und Erfolg unter dem erziehungsmächtigen Eindruck, den sie von *Steiner* empfangen haben. Die approbierten Biographien von G. *Wachsmuth* und Fred *Poeppig* erkennen schon im Kind und Schuljungen den späteren Wahrheitskünder und folgen damit der Darstellung, die *Steiner* selbst in seinem letzten Jahr von sich gegeben hat. Was dunkel bleibt, sind die Anfänge und frühen Stadien, in denen auch anderes möglich war als die Entwicklung zum Menschheitsführer. Die Brüche und Umschwünge, Sackgassen und Probeläufe, die der endgültigen Selbstpräsentation und dem Erfolg als »Weltanschauer« vorausgingen, bleiben dabei verdeckt.

Es ist, als sei Steiner immer und von Anfang an zum großen Lehrer bestimmt gewesen, als gebe es eine gerade Linie von dem Eisenbahnersohn und Literaturstudenten über den Artikelschreiber und Sekretär der Theosophen zu dem Meister von Dornach. Das ist nicht gänzlich falsch; denn gewiß hat *Steiner* wie auch andere Menschen im fortgehenden Leben die früheren Stadien integriert, aber es ist nicht alles, und darauf soll hier der Blick gelenkt werden, um die außerordentliche Suggestionswirkung zu erläutern, die *Steiner* ja nicht wie eine Zaubergabe zugefallen ist, sondern die er sich erarbeitet hat.

II.

Wo es Jünger gibt, gibt es auch Abtrünnige und Ungläubige. In der Tat hat die Steinerverehrung weniger Überzeugte herausgefordert, die Gegenrechnung aufzumachen und auf die Brüche, Widersprüche und Ungereimtheiten in *Steiner*s Leben und Werk hinzuweisen. Gegen die offizielle Lesart, wie sie auch *Steiner* selbst bekräftigt hat, als habe er immer dasselbe gelehrt und gedacht, weisen die Kritiker auf die Änderungen und Umbiegungen hin, die *Steiner* von seiner ersten öffentlichen Schrift, der »Philosophie der Freiheit«, bis zu den letzten Weisheitsworten in Dornach vorgenommen hat. Der Lehrer von Karma und Reinkarnation, der Eingeweihte in die Mysterien der höheren Welten, so wird gezeigt, war keineswegs selber immer ein Freund solcher Spekulationen, sondern geradezu ein Gegner und Verächter mystischer Träumereien. Noch der 36jährige *Steiner* hat nur Spott und Hohn für die Theosophie und schreibt im »Magazin für Literatur« (1897, S. 1066):

»Nicht durch abstraktes Denken, auf das wir Abendländer nun einmal angewiesen sind, sondern durch mystisches Schauen, durch Intuition suchten diese orientalischen Wahrheitssucher zu ihrem Ziele zu gelangen. Es wäre vergebens, wenn wir Abendländer es ihnen nachmachen wollten. (...) Oh, es ist köstlich, die überlegen sein sollende Miene zu beobachten, wenn man mit einem Theosophen in ein Gespräch kommt über abendländische Erkenntnisse. (...) Man wird kaum davonkommen, ohne daß einem der Stempel eines beschränkten Verstandesmenschen aufgedrückt worden ist (...). Ich rate jedem, der mit einem Theosophen zusammenkommt, sich vollständig gläubig zu stellen und zu versuchen, etwas von den Offenbarungen zu hören, die ein solcher von morgenländischer Weisheit vollgesogener Esoteriker in seinem Innern e r l e b t. Man hört nämlich nichts;

nichts als Redensarten, die den morgenländischen Schriften entlehnt sind, ohne eine Spur von Inhalt. Die inneren Erlebnisse sind nichts als Heuchelei.«[15]

Es liegt nahe, daß sich die Verächter der Anthroposophie an solche Bemerkungen halten, weil es ihnen mit der Anthroposophie nicht anders ergeht als dem *Steiner* des Jahres 1897 mit der Theosophie. Auch sie sehen sich als beschränkte Verstandesmenschen gekennzeichnet, die die inneren Schauungen und Erlebnisse der Eingeweihten nicht nachvollziehen, und auch sie halten die Einsicht in die höheren Welten für Schwindel und Heuchelei, der die Maske abzureißen ist. Zugleich müssen sie hilflos zusehen, wie gerade der prophetische Ton Anhänger gewinnt, denn – das sagt auch der frühe *Steiner*,

»die Art wie sie (die Theosophen) von den höchsten Erkenntnissen sprechen, die sie nicht haben, die mystische Weise, in der sie unverstandene fremde Weisheit vorbringen, wirkt verführend auf viele Zeitgenossen« (ebd.).

Das ist die Sprache der modernen Kritik, die sich nichts vormachen läßt und vom Standpunkt eines nüchternen Wirklichkeitssinnes die höheren Welten für Spuk und ihre Propheten für Schwindler erklärt. Wenige Jahre später aber ist *Steiner* Geschäftsführer und Prediger der Theosophen, 1904 kommt die »Theosophie« zum erstenmal heraus und dann immer wieder in neuen Auflagen als Grundbuch erst der theosophischen, dann der anthroposophischen Bewegung. Eine solche Metamorphose fordert zur Kritik heraus, besonders wenn versichert wird, eigentlich habe *Steiner* immer dasselbe gemeint und gesagt, als habe es weder den respektlosen Skeptiker des »Magazins für Literatur« noch den atheistischen *Nietzsche*- und *Haeckel*verehrer, geschweige denn den Anhänger eines »individualistischen Anarchismus« gegeben, der von *Stirner*s Egoismuslehre fasziniert ist und die christliche Liebesbotschaft für einen vormodernen, alten Zopf hält. Gerade die christlich motivierte Kritik hat *Steiner* diese Jugendsünden vorgerechnet, um seine Wendung zu Golgatha und der eigenwilligen Deutung des Christusmysteriums zu diskreditieren.[16] Der Vorwurf einer »chamäleonhaften« Anpassungsgabe, die auf alle Modeströmungen eingeht und die gängigen Themen der intellektuellen Szene aufnimmt, ist dabei noch der mildeste; der holländische Gelehrte de *Jong* erklärt schlicht: »Dr. *Steiner* – ein Schwindler wie keiner«.[17] Andere weisen auf die laufenden Nachbesserungen früherer Positionen hin, ohne daß sie kenntlich gemacht werden[18]; sie heben das Schauspielertalent *Steiner*s hervor und sein Geschick, je nach dem Publikum und Adressaten seine Meinungen zu ändern. Arno *Holz*, von *Steiner* in dem »Magazin« angegriffen, befindet: »Gegen Leute, die ihren Weltbedarf aus zwei Methoden decken, polemisiert man nicht.«[19]

Nun kann man keinem Autor vorwerfen, er habe seine Ansichten gewechselt; auch bleibt zu bedenken, daß die Neigung, die eigene Identität zu bewahren, blind gegen die Verschiebungen und Änderungen macht, die sich im eigenen Denken ergeben haben. Das gehört in die Kategorie des motivierten Vergessens, und es führt nur zu einer moralisierenden Attitüde, es alles besser zu wissen und zu können. Anders verhält es sich indes, wo ein solch eklatanter Bruch zu bemerken ist, wie ihn *Steiner* vollzogen hat. Hans *Leisegang* hat die Sache auf den Punkt gebracht:

»Während sich früher aus seiner Philosophie der Freiheit der theoretische Anarchismus als Konsequenz erhob, soll sich heute aus ihr die Geisteswissenschaft als konsequente Fortsetzung der in ihr aufgebauten Erkenntnistheorie von selbst ergeben. Es gibt kaum schärfere Gegensätze als den individualistischen Anarchismus und die aus der Theosophie erwachsene Geisteswissenschaft. Der Anarchismus ist egoistisch, rücksichtslos bis zur Brutalität, betont aufs schärfste das Recht des Einzelnen gegenüber der Gesamtheit, die Geisteswissenschaft aber ist versöhnend, schlägt Brücken zwischen Religionen, Rassen und Staaten, überzieht alles mit dem rosigen Schein des den Einzelnen mit der Menschheit verbindenden Verbrüderungsgedankens.«[20]

Man kann individualistischer Anarchist sein oder Theosoph/Anthroposoph; aber nicht beides zusammen und so tun, als sei es dasselbe. So verfehlt es ist, *Paulus* vorzuwerfen, daß er einmal ein *Saulus* war, oder *Luther* seine katholischen Anfänge vorzurechnen, so verwirrend ist es, wenn *Steiner* sich durchgängig als ein und denselben vorstellt (und so angenommen wird), der nur mit wachsender Reife das *eine* Thema immer weiter und tiefer ausgebaut hat. Im Gegenteil: er hatte in seinen jungen Jahren andere Themen; er versuchte sich als Publizist für verschiedene Zirkel und Zeitschriften, als Schulungsredner bei den Sozialdemokraten und eben schließlich auch als Geschäftsführer der Theosophen, wo er das Publikum und die sichere Stellung findet, die seinem Leben Halt geben.

Ein *Steiner* so gewogener Biograph wie Gerhard *Wehr* kann nicht umhin, auf diese Wende einzugehen:

»Auf einen einfachen Nenner gebracht, ist es die Frage, ob ein innerer Bruch zwischen dem Rudolf Steiner *der ersten Lebenshälfte und dem der zweiten Lebenshälfte vorliegt, oder ob trotz dieses geistig-seelischen Umschwungs, zu dem sich* Steiner *klar bekannt hat, eine innere Kontinuität vorliegt.«*[21]

In der Tat spricht *Steiner* in seinem »Lebensgang« von einem Umschwung, der in sein 36. Jahr gefallen sei (also in das Jahr 1897), aber zugleich bestreitet er einen wesentlichen Unterschied in seinen öffentlichen Auffassungen vor und nach der Wende. Die vor-theosophischen Schriften gehören zum Kanon der Meisterlehre und werden von den Anhängern als »Grundlegung« verstanden. So geht auch *Wehr* nicht weiter auf den testierten Umschwung ein; die Metamorphose zum Menschheitsführer bleibt im Dunkel. *Steiner* hat die eigene Darstellung seiner Geschichte durchsetzen können, so daß der »Lebensgang« den Leitfaden der üblichen *Steiner*-Biographien abgibt.[22] Es ist immer schon die fertige Ikone, die in den Knaben, den Studenten, den Mitarbeiter an der Goethe-Ausgabe, den Berliner Literaten und den Kulturkritiker hineingesehen wird.

Nur gelegentlich und en passant fällt ein Streiflicht auf den *Steiner* der frühen Jahre. So hat der Bruder des Jungen, den *Steiner* von 1886 bis 1890 als Privatlehrer der Familie *Specht* in Wien betreute, nach dem Tode *Steiner*s seine Erinnerung festgehalten. Er spricht nicht »von dem weltberühmten Anthroposophen, der (ihm) fremd geworden und geblieben ist«[23], sondern von dem jungen Hauslehrer, einer Gestalt, »in der etwas vom Geistlichen, etwas vom Philosophen und etwas vom rechthaberischen Pedanten war« (a.a.O., S. 61). Er schildert die »seltsame Mischung von Gelehrtenernst, von Knabenhaftigkeit und von Rodomontade in ihm, dazu etwas unerhört Willensstarkes« (ebd.), eine Insistenz der Mitteilung über die weitläufigsten Gegenstände, so daß er

»halbbewußt eine Beobachtung machte, die mir später evident wurde und die mir manches in seiner nachherigen Laufbahn erklärte. Das war die Art, mit der er alles vergewaltigte, um seinen Gedankeneinfall zum Recht zu verhelfen: er sprach eine Idee als Axiom aus und bog seine Beweise hinterher so lange zurecht, bis alles zu stimmen schien. Ich glaube nicht, daß er jemals deduktiv zu einem Gedanken oder einer Theorie gelangt ist. Sicher war das Endglied der Kette sein primärer Einfall; dann aber wurde alles herbeigeholt und zurechtgestutzt, was bestätigend, alles eliminiert, was widerlegend sein mochte. Er war ein Fanatiker seiner Ideen. Damals schon« (a.a.O., S. 62).

Man kann nicht übersehen, daß diese Erinnerung durch den Filter einer gehörigen Skepsis gegenüber der Anthroposophie gegangen ist, aber der Grundstil *Steiner*s wird doch deutlich: der rednerische Wille, der sich durchsetzen und wirken will. Darauf haben auch andere hingewiesen, teils überwältigt von dem Genius seines Redens, teils ermüdet von den endlosen Rodomontaden. Und noch etwas enthält der Erinnerungsbericht des früheren Schülers, das nicht ins Bild paßt; das ist *Steiner*s Distanz zum Künstlerischen in dieser Zeit:

»Steiner *war übrigens meiner Empfindung nach trotz seiner unerhörten Kraft und Geistigkeit kein künstlerischer Mensch. Er war total unmusisch (...) Er war nicht imstande, einen Vers zu schreiben, und zeichnerisch nicht mäßig begabt, sondern unmäßig unbegabt. Um so unbegrenzter war mein Erstaunen, ja meine Bewunderung, auch abseits einer künstlerischen Bewertung, zu der ich dabei nie gelangen kann, als ich seine Entwürfe und Malereien zum Goetheanum sah und seine für die dortigen Feste bestimmten Dichtungen las. Wieder zeigt es sich, daß der Wille alles ist, daß sogar Inspiration und Vision durch Energie herbeizuzwingen ist«* (a.a.O., S. 63).

Hier kann man etwas von der Mühe und Angestrengtheit erahnen, die *Steiner* in seine Entwürfe und Gedanken investiert hat; er ist nicht das begnadete und inspirierte Gefäß überirdischer Einsichten, sondern ein rastloser Arbeiter, der sich die Zugänge über Nachdenken und Nachlesen, über Bücher und Reden verschafft, nicht eine dionysische Quelle, sondern eher ein Schwamm, der alles, was kommt und ins Blickfeld tritt, aufsaugt und wieder abgibt. Dazu paßt, was *Specht* von den äußeren Umständen der ersten Lebenshälfte *Steiner*s sagt:

»Er war ein ›später Student‹, hatte es nicht leicht gehabt und sollte es lange nicht leicht haben. Er war der Sohn eines Kleinbürgers (...) hatte sich als Mittelschüler und Hochschüler durchgehungert und lebte jetzt bei uns förmlich auf, sorglos und trotz aller Arbeit mit uns niemals an der umfassenden eigenen Arbeit gehindert« (a.a.O., S. 61).

Zu dieser gedrückten Enge und dem Ehrgeiz, etwas zu werden und zu gelten, gehört auch der unjugendliche Zug in *Steiner*:

»Er war nie ein ›junger Mensch‹ wie andere, war immer irgendwie abseits und auch mit Frauen hatte er im erotischen Sinn nie zu schaffen (...). Nachdem er, einem Ruf an das Weimarer Goethe-Archiv folgend, mein Elternhaus verlassen hatte, ist es ihm bitter schlecht ergangen (...). Er hat allzu lange arg gehungert. Ich bin noch heute davon überzeugt, daß diese Hungerzeit, verbunden mit seiner ohnehin eigenwilligen Art, zu Halluzinationen geführt hat, die ihm dann als ›geistige Erfahrungen‹ galten, und die ihn zur Theosophie gebracht haben« (a.a.O., S. 63).

In der Tat hat *Steiner* bis zum Jahre 1902, als er durch Vermittlung der Marie v. *Sivers* bei den Theosophen eingeführt und schließlich als deren Sekretär angestellt wurde, kein regelmäßiges Einkommen bezogen; er hatte weder Beruf noch Amt, sein eigentliches Studium der Mathematik und Naturgeschichte hatte er nicht abgeschlossen und statt dessen in Philosophie bei einem Rostocker Professor promoviert, bei dem er nie studiert hatte und den er auch nur bei Gelegenheit der mündlichen Prüfung sah. Er schlug sich durch mit Gelegenheitsarbeiten, journalistisch und als Lehrer für Abendkurse, sozusagen ein Redner für alle Gelegenheiten; denn das war etwas, was er konnte und darauf hat er, bürgerlich betrachtet, zunächst seine Existenz abgestellt. Er führte das Leben eines Intellektuellen und Zivilisationsliteraten, immer mit dem Finger im Wind, um an den aktuellen Themen zu bleiben, bis er schließlich das Publikum findet, das ihm gemäß ist, das ihn hören will und bezahlt. Es ist sicherlich zu simpel, wenn man wie *Specht* die theosophische Wende direkt als Folge seiner Hungerphantasien versteht, doch ohne diese Gemeinde hätte *Steiner* schwerlich sein Thema und die bleibende Aufgabe für das letzte Lebensdrittel gefunden.[24]

III.

Von innen her gesehen nimmt sich dieser Stellungswechsel ganz anders aus. *Steiner* hat zweimal im Zusammenhang über seine Herkunft und Jugend berichtet, zuerst vor der neugegründeten Anthroposophischen Gesellschaft am 13. März 1913, der er eine »Biographische Skizze« präsentiert, und dann ausführlich in seinem »Lebensgang«, an dem er bis zu seinem Ende geschrieben hat, ohne fertig zu werden. Das erste Mal ging es darum, seine Sonderstellung in der nun eigenständigen Glaubensgemeinde zu begründen, das zweitemal darum, das Bild zu fixieren, das sich von dem Haupt der Anthroposophen entwickelt hatte. Die erste Auskunft ist für den inneren Zirkel gedacht und enthält deshalb auch Mitteilungen, die im »Lebensgang« nicht mehr erscheinen; die zweite wendet sich an das allgemeine Publikum und gibt sich demgemäß nüchterner und objektiver. In beiden Fällen aber läßt sich nicht übersehen, daß *Steiner* gewissermaßen seinen messianischen Ausweis abgibt: die Biographie beglaubigt die Lehre; sie ist der Tatbeweis für den Erkenntnisweg zur höheren Einsicht der übersinnlichen Welten.

So fehlen nicht die üblichen Requisiten, wie sie aus den Heiligenlegenden bekannt sind: die verborgene Herkunft aus einer unbedeutenden Eisenbahnerfamilie, die frühe Begegnung mit dem Übersinnlichen, die

Einweihung durch geheime Führer, die Jahre der Verkennung und schließlich die Epiphanie, wo alle sehen, wer da unter ihnen gewandelt ist. In der Skizze von 1913 berichtet *Steiner* von einem frühen Geist-Erlebnis. Als etwa Vierjähriger habe er ein »übersinnliches Schauerlebnis« gehabt:

»Die Frauenspersönlichkeit trat zur Türe herein, ging bis in die Mitte der Stube, machte Gebärden und sprach auch Worte, die etwa in der folgenden Weise wiedergegeben werden können: ›Versuche jetzt und später soviel du kannst, für mich zu tun!‹ Dann war sie noch eine Weile anwesend unter Gebärden, die nicht mehr aus der Seele verschwinden können, wenn man sie gesehen hat, ging zum Ofen hin und verschwand in den Ofen hinein.«[25]

Einige Tage später trifft die Nachricht vom Tode der Schwester seines Vaters ein. Es soll nun nicht erörtert werden, ob solche Voraussicht möglich ist, oder ob es sich um einen Zufallstreffer der Einbildung handelt. Das wird sich nicht entscheiden lassen. Mit Sicherheit dürfte die Gewißheit solcher hellseherischer Leistungen das subjektive Überzeugungssystem *Steiner*s wesentlich bestimmt haben, die Gewißheit, über übersinnliche Wahrnehmungen zu verfügen. Wichtig ist hier nicht, ob zutrifft, was erlebt wird, sondern wie es erlebt wird. Und wichtig ist vor allem, mit welcher Selbstverständlichkeit *Steiner* dieses Schauerlebnis mitteilt, so daß die Vermutung suggeriert wird, er verfüge überhaupt über hellseherische Kompetenzen. Im »Lebensgang« wird eine ganze Reihe solcher Schauerlebnisse erzählt, als seien irgendwelche Zweifel an dieser Art des Geistersehens von vornherein unangemessen.

Was nun das angeführte Schauerlebnis angeht, so fehlt diese Begebenheit in dem zehn Jahre später verfaßten »Lebensgang«. Das mutet merkwürdig an, kann sich aber daraus erklären, daß drei Jahre zuvor Hans *Leisegang* in seiner Attacke auf die Anthroposophie auf folgendes aufmerksam gemacht hatte. Nach der Lehre von den sukzessiven Geburten des physischen, ätherischen und astralischen Leibes, wie sie *Steiner* aufgestellt hat, kann ein Kind vor dem Zahnwechsel noch gar keine Schauerlebnisse der geschilderten Art haben, auch nicht als anthroposophisches Wunderkind; denn das Geistig-Seelische ist noch so in den physischen Leib eingesenkt oder eingesperrt, daß es nicht sinnenfrei wahrnehmen kann. Das bewirkt eigentlich erst die Geburt des astralischen Leibes nach der Pubertät, aber der war noch lange nicht geboren. Entweder ist also die Lehre von den Geburten falsch oder die

Erinnerung. Jedenfalls scheint dieser Nachweis übersinnlicher Fähigkeiten für *Steiner* seine Funktion verloren zu haben und er hat ihn nicht mehr benutzt.
Dennoch bleibt des Geistig-Unsinnlichen genug in der Kindheit *Steiners*. Er lebt nach seinem Zeugnis in einem anderen Reich, abgehoben gegen die heimatliche Umwelt:

»Ich lebte ohne Anteil an dieser (häuslichen) Umgebung. Ich sah sie; aber ich dachte, sann und empfand eigentlich fortwährend mit jener anderen Welt. Dabei darf ich aber durchaus sagen, daß ich kein Träumer war, sondern mich in alle lebenspraktischen Verrichtungen wie selbstverständlich hineinfand« (Lebensgang, S. 21).

Es geht ein Riß durch seine Welt, der ihn vereinzelt. Die Eltern bleiben seltsam farblos, und daß *Steiner* auch zwei Geschwister hatte, wird mit dürren Worten mitgeteilt, als ob das allein Sache der Eltern war:

»In Pottschach wurden meinen Eltern noch eine Tochter und ein Sohn geboren. Eine weitere Vergrößerung der Familie fand nicht statt.« (a.a.O., S. 10).

Kein Name, keine gemeinsamen Geschichten, die von Streichen und Sorgen, Rivalitäten und Unterschieden der Temperamente erzählen, nichts dergleichen. Die Geschwister sind Sache der Eltern; die Mitteilung erinnert an die Art, wie Firmen ihren Personalstand zur Kenntnis geben. Es scheint, als sei *Steiner* trotz der Geschwister ein Einzelkind, das sich früh und endgültig vom Elternhaus ablöst. Es spielt in seiner weiteren Lebensgeschichte keine erkennbare Rolle. Umso inniger wird die frühe Verbindung zu dem erwähnt, was man nicht sehen, sondern nur denken kann, eigentlich zu früh für einen Jungen, wenn man den Entwicklungsstufen folgt, die die Waldorfpädagogik bei Kindern und Heranwachsenden voraussetzt. Es ist die Geometrie, die seine »Seele ganz erfüllt« (a.a.O., S. 16), und zwar schon im Grundschulalter, in dem die leiblichen Bedingungen des Knochenbaus nach der Waldorflehre noch gar nicht gegeben sind, um Geometrie zu verstehen.[26] Und dann fasziniert ihn an der Geometrie das, was gerade ihre formalunanschauliche Seite ausmacht: die »Ähnlichkeit von Dreiecken, Vierecken, Vielecken« (ebd.) nimmt ihn gefangen; mehr noch: es sind die theoretischen Abgründe des euklidischen Parallelenaxioms – ein hochabstraktes, extrem formales Theorieproblem der modernen Mathematik –, die den kleinen *Steiner* in diesem Alter beschäftigt haben, wo andere Jungen gerade beginnen, sich für Winnetou und Old Shatterhand zu begeistern. Im Sinne der Waldorfpädagogik und ihrer Betonung des Anschaulich-Schönen und der sinnlichen Gestaltung der Gedanken (in diesem Alter) ist Steiner extrem anormal gewesen. Er sagt:

»Daß man seelisch in der Ausbildung rein innerlich angeschauter Formen leben könnte, ohne Eindrücke der äußeren Sinne, das gereichte mir zur höchsten Befriedigung (...) Rein im Geiste etwas erfassen zu können, das brachte mir ein inneres Glück. Ich weiß, daß ich an der Geometrie das Glück kennen gelernt habe« (ebd.).

Dieses Glück erfährt *Steiner* im Alter von ungefähr zehn Jahren. Es ist eigentümlich, daß er diesen frühen Umgang mit den formalen Konstruktionen der Geometrie unkommentiert darstellt. Denn hält man seine pädagogischen Einsichten dagegen, dann zeigt sich hier eine verkehrte Welt: *Steiner* nimmt schon im frühen Alter das Abstrakte erlebnishaft und das, was für Kinder das Nächste und heimatlich Vertraute ist, erscheint seltsam fern und distanziert. Im Curriculum der Waldorfschule wird mit Bedacht der Zeitpunkt weit hinausgeschoben, wo von der sinnlichen Anschauung zu den formalen Operationen übergegangen wird, aber im Lebenscurriculum von Steiner finden sich diese Themen und Gesichtspunkte sehr früh. Es entsteht der Eindruck, daß seine spätere Pädagogik den Versuch darstellt, das Mißverhältnis des Abstrakten und des Anschaulich-Erlebten in *Steiner*s Kinderjahren umzukehren und richtigzustellen. In jedem Falle war die Kindheit und das frühe Lernen *Steiner*s, wie er es im »Lebensgang« vergegenwärtigt, ganz und gar nicht in dem Sinne, wie er es für die Waldorfschule dann vorgeschlagen hat. Es fehlt das handfeste und sinnenhaft-anschauliche Lernen, das sich in die Welt und Umgebung liebevoll vertieft; vielmehr läßt sich eine seltsame Distanz zum Nahen und Nächsten bemerken, die durch Wachträume ausgeglichen wird, denen er sein Kinderglück und das spezifische Behagen verdankt, das wir in der Erinnerung mit unserer Kindheit verbinden.

»Ich hatte zwei Vorstellungen, die zwar unbestimmt waren, die aber schon vor meinem achten Lebensjahr in meinem Seelenleben eine große Rolle spielten. Ich unterschied Dinge und Wesenheiten, ›die man sieht‹ und solche, ›die man nicht sieht‹ (a.a.O., S. 17).

Man kann sich die Isolation eines phantasiebegabten und phantasiegeplagten Kindes in der sachlich-nüchternen Umgebung eines Bahnbeamten vorstellen. *Steiner* ist mit seinen Gesichten allein und bleibt es im Grunde bis zu dem Zeitpunkt, wo er in der »Theosophischen Gesellschaft« das geneigte Publikum findet. Gewiß hat er Freunde und pflegt einen geselligen Umgang, aber in dem, was ihm als das wichtigste erscheint, bleibt er in sich verschlossen. In dem angeführten Vortrag vor der »Anthroposophischen Gesellschaft« hat er diese Rand- und Sonderstellung klar ausgesprochen, die die Form seines sozialen Umgangs bis in das vierzigste Lebensjahr kennzeichnet:

»Der Knabe hatte niemanden in der Familie, zu dem er von so etwas hätte sprechen können, und zwar aus dem Grunde, weil er schon dazumal die herbsten Worte über seinen dummen Aberglauben hätte hören müssen, wenn er von diesem Ereignis Mitteilung gemacht hätte« (Briefe I, S. 10).

Es fällt nicht schwer, das Lebensproblem zu erkennen, das *Steiners* erste Lebenshälfte bestimmt: er ist nicht zuhause bei denen, die um ihn sind, ein Verlassener und Gehänselter, ein Traumkind, frühweis und altklug. Das ändert sich nicht auf der Realschule, die er von 1872–1879 besucht, nicht auf der Universität, wo er auf Wunsch des Vaters (von seinen eigenen Studienwünschen und -erwartungen erfahren wir nichts) pro forma technische Fächer, aber in Wirklichkeit Literatur und Philosophie studiert. Er schließt sich keiner peer-group und keiner Schule an, nimmt, was zu ihm paßt, und bleibt auf Distanz. Dazu gesellt sich das Selbstbewußtsein des Autodidakten, der alles Wichtige sich selbst verdankt, und bewahrt sich so eine Eigenwelt, aus der er keine festen Anschlüsse an einen Beruf und eine dauerhafte Lebensstellung gewinnt. Der Klageton unverdienter Einsamkeit bricht immer wieder hervor. So berichtet er einem früheren Schullehrer über seine Gesichte:

»Den gestorbenen Menschen verfolgte ich weiter auf seinem Wege in die geistige Welt hinein. Einem meiner früheren Lehrer, der mir auch nach meiner Schulzeit freundschaftlich nahe blieb, schrieb ich einmal nach dem Tode eines Mitschülers von dieser Seite meines Seelenlebens. Er schrieb mir ungewöhnlich lieb zurück, würdigte aber, was ich über meinen verstorbenen Mitschüler schrieb, keines Wortes« (Lebensgang, S. 42f.).

Es ist immer das gleiche Lied; *Steiner* weiß etwas, was die anderen nicht wissen und wovon sie auch nichts wissen wollen. Nach seiner Promotion sucht er den Philosophen Eduard *Hartmann* auf, offenbar in der Erwartung, hier Anerkennung und Verständnis zu finden. Er trägt ihm vor, »man dürfe doch in der Vorstellung nicht von vorneherein etwas sehen, das vom Wirklichen abgesondert nur ein Unwirkliches im Bewußtsein darstelle« (a.a.O., S. 108), und *Hartmann* antwortet, wie eben ein Schulphilosoph antwortet, »*darüber* ließe sich doch nicht

streiten; es läge doch schon in der Wort-Erklärung der ›Vorstellung‹, daß in ihr nichts Reales gegeben sei« (a.a.O., S. 109). *Steiner* ist konsterniert: »Als ich diese Erwiderung vernahm, bekam ich ein seelisches Frösteln« (ebd.).
Auch hier wieder keine Anerkennung, keine Zustimmung und kein Rückhalt. Das alles nötigt den Außenseiter »zu einer Art Doppelleben in der Seele« (a.a.O., S. 57): Er ist von dieser Welt und studiert seine verordneten Fächer, aber zugleich ist er auch nicht von dieser Welt; Mitspieler bei dem, was die anderen treiben und um Anschlüsse bemüht bis zur Selbstverleugnung, aber zuletzt doch nur Zuschauer, dem die anderen gleich fremd bleiben.

»Das Ringen mit den Erkenntnisrätseln, das vor allem damals meine Seele erfüllte, fand bei meinen Freunden zwar stets ein starkes Interesse, aber wenig mittätigen Anteil. Ich blieb im Erleben dieser Rätsel ziemlich einsam. Dagegen lebte ich selbst alles voll mit, was im Dasein meiner Freunde auftauchte« (ebd.).

Das Urteil der Freunde aus der Schul- und Studentenzeit ist nicht überliefert. Man kann es sich vorstellen. Und man kann sich auch vorstellen, welche Last es war für den Jungen vom Lande, aus einer geistverlassenen Provinz des großen Habsburger Reiches, der nirgendwo richtig zuhause war, so verkannt zu sein. Eingesponnen in eine Eigenwelt, die er mit so gut wie keinem dauerhaft teilte, konfrontiert mit den Themen und intellektuellen Moden einer hochgradig mobilen, differenzierten Gesellschaft, schwankend zwischen dem naturwissenschaftlichen Brotstudium und dem literarisch-philosophischen Neigungsstudium, findet er keinen bleibenden Zugang zur Wissenschaft, aber auch sonst keine bleibende Lebensstellung, hungert sich als Redner und Nachhilfelehrer durch und hält sich als Kolumnenschreiber der Kulturindustrie über Wasser, bis der Augenblick kommt, da ihn Marie v. *Sivers* in einen Kreis einführt, der für seine Gesichte und Spekulationen disponiert ist. Eigenwelt und das Sinnbedürfnis geistbewegter Sucher passen zusammen: er hat sein Publikum, aber dieses Publikum hat auch ihn und macht ihn zu dem Führer und Menschheitserwecker, der er dann geworden ist. Darin entfaltet er dann eine immense Energie und einen stupenden Leistungswillen; es ist, als habe er beschlossen, Prophet zu werden.

IV.

Doch ganz ohne Lehrer und Seelenführer ist *Steiner* nicht gewesen. Selber verborgen, hat ein Verborgener ihn gefunden, einer der Eingeweihten und Wissenden. Man will herausgefunden haben, daß es sich dabei um einen Häusler und Kräutersammler handelte, der Wiener Apotheken mit seinen Kräutern belieferte. Er hieß Felix *Koguzki*. *Steiner* hat weder im »Lebenslauf« noch sonst an irgend einer Stelle seines umfangreichen Rede- und Schriftenwerks den Namen preisgegeben. Es ist der sprichwörtliche »einfache Mann aus dem Volke« (a.a.O., S. 43), und mit ihm kann sich der Studiosus *Steiner* über die geistigen Welten unterhalten:

»Wenn man mit ihm zusammen war, konnte man tiefe Blicke in die Geheimnisse der Natur tun. Er trug auf dem Rücken sein Bündel Heilkräuter; aber in seinem Herzen trug er die Ergebnisse, die er aus der Geistigkeit der Natur bei seinem Sammeln gewonnen hatte« (ebd.).

Man erfährt nichts Näheres über die Geheimnisse, eben nur, daß er hier auf einen naturweisen und unverbildeten Mann getroffen ist, der ihn ernst nimmt und in seiner eigenen Geistesseherschaft bestärkt. Es ist schon merkwürdig, daß dieser für sein Leben so bedeutsame Mann, der ihm ganz anders als seine akademischen Lehrer *Schroer, Zimmermann* und *Brentano* menschlich nahe kommt, nicht näher gewürdigt und geschildert wird. So bleibt auch im Dunkel, was *Steiner* ihm verdankt. Man stelle sich vor, *Kant* hätte nicht gesagt, wer ihn aus dem »dogmatischen Schlummer geweckt« habe (und worin das Weckmittel bestand), oder *Freud* hätte verdeckt gehalten, wieviel er von *Breuer* gelernt hat, dann sieht man, wie sonderbar *Steiner* mit dem umgeht, was ihn offenbar zu dem gemacht hat, was er wurde.

Aber es kommt noch dunkler. Der Kräutersammler ist nur der Vorbote einer anderen Gestalt, durch die *Steiner* gewissermaßen einen Grundkurs der Geheimwissenschaft vermittelt erhält. Wer das gewesen ist, hat er nicht mitgeteilt: dieser Meister des Okkulten und östlicher Geheimlehren taucht so unbestimmt und schemenhaft auf wie jener sagenhafte Kyot, den *Wolfram von Eschenbach* erfunden hat, um seiner Parzival-Dichtung den Schein uralt-echter Überlieferung zu geben. Aber hier geht es nicht um Dichtung und fiktives Spiel, sondern darum, daß *Steiner* zu einer bestimmten Zeit von einer bestimmten Person eingeweiht und in die Tradition der Geheimwissenschaft eingewiesen worden ist, auf die er sich dann regelmäßig beruft. Inhalt und Form der Initiation bleiben im unklaren. *Steiner* hat den französischen Bildhauer und Übersetzer Edouard *Schuré* über den geheimen Geheimwissenschaftler unterrichtet, und der hat in dem Vorwort zur französischen Ausgabe einer *Steiner*-Schrift aus der Schule geplaudert, sicher nicht ohne das Einverständnis *Steiner*s, aber auch nicht mit dessen ausdrücklicher Zustimmung. Da liest man also folgendes:

»Der Meister, den Rudolf Steiner *fand, war eine jener machtvollen Persönlichkeiten, die, unbekannt für die Welt, unter der Maske irgendeines bürgerlichen Berufes lebte, um eine Sendung zu erfüllen.«*[27]

Man fragt: welche Sendung und wessen Sendung? Was war der Inhalt, und was hat *Steiner* gelernt, übernommen, abgewandelt und hinzugefügt? Nichts dergleichen ist zu erfahren. Offenbar würde der Nimbus der Mitteilungen leiden, wenn sie nachprüfbar wären. Statt dessen sagt *Schuré* im Stil andeutenden Raunens über solche Meister des Okkulten:

»Die Anonymität ist die Vorbedingung ihrer Kraft, aber ihr Wirken ist deshalb nur um so nachhaltiger, denn sie erwecken, schulen (!) und leiten diejenigen, die dann offen vor der Welt ihre Taten tun können« (ebd.)

Also, kann man schließen, ist *Steiner* in die Geheimwissenschaft eingeweiht und geschult worden, wenn wir auch nichts von dem Curriculum dieser Schulung hören, nichts von den Aufgaben und Aufträgen des großen Unbekannten. Zur Fama *Steiner*s gehört dieses Heimlichtun und Andeuten, als ob hinter allem, was gesagt und gelehrt wird, noch unermeßliche Räume sind, die die Anfänger nicht betreten dürfen; eine Form aufdringlicher und anspruchsvoller Diskretion, die den Verdacht nährt, diese unbekannte Persönlichkeit ist auch *Steiner* unbekannt gewesen und nur zu dem Zweck eingeführt worden, seinem Studium der Rosenkreuzerliteratur, der theosophischen Schriften der Helena *Blavatsky* und anderen Lesefrüchten aus dem Schrifttum des Okkultismus einen Namen zu geben: Das imaginative Konstrukt von geistigen Welten und okkulten Geheimgängen der Erfahrung wird mit einem Sendboten versehen, der den Geistesschüler *Steiner* zur Mission ermächtigt. In jedem Fall bleibt der Auftraggeber im Dunkel, damit der Missionar nicht an seinem Lehrer gemessen werden kann.
Interessant ist nun, welche Formel dieser große Unbekannte Steiner anbietet, um seine Lebens- und Erkenntnisprobleme zu lösen:

»Wie sollte er den Drachen der modernen Naturwissenschaft zähmen und ihn vor das Gefährt der Geist-Erkenntnis spannen? Und vor allem, wie sollte er den Stier der öffentlichen Meinung besiegen? Auf die Fragen seines Schülers antwortete der ›Meister‹ dem Sinne nach: Wenn du den Feind besiegen willst, so beginne damit, daß Du ihn zuerst begreifst. Du wirst nur dann Sieger über den Drachen werden, wenn Du in seine Haut schlüpfst« (a.a.O., S. 26).

Aus dieser Drachenformel kann man mehr über *Steiners* Verfahrensweise und missionarische Strategie lernen als aus allen Vorträgen und Schriften zusammen. An sich ist der Gedanke nicht sehr originell. Er findet sich gleichfalls bei *Hegel*, den *Steiner* in den selben Jahren gelesen haben dürfte. Man muß in die Kraft des Gegners eingehen, wenn man ihn überwinden will. Aber hier gewinnt dieser richtige Gedanke, daß Kritik erst greift, wenn sie die Quelle des Irrtums bei den anderen erkennt und ausspricht, eine zweideutige, sozusagen subversive Wendung. Wer in die Haut des Drachen schlüpft, tut so, als ob er ein Drache unter Drachen sei, so wie *Steiner* früher geraten hatte – wir erinnern uns – unter Theosophen den Theosophen zu mimen, um ihre Geheimnisse auszuspüren und sie in ihrer eigenen Höhle auszuräuchern.
Vor allem aber kann der »Drache der modernen Naturwissenschaft« – und das ist für *Steiner* nicht nur Kernphysik und Biochemie, sondern auch Technik und Verwaltung, Leistungssport und Verstädterung – nicht in einem direkten Angriff überwältigt, er muß unterwandert werden: die Okkupation erfolgt von innen, auf dem eigenen Gelände, im Schein des Einverständnisses und wohlwollender Toleranz. So soll die »öffentliche Meinung«, der Geist der Zeit und der Institutionen, »besiegt« werden. Denn um Sieg und Geistesherrschaft geht es allemal, aber nicht mit den Waffen einer direkten Kritik, sondern mit dem Salböl gespielter Zustimmung. Das Überredende und Gewaltsame, das *Specht* an dem jungen *Steiner* bemerkt hat, die monomanischen Rodomontaden und Argumentationsströme, bleiben auch unter der Drachenformel erhalten; aber sie zeigt ihm, wie man sich inszenieren muß, um Anhänger zu gewinnen, welche Kostüme und Masken für welche Aufführungen erforderlich sind.
So hat sich *Steiner* einerseits als akkurater Wissenschaftler präsentiert, der hoch erhaben über den Spukgeschichten gewöhnlicher Mystagogen steht; andererseits hat er im engeren Kreise sich kultisch verehren lassen, wie *Kully* und *Seiling*, ein Apostat aus dem Steinergemeinde, bezeugen. Immer wieder werden seine Zuhörer von den weitgestreuten Themenbereichen überrascht, die *Steiner* behandelt: er gibt sich als

Kenner der Philosophie- und Kulturgeschichte, der katholischen Theologie und der idealistischen Reflexion, der modernen Physik und Medizin, der Kunst und der Literatur: er, der nirgendwo richtig heimisch werden konnte, ist überall zuhause; der zu keinem Menschen eine dauernde Beziehung aufbauen konnte, ist jedermanns Freund und Seelentrost. Er hat aus der Isolation der frühen Jahre, der Äquidistanz zu Personen und Lebensmilieus, eine produktive Quelle seiner Wirkung gemacht: alle konnten sich angesprochen fühlen, als ob er einer der ihren sei, und gehörte doch zu keiner Gruppe richtig dazu. Nicht zu den Theosophen, die ihn ernähren; schon gar nicht zu den Sozialdemokraten, bei denen er in der Arbeiterbildung bis 1904 mitmacht; nicht einmal der ersten Phase der »Anthroposophischen Gesellschaft« gehört er an: ein Bischof, der nicht in der Kirche ist. Erst die zweite Neugründung sieht ihn auch als offizielles Haupt und eingeschriebenes Mitglied: die Identifikation mit der Rolle ist vollständig geworden.
Vor diesem Hintergrund wird der »tiefgehende Umschwung« verständlich (Lebensgang, S. 223), den *Steiner* an sich im sechsunddreißigsten Lebensjahr konstatiert hat:

»Mein Beobachtungsvermögen für Dinge, Wesen und Vorgänge der physischen Welt gestaltete sich nach der Richtung der Genauigkeit und Eindringlichkeit um. (...) Eine vorher nicht vorhandene Aufmerksamkeit für das Sinnlich-Wahrnehmbare erwachte in mir. Einzelheiten wurden mir wichtig; ich hatte das Gefühl, die Sinneswelt habe etwas zu enthüllen, was nur sie enthüllen kann« (ebd.)

Man kann es auch anders sagen: *Steiner* wird positiv. Die spielerische Identifikation mit dem, was läuft und nicht direkt zu bezwingen ist, läßt das Polemische und die kritische Attitüde zurücktreten und ermöglicht es, im herrschenden Zeitstil das ganz Eigene zu präsentieren. So wird der Roman der »Akasha-Chronik« in dem nüchternen Berichtstil der Geschichtsschreibung vorgetragen, nicht anders als *Ranke*s »Preußische Geschichte«. Die Erkenntnis höherer Welten soll methodisch genau so streng sein wie die Physik der Röntgenstrahlen und inhaltlich neutral gegenüber den Maßstäben der Erkenntnislehre. Man könnte auch sagen: dem potentiellen Proselyten werden zunächst alle Sünden des modernen Drachens der Naturwissenschaft und ihrer Denkweise gelassen, es kommt nur ein Ingredienz höherer Weisheit hinzu, aber doch so, daß dadurch schließlich alles anders wird.
Nach diesem Verfahren wird *Goethe* okkupiert und für die Anthroposophie in Anspruch genommen, *Thomas v. Aquin* und schließlich auch

Jesus Christus. Diese Umdeutung und Indienstnahme des »Christusmysteriums« ist das Bravourstück der Drachenformel. Kein Wunder, daß *Steiner* damit vor allem die Theologen beider Konfessionen auf den Plan gerufen hat, die nun akribisch nachweisen, daß seine Exegese falsch, willkürlich und entstellend ist. Aber solche Einwände erreichen *Steiner* gar nicht. Was er in dem Vorwort zu seinem Buch über »*Goethes* Weltanschauung« von seiner Methode gesagt hat, gilt auch hier:

»Will man mir den Vorwurf machen, daß ich diejenigen Seiten der Goethe*'schen Weltanschauung schildere, auf die mich mein eigenes Denken und Empfinden weist, so kann ich nichts erwidern, als daß ich eine fremde Persönlichkeit so ansehen will, wie sie mir nach meiner eigenen Wesenheit erscheinen muß«*[28].

Darin liegt: *Steiner* schlüpft in viele Häute und bleibt doch immer der Geisterseher eigener Provenienz. Einerseits brauchte die Bewegung *Goethe* als den Codenamen für Weisheit und Schöpferkraft – deshalb wurde aus dem »Johannesbau« schließlich das »Goetheanum« in Dornach –, aber sie braucht ihn auf ihre Weise. Und nicht anders verhält es sich bei der »Geisteswissenschaft« mit den anderen Etiketten, die Zugehörigkeit zum öffentlichen Meinungsmarkt signalisieren und doch der Sache etwas ganz anderes bedeuten: angefangen von der »Anthroposophie«, die *Steiner* dem romantischen Naturphilosophen *Troxler* und seinem Lehrer Robert *Zimmermann* entlehnt, über die »Geisteswissenschaft« – Beutegut aus der *Dilthey*-Schule – bis zu den Formeln der Pädagogik vom Kinde aus, des angstfreien Lernens, der kindgemäßen Erziehung. Im eigenen Kontext haben sie einen Sinn, über den sich wundern würde, wer ihren Verzweigungen nachgeht, aber sie stellen die Anschlußfähigkeit für die »öffentliche Meinung« her, die zu besiegen ist.

V.

Eine Frage bleibt: wie sichert der Geisterseher seinen Nimbus gegen die Verführung durch die Rollen, die er spielt? Anders kann er das Publikum nicht halten, das den Messias erwartet. Aber die Gefahr ist, daß er da bleibt, wo er die Irrenden und Hoffenden abholen will, so wie der moderne Ethnologe den fremden Blick verliert, wenn er zu lange unter die Eingeborenen geht. Das Positive und Affirmative, das Kostüm von Zeitgemäßheit und Modernität ist insofern nur die eine Seite der

Drachenformel, die andere ist: alles was ich habe, habe ich aus mir und durch mich allein. Wer nur etwas oder auch viel mehr kann, was auch andere lernen könnten, wenn sie Gelegenheit und Ausdauer genug aufgebracht hätten, steht zu nahe, um als Menschheitsführer auftreten zu können. Es muß etwas anderes hinzutreten, um die Suggestionswirkung zu vollenden: der Meister schöpft aus anderen Quellen.
Es mutet geradezu rührend an, wie *Steiner* im »Lebensgang« und auch sonst sich bemüht, die Originalität seiner Ansichten hervorzuheben. Bei aller vermeintlichen oder wirklichen Übereinstimmung mit anderen Geistesgrößen, bei aller Gleichheit vor dem Geiste, legt er Wert auf die Eigenleistung, als wäre es ein Plagiat, von anderen gelernt und das Richtige übernommen zu haben. Die Bemerkung zu *Goethe* hat das schon angedeutet. Aber *Steiner* sagt es noch direkter:

»Ich nahm von ›alter Weisheit‹ nichts an; was ich an Geist-Erkenntnis habe, ist durchaus Ergebnis meiner eigenen Forschung. Nur wenn sich mir eine Erkenntnis ergeben hat, so ziehe ich dasjenige heran, was von irgend einer Seite an ›altem Wissen‹ schon veröffentlicht ist, um die Übereinstimmung und zugleich den Fortschritt zu zeigen, der der gegenwärtigen Forschung möglich ist« (a.a.O., S. 277).

Dieser Originalitätsanspruch wird wie ein Besitzrecht gegen Übergriffe und Weiterungen, Abirrungen und Varianten verteidigt. Er gibt der Bewegung einen gemeinsamen Bezugspunkt und sichert die Stabilität gegenüber einer Umwelt, die sich resistent verhält. Die Folge ist, daß *Steiner* überall da, wo er inhaltlich etwas übernimmt, also nicht nur das Kostüm und die Codeworte seiner Zeit, als eigene Offenbarung ausgibt, was er sich angelesen hat. Das gilt für die Stockwerk-Psychologie, die sich in den theosophischen Schriften der Helena *Blavatsky* findet, das gilt in gleicher Weise für seine Lehre von den Weltaltern, und das gilt insbesondere auch für jene Neuerungen, die er der Waldorfpädagogik zuschreibt. Es wird noch zu sehen sein, in welchem Maße *Steiner* ein Schüler des österreichischen Herbartianismus war.[29] Ihm entnimmt er das Prinzip des kulturstufengerechten Curriculums, die Phasenlehre des Unterrichts, das Klassenlehrerprinzip, ohne daß je ein Hinweis auf die Quellen und Entlehnungen erfolgte. Doch anders läßt sich die »Schlüsselattitüde« nicht bewahren: der Lehrer macht vergessen, daß er selber Schüler war und geblieben ist.
Zu dieser Insistenz auf das einzigartig Neue des Uralten, wie es ihm doch in der »Seele aus ganz alten Zeiten« (a.a.O., S. 43) des besagten

Kräutermannes begegnet war, gehört auch eine literarische Technik, die den gutwilligen Leser kreuz und quer im Gesamtwerk herumschickt, ohne ihn doch ans Ziel zu führen. So wird in den Vorträgen und den daraus hervorgegangenen Schriften immer wieder auf die Hauptwerke verwiesen, auf die »Philosophie der Freiheit«, die »Theosophie« und die »Erkenntnis der höheren Welten«, ohne daß man dann bei näherem Zusehen im Einzelfall die bestimmte Antwort auf das findet, was der Vortrag offen läßt. Und auch die Vorträge hat *Steiner* mit einer Kautele versehen, die unbestimmt läßt, was authentisch ist; der Verfasser hält sich eine Rückzugslinie offen. Sie tragen den Vermerk: »Nach einer vom Vortragenden nicht durchgesehenen Nachschrift«. Die Rudolf-Steiner-*Nachlaßverwaltung erklärt diese Publikationspraxis wie folgt:*

»Da Rudolf Steiner *aus Zeitmangel nur in ganz wenigen Fällen die Nachschriften selbst korrigieren konnte, muß gegenüber allen Vortragsveröffentlichungen sein Vorbehalt berücksichtigt werden: ›Es wird eben hingenommen werden müssen, daß in den von mir nicht nachgesehenen Vorlagen sich Fehlerhaftes findet.‹ «* (GA 306 u. ö.)

Der Unsicherheit darüber, was *Steiner* nun wirklich gesagt hat, entspricht die Unbestimmtheit eben dort, wo der Überschritt in die geistigen Welten vollzogen wird. Es können immer nur Hinweise und Andeutungen gegeben werden, die sich für denjenigen als fruchtbar erweisen werden, der sich auf das anthroposophische Curriculum einläßt; doch diese Unbestimmtheit erlaubt es dann, Einwänden und Bedenken damit zu begegnen, es fehle eben noch die Seelenreife, dort weiterzugehen oder auch nur hinzugelangen, wo *Steiner* schon gewesen ist.[30]
Beides zusammen: der Schein des Einvernehmens mit dem modernen Bewußtsein und die Unbestimmtheit in der eigenen Sache ergeben eine optimale Begründungssituation. Wer im Bereich der »sinnlichen Erkenntnis« mitgeht und sich an das hält, was auch sonst gemeint und vertreten wird, kann positiv bestärkt werden; wer mit diesem Wissen und der Art dieses Wissens gegen die Anthroposophie Front macht, kann mit dem überlegenen Lächeln abgewehrt werden, er erfasse eben alles nur mit dem Kopf und nicht mit ganzer Seele. Die Unbestimmtheit dessen, was da erfaßt werden soll, macht den Lehrer und Meister immun gegen die Gifte der Kritik: seine Lehre ist resistent gegen jede Widerlegung, und zugleich liegt in den offenen Stellen ein Appellwert, der gerade grüblerische Gemüter anzieht, denen das übliche Wissen

dürftig und armselig vorkommt. Man kann ja nicht wissen, vielleicht ist doch etwas dran an den wiederholten Erdenleben, dem Blick nach vorwärts in das nachtodliche Leben und den Sagas von den voratlantischen Zeitaltern, von denen die »Akasha-Chronik« erzählt. *Steiner* hat es schließlich geschaut und sich nicht bloß angelesen. Für die Gemeinde ist es wichtig und verstärkt die Absolutheit der Lehren des Meisters, wenn sie nicht mühselig in einem besonderen Lerngang erworben, sondern gegeben und eingegeben sind. Und diese Liebe tut *Steiner* auch den Seinen:

»Mein geistiger Werdegang ist ja ganz und gar unabhängig von allen Privatverhältnissen. Ich habe das Bewußtsein, er wäre der ganz gleiche gewesen bei ganz anderer Gestaltung meines Privatlebens« (a.a.O., S. 264).

Natürlich kann sich keiner vorstellen, wie er dächte, wenn er woanders in die Schule gegangen, zu anderer Zeit und unter anderen Menschen gelebt hätte; er muß sich das ja aus seiner besonderen Lage und Geschichte vorstellen; es sei denn, er hielte sich für einen Gott, der mit allen Möglichkeiten spielt und eine wählt. Aber aus dem Umstand, daß wir nicht aus unserer Haut können, folgt nicht, daß dem, was wir denken und wie wir fühlen, dadurch allein irgend eine allgemeine Notwendigkeit zukommt. Wir können nur nicht anders. Und wo wir im Alltäglichen und Bekannten bleiben, sieht das auch jeder ein und fände es lächerlich, wenn einer auftritt, der gerade seine Gedanken in ihrer Besonderheit für das Codewort der Welträtsel hielte. Deshalb muß noch etwas hinzutreten, um dieser Position den Schein des Unwiderstehlichen zugeben. Es genügt nicht, sich als Prophet zu kostümieren, man braucht auch einen Text, und das ist bei *Steiner* nun die Lehre vom Karma, von den wiederholten Erdenleben und den Hierarchien der geistigen Welten.

Es wird noch zu betrachten sein, wie diese Lehren gelernt werden können; im Zusammenhang der Biographie und der Metamorphose *Steiner*s vom kritischen Kulturbeobachter zum Menschheitsführer ist hier eine Eigenschaft von Bedeutung, die die Rezeptionsfähigkeit der Lehre für sinnbedürftige Seelen betrifft. Es ist eine Lehre, die etwas ganz Unerhörtes und Unübliches behauptet, gegen den Strich der Zeit und des modernen Bewußtseins gebürstet, aber gerade die Unwahrscheinlichkeit der Lehre macht ihre Tauglichkeit als Koinzidenzpunkt der Bewegung aus. Eine Theorie im Anschluß und als Nachbesserung anderer Theorien schafft keine Gemeinschaft, sondern beschäftigt die

Forschergesellschaft solange, bis sie wirklich relativiert, eingeordnet oder überholt ist. Aber eine Theorie, zu der es keinen nachvollziehbaren Beweis gibt, sondern nur die Evidenzbehauptungen eines Überzeugten, hat den großen Vorzug, immun gegen solche Änderungen zu sein. Gerade das Unplausible und Exorbitante der *Steiner*schen Weltanschauung hat die Gemeinde gestiftet. Auf sie und ihren Sprecher kann man abgewandelt beziehen, was Ludwig *Wittgenstein* über die Sicherung von semantischen Bedeutungen gesagt hat: Wenn alle sich so verhalten, als ob etwas eine Bedeutung hat, dann hat es eine Bedeutung.[31] Es ist eben nur wichtig, daß *alle* sich so verhalten: die Gemeinde braucht ihren Missionar ebenso wie dieser die Gemeinde. Sie bringen sich wechselseitig hervor. Einen Widerschein davon findet man in dem Bild, das dann G. *Wachsmuth* von Steiner gegeben hat. Aus der Nähe hat er miterlebt, wie *Steiner* den Eingeweihten »anvertraut, daß er die geistige Welt« befragt habe, und zwar in einer Organisationssache, »bevor er zur Tat schritt, und daß ihm von dort Bejahung gegeben wurde« (*Wachsmuth*, S. 619). Und als er schließlich starb, ging mehr als ein Menschenleben zu Ende:

»Die letzten Augenblicke im Erdenleben Rudolf Steiners *waren frei von allem Kampf mit der Physis, frei von aller Ungewißheit, wie sie dem Sterben vieler Menschen sonst eigen ist, sein Antlitz sprach von Frieden, Gnade, innerer Gewißheit, geistigem Schauen. Er faltete die Hände auf der Brust, die Augen waren licht und stark in Welten gerichtet, mit denen er sich schauend vereinte. Als der letzte Atemzug kam, schloß er selbst die Augen, aber dies erfüllte den Raum nicht mit dem Erlebnis eines Endes, sondern eines höchsten geistigen Tuns«* (a.a.O., S. 624).

Es folgen die Tage des Abschieds, wo die Anhänger »zum letzten Male die irdische Gestalt ihres geliebten geistigen Führers sehen durften« (a.a.O., S. 625); Albert *Steffen*, einer der Getreuesten, spricht bei der Einäscherungsfeier von dem »Gottesfreund und Menschheitsführer« (ebd.), und *Wachsmuth* beschließt seine Biographie mit einer epochalen Aussicht:

»Mit seinem ganzen Wesen ist er auch jetzt mit seinem Werk vereint, in der Gegenwart, in der Zukunft. Er ist im Geiste mitten unter uns« (a.a.O., S. 626).

Man sieht: die Ikone ist vollendet, *Steiner* hat zuletzt, wenn nicht die ganze öffentliche Meinung, so doch seine Anhängerschar gewonnen. Aber die Inspiration ist vorüber; es kann die Schule mit ihrer Nachbereitung beginnen.

4. Erlebte Vorstellungen: Die Wissenschaft eines Geistersehers

I.

Wo es Glaube gibt in Europa, findet sich auch Theologie; und wo Gläubige sind, gibt es auch eine Kirche. Man kann sich schwer vorstellen, daß ohne den Glauben der Gläubigen der Versuch zustandekäme, die Gleichgesinnten gemeinschaftlich zu versammeln und die Inhalte der gemeinsamen Überzeugungen rational zu begründen. Aber daraus folgt nicht, daß Theologie und Kirche, einmal entstanden und etabliert, auch wie von selbst den Glauben einschließen. Am Anfang und in der Entstehung geht es nicht ohne das »fundamentum fidei«; jedoch im Fortgang, wenn erst einmal eine studierbare Glaubenslehre, ein Dogma, entstanden ist, und wenn sich die Gemeinschaft organisiert hat, dann können auch viele mitschwimmen, die die überlieferten Formen mitbenutzen und Gott einen guten Mann sein lassen. Das Eigenleben der Lehre und der verfaßten Gemeinschaft gibt den Anhängern die eigentümliche Freiheit zurück, sich ihren eigenen Reim zu machen; und so bestehen schließlich Theologie und Kirche auch ohne Glauben, bis ein Reformator auftritt, der an den ursprünglichen Gründungssinn erinnert und die schlafenden Seelen wieder aufzuwecken sucht.

Zu der geläufigen Ansicht über die Waldorfschule gehört diese Indifferenz gegenüber ihrem Ursprung. Man denkt, die pädagogische Praxis lasse sich von der Anthroposophie und ihren spezifischen Lehren und Wegen abtrennen, als ob sie ein Mittel sei, mit dem man auch andere Zwecke verfolgen und andere Probleme lösen könne, vor allem die Lernprobleme von Kindern, die mit der Staatsschule nicht zurechtkommen. Auch wird man vermuten können, daß viele Waldorflehrer nur mit Nuancen und Einschränkungen den höheren Einsichten folgen oder zustimmen, die der Gründer verkündet hat.

Ausdrücklich hat eine solche Ablösung der Waldorfpädagogik und ihrer methodischen Besonderheiten z. B. Helmut *Schrey* vollzogen; es geht ihm um eine »Übersetzung der pädagogischen Gedanken Rudolf *Steiners* ins Un-Anthroposophische«[32] unter der leitenden Frage,

»wie eine so äußerst stark von einem einheitlichen Menschenverständnis her geprägte Pädagogik für eine Zeit fruchtbar gemacht werden kann, die wohl mit

Recht gegenüber jedem Menschenbild empfindlich reagiert, das sich als ›allgemeinverbindlich‹ und unbedingt ›wahr‹ ausgibt« (ebd.).

Ein solches Verfahren geht über die Angleichung der anthroposophischen Pädagogik an den gegenwärtigen Diskussionsstand hinaus. Es kann weder den Waldorfpädagogen gefallen, weil die Eigenart der Waldorfpädagogik verwässert, wenn nicht verraten wird, noch wird derjenige zustimmen, der den Sinn der Unterrichtsformen, der Organisation und Lehrplangestaltung erkennen und nicht nur parasitär ihre Effekte genießen will.[33] Insofern bleibt dieses Verfahren unter dem Anspruch der Waldorfbewegung, und zu Recht hat deshalb Peter *Schneider* noch einmal den genauen Zusammenhang zwischen der Erkenntnislehre *Steiner*s und seiner Pädagogik herzustellen gesucht:

»Um prüfen zu können, ob und unter welchen Bedingungen sich Waldorfpädagogik übertragen läßt, und um einer blinden Praxis zu entgehen (was ebenso für die Waldorfschullehrer selbst gilt), ist eine wissenschaftliche Auseinandersetzung notwendig, wozu freilich die immanent-kritische Aufarbeitung ihrer erkenntnistheoretischen und anthropologischen Grundlagen Voraussetzung ist.«[34]

In der Tat wird dieses Vorgehen nicht nur dem bleibenden Motiv der anthroposophischen Pädagogik gerechter, es entspricht auch der Wahrheit der Sache. Die Indifferenz gegenüber *Steiner*s Erkenntnis-, Welt- und Lebenslehre verkennt, daß hier alles mit allem zusammenhängt: die Erziehung mit der Wesenskunde des Menschen, diese Wesenskunde mit dem Kosmos, der Kosmos mit der Geschichte, und diese wiederum mit dem besonderen Schicksal und Lebensweg des Einzelnen. Da ist nichts zufällig, sondern jedes Detail wesensbestimmt, und man kann es auch einsehen, wenn man *Steiner* folgt. Er ist den Erkenntnisweg vorausgegangen und seine Funde sind die Wegmarken für seine Jünger und Schüler. Sein Gedankenerleben und der Versuch, dieses Erleben zu methodisieren, sind deshalb Maßgabe und Anhalt für den Waldorflehrer, und vermittelt über die Lehrform und die curricularen Inhalte auch Maßgabe und Anhalt für den Waldorfschüler. Man kann deshalb nicht über die Gewißheiten *Steiner*s über die höheren Welten kommentarlos und gedankenlos hinweggehen, so wie es unredlich ist, wenn Taufscheinchristen die Verwaltung des Numinosen bei Taufe, Hochzeit und Beerdigung in Anspruch nehmen.
So gesehen ist die Erkenntniswissenschaft das Fundament der Waldorfpädagogik, nämlich als Lehre, wie P. *Schneider* sagt, von der »Erkenntnismethode zur wissenschaftlichen Erforschung der real-geistigen Welt

und zur Entwicklung der dazu notwendigen Erkenntnisfähigkeiten« (a.a.O., S. 18). Daß diese Methode auch den Lernenden zu bestimmten, von *Steiner* schon formulierten Erkenntnisinhalten führen wird, wenn er sich nur anleiten läßt, versteht sich dabei von selbst, und man sieht, daß dabei diese Methode nicht ein neutrales Verfahren für die Gewinnung neuen Wissens in den verschiedensten Hinsichten ist, sondern zugleich auch eine existenzielle Umwandlung und ein Weg zur Ausbildung seiner Identität.

Gerade gegen die moderne Wissenschaft wird vorgetragen, sie lasse das Herz kalt und gebe keine Heimat, in der man leben, sondern nur Formeln und Abstraktionen, in denen man grübeln kann. Das existenzielle Defizit läßt die anthroposophische Erkenntnis zum Heilsweg eines denkenden und vollbewußten, eben »vollmenschlichen« Erfahrungslebens werden; er führt durch die Wissenschaften, wie sie bekannt und etabliert sind, und zugleich über diese Wissenschaften hinaus:

»Der erfahrene Geisteswissenschaftler will den an solchen Erkenntnisfähigkeiten Interessierten nur auf die in ihm selbst schon schlummernden Anlagen in rationeller Weise hinweisen und ihm zur Einsicht verhelfen, daß zur Erfassung qualitativ neuer Wahrnehmungsbereiche die Entwicklung neuer Erkenntnisorgane notwendig und auch möglich ist« (a.a.O., S. 19).

Das ist das Programm. Es kommt einem Motiv entgegen, das nicht nur bei Steiner selbst, sondern in mannigfachen Varianten formuliert worden ist als Antwort auf den Umstand, daß die Wissenschaften in ihrer Vielzahl und vor allem die sog. Naturwissenschaften kein Weltbild produzieren, keinen gedeuteten Kosmos sinnhafter Bezüge, in dem der Einzelne seinen Ort findet. Der Rückgang auf die »Lebenswelt« (E. *Husserl*), auf die vortheoretische Erfahrung des »In-der-Welt-Seins« (M. *Heidegger*), auf das einsame existenzielle Engagement oder die soziale Praxis, auf die »natürliche Welteinstellung« und auf die Geschichten, »in die wir verstrickt sind« (W. *Schapp*): in alledem spiegelt sich die Erfahrung wider, daß insbesondere die Natur der Naturwissenschaft ein Abstraktionsprodukt ist, aus dem sich keine Welt ergibt, in der der Mensch leben könnte. Ihr Objektivismus schafft zwar die »eine« Welt der Wissenschaften, aber »die Welt als Gegenstand der wissenschaftlichen Theorie entzweit sich der Welt, in der der Mensch sozusagen zu Hause ist«, wie Hermann *Lübbe* gesagt hat.[35] Die Frage ist, ob dieser Mangel, wenn es überhaupt ein Mangel ist, geheilt werden kann, ob es also eine Erkenntnisform gibt, die beides wieder zusam-

menbringt: die Aspekte theoretischer Zugriffe, Modelle und Paradigmen einerseits und die Lebensformen der Menschen andererseits, das Wissen und das Wollen, das Fühlen und das Erkennen.
Steiners Erkenntnislehre ist ein solcher Versuch. Deshalb ist sie auch nicht nur eine Lehre davon, wie man Erkenntnisse gewinnt und das Wissen vermehrt, sondern eine Lehre von der lebensgeschichtlichen und karmischen Bedeutung des Wissens. Sie ist eine »essentielle Wissenschaftstheorie«, wie Helmut *Kiene* ausgeführt hat:[36] zugleich empirisch und überempirisch, Kenntnis der Dinge um uns und der Motive und Aufgaben in uns, Theorie und Ethos. Das macht ihre erzieherische Bedeutung aus, die sich nicht zusätzlich aus der Erkenntnis- und Wissenslehre ergibt, sondern von vornherein enthalten ist. Es geht deshalb auch im Wissen und in den Wissensformen um eine Wende, die die alte Naturwissenschaft nicht läßt, wie sie ist, weil sie das Denken und Fühlen verhärtet. *Kiene* hat das in seinen »Grundlinien« klargemacht:

»Die Aufgabe einer essentialen Wissenschaftstheorie ist es, einen Anstoß zu geben, so daß die dogmatische Verhärtung abfällt und ein Kulturwille zur Entwicklung neuer Denkformen und geistiger Techniken entsteht, die das Wesen der jeweiligen Sache erfassen können« (a.a.O., S. 224).

Essential ist diese Wissenschafts- und Erkenntnistheorie, weil sie wieder die gegenständliche Erkenntnis mit der Selbsterkenntnis direkt zusammenbringt: was wir in den neuen Denkformen vermögen, führt zu dem zurück, was vor der modernen Wissenschaft da war. Die Erkenntnis der Welt im ganzen zeigte dem Menschen auch seinen Ort und seine moralische Bestimmung. Blume, Tier und Sterne sind Texte für die Selbstinterpretation, und in uns selbst liegt der Schlüssel, die Chiffren des Kosmos zu entziffern. Diese Sprache lernbar zu machen, ist Aufgabe der Erziehung. Und die Waldorfschule ist ein Weg, sie zu lösen.

II.

Das Programm, Natur und Geist, gegenständlich-methodische Erkenntnis und Lebensführung, zu versöhnen, ist eines; ein anderes sind die Lösungsmöglichkeiten. Man kann sich auf die Seite der Wissenschaft schlagen und ihre Verfahrensweisen zum alleinigen Kompaß für alle Fragen, auch die sozialen und Lebensfragen machen. Das ist der Weg der »Unified Science«, der Einheitswissenschaft unter analytisch-positivistischen Vorzeichen. Man kann mit einer Art Arbeitsteilung operieren; dann gibt es einerseits die »verstehenden« Geistes- und Kulturwissenschaften und andererseits die »erklärenden« Naturwissenschaften. Das ist der Weg *Diltheys* und seiner Schule geworden. Man kann drittens mit gestuften und unterschiedlich aufeinander bezogenen Wissensformen vorgehen, wie das zunächst Max *Scheler* und in zeitgemäßer Fassung Jürgen *Habermas* in seiner Lehre von den drei erkenntnisleitenden Interessen, dem hermeneutischen Verständnisinteresse, dem szientifischen Machtinteresse und dem emanzipatorischen Freiheitsinteresse vorgetragen hat.[37] Man kann aber auch versuchen, die »Ganzheit« direkt zu artikulieren und auf das Erleben des Menschen zurückgreifen, der in allen Formen des Erkennens doch ein und derselbe ist. Das ist der Weg *Steiners*. Er geht nicht den Weg der Differenzierung, sondern den Weg der Identifizierung, nicht der Differenzen und Relationen, sondern der Einheit und positiven Zusammenstimmung.

Um das verständlich zu machen und den harten Kern der Erkenntnislehre *Steiners* herauszuschälen, ist es ratsam, zunächst einmal von allen Folgerungen und Anwendungen abzusehen, auch wenn sich bei *Steiner* immer schon eine Gemengelage von inhaltlichen Behauptungen und methodischen Hinweisen findet. Das kann auch gar nicht anders sein: das Methodische findet sich nie für sich dargestellt, gerade weil Werkzeug und Material untrennbar in eins gesehen werden. Dennoch mag es hilfreich sein, gegen die Intention *Steiners* den Grundvorgang des Erkennens nach seiner Lehre faßbar zu machen und zu prüfen, welche inhaltlichen Folgerungen und Erkenntnisgewinne er verspricht. Es wäre immerhin möglich, daß sich auch andere Ergebnisse aus seiner Interpretation des Erkennens ergeben, die weniger entlegen und unkonventionell sind als die Blicke in die Geisterwelt.

Wenn man also alle Besonderheiten und Ausgestaltungen beiseite läßt, die zur Anthroposophie gehören, dann sieht man, daß *Steiner* einen alten, geradezu archaischen Gedanken aufgegriffen und in einer quasimodernen Fassung als Erkenntnislehre präsentiert hat. Es ist der Gedanke, daß Mensch und Kosmos gleichartig sind. Der Mensch ist im kleinen ein Kosmos, der Kosmos im großen ein Mensch. Welt, Natur und Geschichte sind ein genaues Pendant des Menschen, der Mensch deren Synthese en miniature. So wie ein Modell z. B. ein Haus im

kleinen wiedergibt, so spiegelt der Mensch den Kosmos, und dieser findet sich im Menschen wieder.
Wie wird das begründet? Dazu eine Stelle aus dem »Lebensgang«, in der in allgemeiner Weise das Erkenntnisverfahren dargestellt wird, das für die anthroposophischen Wesenseinsichten kennzeichnend ist. Nach dem Lebensumschwung, der *Steiner* zu seiner bleibenden Position führt, gibt er einen Einblick in die neue Optik und in das Verfahren, die Wahrnehmung der Sinnenwelt (innerhalb derer die Naturwissenschaft nach seiner Ansicht verbleibt) mit den geistigen Impulsen der Geisteswelt zu verbinden:

»Ich stellte, um meditativ das rechte Verhältnis zur Welt zu gewinnen, immer wieder vor meine Seele: Da ist die Welt voller Rätsel. Erkenntnis möchte an sie herankommen. Aber sie will zumeist einen Gedankeninhalt als Lösung eines Rätsels aufweisen. Doch die Rätsel – so mußte ich mir sagen – lösen sich nicht durch *Gedanken. Diese bringen die Seele auf den Weg der Lösungen; aber sie enthalten die Lösungen nicht. In der wirklichen Welt* entsteht *ein Rätsel; es ist als Erscheinung da; seine Lösung ersteht ebenso* in der Wirklichkeit. *Es tritt etwas auf, das Wesen oder Vorgang ist; und das die Lösung des andern darstellt« (a.a.O., S. 225).*

Das ist eine recht verschlungene Darstellung des Erkenntnisproblems, wie es die Neuzeit beschäftigt hat. Immerhin läßt sich ersehen, daß *Steiner* mit dem Erkennen als Zusprechen von Prädikaten, in denen das Gegebene gedeutet wird, nicht zufrieden ist. Vielmehr geht es ihm um das, was beim Denken (als Zusprechen von Prädikaten) mit dem Erkennenden geschieht. Das ist das Seelische.

»So sagte ich mir auch: die ganze Welt, außer dem Menschen, ist ein Rätsel, das eigentliche Welträtsel; und der Mensch ist selbst die Lösung« (ebd.).

Man kann das traditionell so auslegen: wie wir die Welt sehen, hängt von uns ab, von unserer Perspektive und den formalen Voraussetzungen unseres Erkenntnisapparats. Das ist der Weg der neuzeitlichen Erkenntnistheorie. Das hat *Kant* gelehrt. Darin besteht seine kopernikanische Wende. Wir bilden nicht nur ab, was sich zeigt, sondern was sich uns zeigt, erscheint nach Maßgabe unserer kategorialen Verfaßtheit und Zeit-Raum-Vorordnung. Man kann dann noch streiten, ob dieser Erkenntnisapparat ein für allemal feststeht oder sich wandelt, ob er fest vorgegeben oder variabel ist, aber daß wir nicht bloß abbilden, sondern gewissermaßen ein Bild in das gesehene Material hineinbilden und insofern der Natur (als Inbegriff dessen, was erkannt wird) die Regel

vorgeben, ist Allgemeingut der Wissenschaftslehre. Unser Erkennen enthält eine subjektive Zutat, so daß wir nicht die Dinge an sich selber, sondern Erscheinungen erkennen. Gerade darauf aber beruht die Möglichkeit, nachprüfbare Zusammenhänge zu bestimmen. Sie verdanken sich der regelhaften Verfahrensweise unseres Erkennens, in dem Sinnlichkeit und Begriffe zusammengeführt werden.
Das ist aber nun gerade nicht *Steiner*s Meinung. Er meint vielmehr, daß das Erlebnis des Erkennens etwas enthält, was genau so real ist und in derselben Weise real ist, wie das Erkannte:

»So wird auch das Erkennen zu einem Vorgang in der Wirklichkeit. Fragen offenbaren sich in der Welt; Antworten offenbaren sich als Wirklichkeiten; Erkenntnis im Menschen ist dessen Teilnahme an dem, was sich die Wesen und Vorgänge in der geistigen und physischen Welt zu sagen haben« (ebd.).

Das ist nun selbst sehr rätselhaft. Übersetzt in die Sprache der traditionellen Erkenntnislehre ist offenbar folgendes gemeint: Wir erkennen Dinge, die »außer uns sind«, das geschieht in Begriffen. Aber die Begriffe sind nicht die Dinge. Man kann sie nicht anfassen, nicht fühlen und auch nicht erleben. Man kann auf einem Stuhl sitzen und sich über seine Härte ärgern, aber man kann nicht auf dem Begriff des Stuhls sitzen. Also gibt es einen Unterschied zwischen dem Begriff und dem Ding, ob es sich dabei um ein Kamel, einen Tintenfisch, ein Proton oder eine Romanerzählung handelt. Der Begriff ist allgemein, unanschaulich; das Ding selber ist sinnlich gegeben und anschaulich gegenwärtig. Also bleiben die Dinge rätselhaft, sagt *Steiner*. Die Begriffe werden ihnen im dinglichen Erkennen nicht gerecht. Das hält *Steiner* für unbefriedigend und vollzieht nun einen wahrhaften Salto mortale, um dieses Manko zu überwinden: Wir erleben ja das Erkennen selber, weil es auch eine faktisch vorkommende Gegebenheit ist, die man beobachten und selber wieder zum Gegenstand machen kann wie die Erkenntnis von Kamelen und Tintenfischen.
Wenn wir erkennen, wissen wir zwar, daß das Erkennen nicht mit dem Erkannten zusammenfällt, aber zugleich wissen und erleben wir, *daß* wir erkennen, und dieses Erleben des Erkennens ist die Stelle, wo sich Mensch und Welt, Ich und Kosmos, Leib und Geist vermählen. Das scheint der Sinn des Satzes zu sein: »Antworten offenbaren sich als Wirklichkeiten«. Das heißt: diese Antworten sind Erlebnisse, die der Erkennende beim Blick auf die Dinge »außer sich« hat. Was *Steiner* tut, ist folgendes: Er identifiziert den erlebten Vollzug des Hinsehens,

Beobachtens und Urteilens mit dem Erkannten, als ob es sich um den gleichen Gegenstand handelt und spricht dann davon wie von einem wirklichen, von allen nachprüfbaren Sachverhalt. Das ist das ganze Geheimnis der Erkenntnis der höheren Welten. Sie folgt der Logik des eingebildeten Kranken. Wie das funktioniert, läßt sich an einem einfachen Beispiel zeigen, das zugleich einen Hinweis auf die Technik des Lehrens in der Waldorfschule enthält. Wenn man das Wort »Baum« ausspricht, dürfte bei jedem, der das Wort kennt, das Bild eines Baumes hervorgerufen werden. Man kann das auch sehr nachdrücklich und künstlerisch gesteigert machen, auf jeden Fall entsteht ein Vorstellungsbild. Die erzeugte Vorstellung hat einen Inhalt, der das Vorstellungsleben bestimmt oder zumindest mitbestimmt. Und wir wissen natürlich, daß es Bäume gibt. Dadurch ist die Vorstellung überprüfbar. Sie kann bestätigt werden. Das heißt: wir kontrollieren die Vorstellung an der Wirklichkeit. Wenn uns jemand in den leuchtendsten Farben von den Känguruhs in Australien erzählt, dann glauben wir ja nicht, daß es sie gibt, weil wir sie uns gut nach der Erzählung vorstellen können, sondern weil wir hinfahren und sie uns ansehen können. Machen wir das methodisch, nach Regeln und vereinbarten Standards, dann kommen wir in die Wissenschaft. Und innerhalb solcher Verfahrensweisen, Vorgestelltes und Wirkliches aneinander zu kontrollieren, unterscheiden wir wahre von falschen Behauptungen. Dazu ein Beispiel: Wenn wir uns ein Einhorn vorstellen, uns intensiv und massiv dieses Fabeltier vor die Seele rücken, wenn wir davon träumen und Geschichten dazu erzählen, die das Herz bewegen, dann wissen wir doch, daß es keine Einhörner gibt. Das Vorstellen ist zwar wirklich; es hat Macht über unsere Stimmungen und Empfindungen, es kann zum Zeichen für andere Gegebenheiten werden, aber wir wissen auch: das Vorgestellte, das Einhorn, ist nicht wirklich. So denken wir in der Regel. So denkt *Steiner* nicht. Er schließt von der Wirklichkeit des Vorstellens auf die Wirklichkeit des Vorgestellten:

»Die Ideen-Bilder haben doch nur eine Berechtigung, wenn sie auf eine solche geistige Wirklichkeit, die der sinnenfälligen zugrundeliegt, hindeuten« (a.a.O., S. 123).

Das ist *Steiner*s Position; man sieht sofort, was daran falsch ist: er schließt aus dem Faktum, daß wir »Ideen-Bilder« haben, auf etwas, das ihnen entspricht, sonst könnten wir sie nicht haben. Die Bilder sollen auf etwas »deuten«, was es wirklich gibt: Aber das Einhorn-Beispiel

zeigt, daß es genug Bilder und »Ideen« gibt, denen nichts entspricht, nur merken wir das nicht immer und denken, daß es auch geben müßte, was wir sagen. Wo es sich nun um Einhörner und andere Fabeldinge handelt, ist die Kontrolle der Vorstellungen an der Wirklichkeit einfach und plausibel. Sobald aber Begriffe eingeführt werden, deren Nimbus solche Rückfrage erschwert oder sie als banalen Materialismus abwehren kann, besteht die Neigung, auf Gegenstände und Objekte zu schließen, wo nur Vorstellungen sind, als ob das Reden nicht leerlaufen könnte, zumindest solange, als nicht einem Begriff in einer nachprüfbaren Verfahrensweise eine Anschauung beigegeben wird. Wenn *Goethe*, auf den sich *Steiner* in der angeführten Stelle bezieht, von Ideen-Bildern, sozusagen Vorstellungen einer höheren Ordnung spricht, dann muß es nach *Steiner* doch auch wirklich Ideen-Dinge geben. Das Zeichen »deutet« auf ein Reales hin.
Nicht nur in der sprachlichen Wendung folgt *Steiner* hier einem Leitsatz aus der Metaphysik von *Herbart*, die er in einer recht bedenklichen Weise für die Zwecke seiner Schauerlebnisse ausgewertet hat; es ist der Leitsatz, daß in allem Schein ein Hinweis auf Sein vorhanden sei: »Wie viel Schein, so viel Hindeutung aufs Sein«.[38]
Es mag sich um ein unbemerktes, indirektes Zitat handeln, jedenfalls wird hier deutlich, in welcher Weise *Steiner* dem gedanklichen Erbe des österreichischen Herbartianismus verbunden ist, der ihm in den Vorlesungen Robert *Zimmermann*s sozusagen offiziell begegnet war. Er stellt ihn indes in den Dienst ganz anderer Erkenntnismotive. Sein Gedanke ist: wenn wir uns in etwas hineinleben und hineindenken, es bildhaft vergegenwärtigen, dann ist das Erleben des Vorstellens ein Nachweis der Sache. Dann erlangen wir nicht nur die armseligen und verhärtenden Kenntnisse der Physik und Biologie und erkennen nicht nur die Dinge in ihrem gesetzlich vorgestellten Zusammenhang, sondern die Wesenserkenntnis höherer Welten, in denen die Vorstellungsdinge zu Hause sind; gewissermaßen nach der Alltagsregel: Wo Rauch ist, muß auch Feuer sein.
Doch das Verhältnis von Schein und Sein ist bei *Herbart* nicht das Verhältnis von Vorstellungserleben und Welt, sondern selbst ein Verhältnis in der Welt. *Steiner* benutzt die Formel ohne ihren sachlichen Gehalt.

III.

Nichts gegen das Erleben und die Kultivierung der Fähigkeit, eindringlich und vielseitig die Erlebniswelt wahrzunehmen; nichts auch gegen die das Erkennen begleitende »Gestimmtheit des Denkens«. Es wäre ganz und gar menschenfremd und unwirklich, die Umstände und das Klima der Erfahrung zu vergessen, in die gerade auch die Wege der »exakten« Naturforscher getaucht sind, wie es denn eine irreführende Vorstellung ist, sich die wirklich produktiven Naturforscher als kaltherzige und vertrocknete Pedanten zu denken. Forschungsarbeit ist erregend und stimulierend, sie verlangt Phantasie und hat ihre eigenen Triumphe nicht anders als die Durchbrucherlebnisse künstlerischer Naturen. Überhaupt ist es abwegig, sich die wissenschaftlichen Labors und Seminare nur mit *einem* Menschenschlag bevölkert zu denken: in den chemischen Labors die kalten Giftmischer, bei den Mathematikern die einfallslosen Monomanen des Rechnens und in den pädagogischen und psychologischen Kabinetten die Menschenkenner und Philanthropen. Solche Typisierungen verdanken sich mehr der Rechtfertigung eigener Leerstellen als nachprüfbarer Beobachtung.

Aber das Erleben ist eines und Ergebnisse das andere. Wie einer zu seinen Befunden kommt, ob er an sie glaubt und der Welt eine Botschaft zu vermitteln meint, ist ganz unerheblich gegenüber der Frage, ob diese Befunde standhalten und allgemeine Anerkennung verdienen. Das Erlebnis der Evidenz verpflichtet keinen Schüler, dem Lehrer zu folgen; und *Steiner* kann natürlich auch dieses Ethos der neueren Wissenschaft nicht verneinen, weil es ja wissenschaftlich zugehen soll in der Anthroposophie und weil ja, wie *Hiebel* sagt, »alle übersinnlich erforschten Erkenntnisse dem logisch prüfenden Verstand zugänglich« bleiben sollen. Aber der Verstand erlebt nichts, und das Erlebnis denkt nicht.

Das läßt sich an der Differenz *Steiner*s zu *Herbart* zeigen. *Steiner* nimmt nur die allgemeine Form des angeführten Leitsatzes der Herbartschen Metaphysik, ohne das Argument zu beachten, das ihm zugrundeliegt. Bei *Herbart* heißt es:

»Leugne man alles Sein: so bleibt zum wenigsten das Unleugbare der Empfindung. – Aber das Zurückbleibende, nach aufgehobenem Sein, ist Schein. Der Schein, als Schein, Ist! Nun liegt es im Begriff des Scheins, daß er nicht das sei, was *er scheint. Sein Inhalt, sein Vorgespiegeltes, wird, in dem Begriff: Schein, verneint. Damit erklärt man ihn ganz und gar für Nichts, wofern man ihm nicht ein neues, (dem durch ihn vorgespiegelten ganzes fremdes) Sein, wieder beilegt;*

aus welchem man dann doch das Scheinen abzuleiten hat. – Demnach: wie viel Schein, so viel Hindeutung aufs Sein« (a.a.O., S. 187).

In der Reflexion auf das Gegebene und seine Widersprüchlichkeit, so *Herbart*, läßt sich an dem Reflektieren selber nicht zweifeln. Darin folgt *Herbart* der neuzeitlichen Wendung der Reflexionswissens seit *Descartes*. Was er hinzufügt, ist dies: ohne ein Gegebenes, das erscheint, gäbe es auch keine Reflexion, derer ich mir im Gange des Reflektierens bewußt bin. Und insofern enthält das Scheinen eine Hindeutung auf Seiendes. In einer Anmerkung zur zweiten Auflage macht *Herbart* den Gedankengang noch deutlicher:

»Ursprünglich würde das Sein in das Gegebene gesetzt werden. Aber dies verändert sich – es verträgt nicht, daß man dabei bleibe, von ihm zu sagen: dieses da – Ist. Das Sein trennt sich von dem übrigbleibenden Bilde; und wird weiter und weiter hinter demselben gesetzt. Wie weit dahinter? bestimmt sich nach Anleitung der Empirie, welche die Präsumtionen angibt, bei denen man bleiben muß, um nicht ins Raten zu verfallen. Irgendwo muß es vorausgesetzt werden, weil *der Schein ist«* (ebd.)

Man sieht den großen, um nicht zu sagen: himmelweiten Unterschied zu *Steiner* (unabhängig davon, wie *Herbart*s Metaphysik selber zu beurteilen ist). Was als unmittelbar gegeben erlebt wird, erscheint unter Bedingungen der Zeit als veränderlich, und insofern ist das gegenwärtig Gegebene nicht das eigentlich »Reale«; es enthält nur einen Hinweis auf das Reale. Was das Erleben dabei vom diskursiven Denken unterscheidet, ist deshalb die unterschiedliche Zeitform. Das eine Mal erleben wir etwas in unveränderlicher Gegebenheit, das andere Mal zerlegen wir etwas in seine Elemente und Bezüge, die wir nacheinander durchgehen und aufeinander beziehen. Das erste geschieht im Erleben, das zweite im Denken und erkennenden Erfassen des Gegebenen. Daß auch das vorstellende Denken erlebt wird und seine eigene Gegenwart hat, erlaubt aber keineswegs, diese Gegenwart mit einem übersinnlichen Gegebensein dessen zu verwechseln, worauf es sich bezieht. Genau genommen dreht *Steiner* den *Herbart*schen Reflexionsgang um und lehrt: wie viel Sein, so viel Schein. Und das führt ihn dazu, aus der Gewißheit des Vorstellens nun so viele Gegebenheiten nichtsinnlicher Art anzunehmen, wie er benötigt, das sinnenfällig Gegebene zu erklären. Er verfällt ins Raten, wie *Herbart* sagt. Im »Lebensgang« heißt es:

»Das Leben im Denken erschien mir allmählich als der in den physischen Menschen hereinstrahlende Abglanz dessen, was die Seele in der geistigen Welt

erlebt. Gedanken-Erleben war mir das Dasein in einer Wirklichkeit, an die als an einer durch und durch erlebten sich kein Zweifel heranwagen konnte« (a.a.O., S. 44).

Hier hat man die Umkehrungsformel, nach der *Steiner* durchgängig verfährt, sozusagen als erkenntnismethodische Variante der schon besprochenen Drachenformel. Es wird nicht das Gegebene mit Hilfe und unter den Voraussetzungen des Denkens in seinem Zusammenhang erklärt, sondern als Ausdruck und Ergebnis höherer Erlebnis- und Kraftwelten abgeleitet. Das zeigt sich bis in Einzelheiten der Geisteswissenschaft, wenn etwa die Müdigkeit nicht aus der Abspannung des Körpers, dem fehlenden Schlaf und dergleichen physiologischen Gegebenheiten verstanden wird, sondern für *Steiner* wird anders herum ein Schuh daraus: der Körper wird schlaff und müde, wenn die »Müdekraft« wirkt, wenn uns z. B. ein Vortrag langweilt, weil wir ihn nicht begreifen. Auf diese Weise wird die Welt verdoppelt: zum Schlafen tritt nach scholastischem Beispiel die »vis dormitiva«, die Schlafkraft, zum Denken mit dem Gehirn die Denkkraft, die das Körperorgan hervorbringt usw. bis ins Endlose. Daß damit nichts erklärt, sondern nur das metaphorische Spiel der Tautologien gespielt wird, scheint auf der Hand zu liegen; dennoch sehen die Anthroposophen darin den besonderen Tiefsinn ihrer Erkenntnisart. Er liegt in einem Motiv, das man wohl dem menschlichen Sinnegoismus zurechnen darf. Wenn der Mensch etwas erkennt und das Erkannte wie eine Kraft in ihn eingeht, dann wird er zum Schauplatz und zur Bühne des ganzen Kosmos. Er macht sich nicht nur schlecht und recht einen Reim auf alles, was er so sieht und bemerkt, sondern er ist selbst das Weltgedicht. Dazu *Steiner*:

»Der Mensch ist nicht das Wesen, das für sich *den Inhalt der Erkenntnis schafft, sondern* er gibt mit seiner Seele den Schauplatz her, auf dem die Welt ihr Dasein und Werden *zum Teil erst erlebt. Gäbe es nicht Erkenntnis, die Welt bliebe unvollendet«* (a.a.O., S. 226).

Eigensinniger und irriger kann man nicht von der Funktion und Reichweite des Erkennens denken. Was auch immer begegnet, wird zum Text, an dem mitgedichtet wird, und im Nachsprechen werden wir eins mit dem Weltgeschick. Die »Erkenntnis-Erlebnisse« (a.a.O., S. 227) zaubern so eine zweite Welt des Scheins hervor, die dann ganz so wie die gegebene, anschaulich erfahrbare Welt gesehen und »erforscht« wird und von der man in der gleichen Weise erzählen kann wie von Tieren und wirklichen Menschen. Bernhard *Kallert* hat im Sinne *Steiner*s diese

Position als »objektiven Idealismus« gewürdigt; das heißt bei ihm nichts anderes, als daß das Gedachte und Vorgestellte wie ein wirklich in der Gegenwart Gegebenes behandelt wird:

»Wir erzeugen demnach die Gedankeninhalte nicht, sondern wir nehmen sie wahr. Und das Denken ist nichts anderes als das Instrument dazu (...) So wie alle übrigen Sinnesorgane uns Zugang verschaffen zu dem Teil der Welt, der durch sie zu erscheinen vermag, so verschafft uns das Denken den Zugang zur Welt der Gedanken. Die Gedanken sind also nichts anderes als Wahrnehmungen. Sie vermögen nur den Sinnen nicht zu erscheinen, sie erscheinen nur dem ihm entsprechenden Organ, dem Denken. Das Denken ist das Organ zum Wahrnehmen der Welt, insofern sie Gedanke, Idee ist, ebenso wie das Auge das Organ zum Wahrnehmen der Welt, insofern sie Licht, und das Ohr, insofern sie Ton ist.[39]«

Was dadurch entsteht, ist ein Realismus, wenn nicht Materialismus des übersinnlichen Erkennens und Spiritualismus des Erlebens: eine verkehrte Welt, in der das Herz denkt und der Kopf fühlt. Die diskursive Funktion des Denkens wird materialisiert und die gegenwärtigende Funktion des Erlebens wird symbolisierend verfremdet. Und man kann dann immer auf die Seite setzen, die einem gerade gefällt, d. h. entweder wird das, was sich wirklich zeigt, so genommen, wie es alle Leute tun, oder es wird überhöht. Und ebenso mit den Operationen des Denkens: mal wird es als schlichte Wahrnehmung des Übersinnlichen dargestellt, als ob es gegenständlich sei, dann wieder wird es als irdische Parallelaktion verstanden, dann nämlich, wenn es in der wirklichen Wissenschaft am Werke ist. Dieses Changieren zwischen Gegenstand und Bedeutung erlaubt deshalb alle Varianten der Kritik, der Vereinnahmung und der Abwehr. Wo alles eins ist, ist keine Einzelheit bestimmt. *Steiner*s Lehre ist nicht zu fassen; unfaßlich und unfaßbar erfüllt sie eine Bedingung, die *Steiner* an dem geheimen Bundesbruder und Weltanschauungsrivalen Julius *Langbehn* schon im Jahre 1897 im »Magazin für Literatur« diagnostiziert hatte:

*»Mit ›*Rembrandt *als Erzieher‹ spielte sich ein sonderbares Schauspiel ab. Wenn man vierzehn Tage lang durch die Gasthöfe zieht und sich in die Nähe ›besserer Stammtische‹ setzt, so kann man die phrasenhafte Wissenschaft hören, die der Rembrandtdeutsche aufgetischt hat (...). Ich habe mich nach der Lektüre des zusammengestoppelten Buchs immer wieder gefragt, wie konnten kluge Leute ein solches Ding als europäisches Ereignis ausposaunen? Aber, man muß sich gewöhnen, an das Absurde als Wirklichkeit zu glauben, wenn man über das Geheimnis eines literarischen Erfolgs nachgrübeln will.«*[40]

Es fällt schwer, diese Einsicht nicht auf *Steiner* selbst zu wenden. Es ist, als habe er den *Rembrandt*-Deutschen deshalb an literarischer Langzeitwirkung übertroffen, weil er noch Absurderes als Wirklichkeit vertreten und mit rhetorischer Insistenz verkündet hat.

IV.

Wie absurd das ist, was *Steiner* als das Ergebnis seiner Geisterforschung präsentiert, läßt sich an der sog. »Akasha-Chronik« demonstrieren.[41] Diese Schrift ist aus Aufsätzen für die Hauspostille der Theosophen »Lucifer-Gnosis« in den Jahren 1904 bis 1908 hervorgegangen. Im Anschluß an die theosophischen Lehren der *Blavatsky* und mit dem Vokabular des Fachhistorikers führt *Steiner* hier seine Deutung des Kosmos, der Weltgeschichte und der menschlichen Zukunft vor. Es handelt sich in einem Zuge um eine Kosmogonie, Anthropogonie und Prophetie, in der gezeigt werden soll, wie das, was der Mensch jetzt ist, aus dem Entstehen der Welt, der Natur und dem bisherigen und zukünftigen Lauf der Geschichte zu verstehen ist. Insofern handelt es sich hierbei auch nicht um eine beliebige Zugabe anthroposophischer Erkenntnis neben der Lehre vom Menschen und ihren pädagogischen Folgerungen, sondern um ein zentrales Lehrstück: die Chronik ist eine Ortsbestimmung, die wie die alten Chroniken der Städte und Reiche zeigt, wie alles gekommen ist, um das Gegenwärtige aus dem Gewordenen zu erklären, und darüber hinaus, was noch alles kommt, wenn man die Gesetzlichkeit der bisherigen Geschichte erkennt (vgl. a.a.O., S. 103).

Gegen das Motiv, aus der Geschichte zu lernen, läßt sich nichts sagen; der Topos der »historia« als »magistra vitae« ist alt und ein Beweggrund für historische Forschung, wenn sie nicht bloß archivalisch verfährt oder kulinarisch vergangene Zustände genießt. Insofern kann *Steiner* mit einigem Recht den »Bedürfnissen der sehnenden Menschenseele Rechnung tragen« (a.a.O., S. 15): wir möchten wissen, wie wir geworden sind als Teil unserer Selbsterkenntnis und als Prolog für die Zukunft. Die Frage ist nur, wie wir das Vergangene und Verschüttete, das Vergessene und Untergegangene vergegenwärtigen können; das heißt fachmännisch gesprochen, die Frage ist: Aus welchen Quellen kann der Historiker schöpfen?

Vor allem: welche Quellen gibt es nicht nur für die »gewöhnliche Geschichte«, wie *Steiner* sagt (a.a.O., S. 16), die der Fachhistoriker zu erschließen sucht, sondern für die kosmische Entwicklung vor dem Dasein der Menschen und für die Zukunft?

»Was uns die Altertumskunde, die Paläontologie, die Geologie lehren können, ist nur etwas sehr Begrenztes. Und zu dieser Begrenztheit kommt noch die Unzuverlässigkeit alles dessen, was auf äußere Zeugnisse aufgebaut ist« (a.a.O., S. 16).

Wie richtig, wird nicht nur der spurenlesende Historiker vom Fache sagen, sondern jeder, der die Einseitigkeiten und Verschiebungen schon seiner eigenen Erinnerung bedenkt. Im Verhältnis zu dem, was wir von den Griechen oder den Ägyptern, den Menschen des Mittelalters und schon des 19. Jahrhunderts wissen möchten, ist das, was wir tatsächlich wissen, so eklatant wenig, daß die historische Nachforschung ein Gebiet endloser Untersuchungen, Berichtigungen, Erweiterungen, Umstellungen und Reformulierungen geworden ist. Und wenn man noch Biologie und Physik hinzunimmt und versucht, die »Geschichte der Natur« (C. F. *Weizsäcker*) zu rekonstruieren, entstehen gerade durch das wachsende Wissen immer mehr Fragen. Das Bewußtsein der Grenzen des Wissens wird eher schärfer als schwächer.
Das scheint auch *Steiner* zu wissen, aber er zieht daraus einen phantastischen Schluß: Man muß die Erkenntnisart ändern:

»Erweitert der Mensch auf diese Art sein Erkenntnisvermögen (nämlich zur anthroposophischen Geistesforschung K. P.), dann ist er behufs Erkenntnis der Vergangenheit nicht mehr auf die äußeren Zeugnisse angewiesen. Dann vermag er zu schauen, *was an den Ereignissen nicht sinnlich wahrnehmbar ist (...) Von der vergänglichen Geschichte dringt er zu einer unvergänglichen vor«* (a.a.O., S. 17).

Es gibt also nicht nur »äußere« Quellen wie Knochenfunde und Brandspuren, Mauerreste, Inschriften, Texte, Erzählungen und wirkliche Chroniken wie Helmolds Slawenchronik oder Hitlers Tischgespräche, sondern es gibt noch eine Quelle ganz anderer Art, und das ist die Akasha-Chronik.

»Diese Geschichte ist allerdings mit andern Buchstaben geschrieben als die gewöhnliche Geschichte. Sie wird in der Gnosis, in der Theosophie die »Akasha-Chronik« genannt. Nur eine schwache Vorstellung kann man in unserer Sprache von dieser Chronik geben. Denn unsere Sprache ist auf die Sinnenwelt berechnet« (ebd.).

Man kann auch sagen: die Akasha-Chronik ist vorzustellen als eine Weltchronik, verfaßt wie jede andere Chronik als Verzeichnis der ganzen Welt- und aller Lebensgänge, so daß auch alle Menschenschicksale aufgeschrieben sind, in einer dem Eingeweihten lesbaren Schrift, nur: es gibt sie nicht. Es ist schon seltsam, um es milde zu sagen, wie *Steiner* hier vorgeht. Wie jeder zünftige Historiker gibt er seine Quelle an; denn er will ja nicht einen Roman erzählen, sondern eine wirkliche Geschichte, und dann sagt er: die Quelle ist nicht zugänglich, außer in »unmittelbarer geistiger Wahrnehmung« (ebd.), und das heißt: sie ist nicht aufgeschrieben und kann auch nicht von anderen eingesehen werden. Zumindest vorläufig nicht:

»Über die Quellen der hier zu machenden Mitteilungen bin ich heute *noch verpflichtet, Schweigen zu beobachten. Wer überhaupt über solche Quellen etwas weiß, wird verstehen, warum das so sein muß«* (a.a.O., S. 19).

Das ist also die Geisteswissenschaft, deren Ergebnisse mit jedem Verstand nachvollzogen und durch das moderne Bildungswissen kontrolliert werden können. Es gibt eine neue Quelle, *die* Quelle des geschichtlichen Wissens überhaupt, das Lebens- und Schicksalsbuch der ganzen Menschheit, *Steiner* hat es eingesehen, darf aber eigentlich nicht sagen, was drinsteht, wenigstens nicht alles und teilt uns nun aus seinem Studium einiges mit, vielleicht in Zukunft einmal mehr, aber auch das Mitgeteilte besitzt eine »weit größere (Zuverlässigkeit) als in der äußerlichen Sinnenwelt« (a.a.O., S. 17), also das, was wir von den Sumerern oder *Karl dem Großen* oder dem Vietnamkrieg wissen.
Man stelle sich vor, die Forscher, die die Texte von Qumran entdeckt und entziffert haben, würden uns zwar sagen, was so ungefähr darin gemeint sei und wie die Essener gelebt und gedacht haben; aber im übrigen müsse man ihnen glauben, daß sie alles richtig verstanden haben; sie könnten aber die Quelle nicht veröffentlichen, weil irgendwer ihnen ein Schweigegebot auferlegt habe, das jedoch vielleicht einmal hinfällig wird, wenn »Ereignisse eintreten, die auch ein Sprechen nach dieser Richtung hin sehr bald möglich machen« (a.a.O., S. 19).
Nun, solche Ereignisse – welche sollten es auch sein? – sind für die »Akasha-Chronik« nicht eingetreten. *Steiner* hat nicht verraten, woher er seine Kenntnisse hat, ja, er hat nicht einmal erklärt, was »Akasha« eigentlich heißt, dessen (deren) Chronik hier ausgewertet wird. Dabei bedeutet »Akasha« im indischen Sanskrit zunächst Raum, auch leerer Raum, einen Lebensäther, der in der indischen Spekulation das Medium für verschiedene Existenzformen darstellt. Offenbar denkt *Steiner* an eine Totalpräsenz, eine quasi-räumliche Gegenwart alles Vergangenen, die nur noch geschildert zu werden braucht wie eine Landschaft, die vor

Augen liegt, hier eben nur vor den Geistesaugen des Geistersehers. Und was hat nun Steiner beim Blättern in dieser Chronik gelesen? Um einen Eindruck von der historischen Geistesforschung zu geben, sei auf das erste Kapitel eingegangen, das sich mit den »Atlantiern« beschäftigt, die als unsere Vorfahren das sagenhafte Atlantis bewohnten, das zwischen Amerika und Europa gelegen haben soll. (Wir leben heute in der 5. nachatlantischen Epoche). Diese Leute waren ganz anders als die heutigen Menschen; sie dachten in Bildern, nicht in Begriffen (a.a.O., S. 20); sie lernten aus Erfahrung und gestalteten ihr Leben aus der Erinnerung:

»War das Kind erwachsen und kam es ins Leben hinaus, so konnte es bei allem, was es tun sollte, erinnern, daß ihm etwas Ähnliches in seiner Lehrzeit vorgeführt worden war« (a.a.O., S. 21).

Diese Atlantier verhalten sich also nach der Logik der Primitiven und ähneln mehr den Menschen in traditionsgeleiteten Kulturen als irgendwelchen Fabelwesen in unergründlicher Vorzeit. Man sieht, wie *Steiner* im Detail mit durchaus plausiblen Vorstellungen operiert, während das Ganze freies Phantasieprodukt ist. Denn er weiß auch von den Atlantiern, daß sie das beherrschen, »was man Lebenskraft nennt« (a.a.O., S. 22). Sie konnten nämlich anders als wir, die wir erst säen müssen, um zu ernten, »die Kraft eines Kornhaufens in technische Kraft umwandeln, wie der gegenwärtige Mensch die Wärmekraft eines Steinkohlenhaufens in eine solche Kraft umzuwandeln vermag« (ebd.). Nicht genug damit, die Atlantier hatten auch Fahrzeuge, mit denen sie in geringer Höhe umherfuhren, »und sie hatten Steuervorrichtungen, durch die sie sich über die Gebirge erheben konnten« (a.a.O., S. 23).
Wohlgemerkt, alle diese Mitteilungen sind nicht Vergnügungen eines »science fiction« Autors, sondern eines Menschheitsführers und Geschichtsforschers, der auch weiß, daß damals (wann eigentlich?) »die Lufthülle, welche die Erde umschließt, *viel dichter* war als gegenwärtig« (a.a.O., S. 23):

»Und diese besprochene Dichtigkeit der Luft steht für die okkulte Erfahrung so fest, wie nur irgendeine sinnlich gegebene Tatsache von heute feststehen kann. – Ebenso fest steht aber auch die vielleicht der heutigen Physik und Chemie noch unerklärlichere Tatsache, daß damals das Wasser *auf der ganzen Erde viel* dünner *war als heute«* (ebd.).

Überhaupt die Aggregatzustände und Verdichtungen sind das Lieblingsgebiet des Geistersehers. Früher war alles anders, die Menschen sowieso (was plausibel ist), aber auch die Erde, die Sonne, der Mond und die Sterne. Sie haben eine chemische Seelengeschichte, die sich dann herunterkraftet in die Mineralien, die belebte Natur und die Temperamente des Menschen, der insofern alle die Stadien, die der Kosmos hinter sich gebracht hat, in sich trägt und als Abbild von allem und jedem sozusagen die Abbreviatur dessen ist, was in der »Akasha-Chronik« zu lesen wäre, wenn Steiner sie uns voll und ganz mitgeteilt hätte.

Man hat gegen *Steiner*s Kenntnisse von den »Atlantiern« eingewendet, er habe seine Forschungsergebnisse an einem Ort angesiedelt, wo kein Archäologe hingehen und nachsehen kann, um vielleicht die Fundamente der atlantischen Flughäfen zu finden; so sei er auch nicht widerlegbar. Aber dieser Einwand ist ganz unangebracht. Alle seine Geistesforschungen beruhen auf Unergründlichem und Nichtnachprüfbarem, und *Steiner* hat sich wohl gehütet, sehr bestimmte Prophezeiungen zu wagen, die man gleich im nächsten Jahre nachprüfen kann, und sich lieber auf Zonen und Zeiträume bezogen, die jenseits aller Erfahrung liegen. Das gilt auch für den Aufbau und die Genese des Kosmos, der sich ja in jedem Erdenleben und in der psychischen Struktur wiederholt. Da gibt es sieben Sternenzeiten; vier sind schon vorbei oder noch im Gange (die Erdenzeit), drei stehen noch aus. Und deshalb kann man von der bisherigen Entwicklung auf die zukünftige schließen. In dem Kapitel »Gegenwart und Zukunft der Welt- und Menschheitsentwicklung« der »Geheimwissenschaft im Umriß« sagt *Steiner*:

»Man kann deshalb, wenn man Vergangenheit, Gegenwart und Zukunft der Erdenentwicklung in Betracht zieht, von Saturn-, Sonnen-, Monden-, Erden-, Jupiter-, Venus- und Vulkanentwicklung sprechen. – (...) Es entspricht jedem *Bilde der Vergangenheit auch ein solches der Zukunft.«*[42]

Und das betrifft nicht nur die Zukunft der Gattung, sondern auch das einzelne Leben. Denn wie es sieben Sternenalter gibt, so gibt es sieben Stadien des Lebensweges, die jene spiegeln: dem Saturnischen entspricht der physische Leib, dem Sonnenhaften der Ätherleib, der Mondenzeit der Astralleib, in der gegenwärtigen Erdenepoche ist als höchstes das Ichbewußtsein möglich, und so wird es weitergehen mit dem »Geistselbst« (Jupiterzeit), dem »Lebensgeist« (Venuszeit) und schließlich dem »Geistmenschen« in der Vulkanzeit. Es ist klar, daß dann, wenn die Menschen nicht nur bis zur Stufe des Ichselbst gelangen, wie sie heute möglich ist (und eigentlich auch nur den Eingeweihten), ganz anders aussehen und leben werden, daß sie Dinge verrichten können, von denen man heute nur träumen kann:

»Die kommende Erdenentwicklung wird einerseits das gegenwärtige Vorstellungs- und Gedankenleben zu immer höherer, feinerer, vollkommener Entfaltung bringen; andererseits aber wird sich während dieser Zeit auch schon das selbstbewußte Bilderbewußtsein nach und nach herausformen. Zu vollem Leben wird jedoch das letztere im Menschen erst auf dem nächsten Planeten gelangen, in den sich die Erde umformen wird« (Akasha-Chronik, S. 121).

Man sieht also, daß diese Chronik nicht nur enthält, was war, sondern auch was kommt. Sie enthält den ganzen Fahrplan des Kosmos, und wer wie *Steiner* vor- und zurückblättert, kann deshalb auch wissen, wie man die Menschen jetzt erziehen muß, daß sie zeitgemäß sind und auf jene anderen Wahrnehmungsformen vorbereitet werden, die sich schon ankündigen.

»Dann wird der Mensch mit Wesen in Verkehr treten können, welche seiner gegenwärtigen Sinneswahrnehmung vollständig verborgen bleiben (...) Der Mensch wird so, wie er heute nur Sinneswesen bewußt beeinflussen kann, dann auch ganz andere Kräfte und Gewalten bewußt bewirken können; und er selbst wird aus ganz anderen Reichen als jetzt ihm vollkommen erkennbare Einflüsse empfangen. Von Geburt und Tod in dem gegenwärtigen Sinne kann auf dieser Stufe nicht mehr die Rede sein. Denn der ›Tod‹ tritt ja nur dadurch ein, daß das Bewußtsein auf eine Außenwelt angewiesen ist, mit der es durch physische Sinnesorgane in Verkehr tritt« (a.a.O., S. 121).

Undsoweiter, undsoweiter. Es gibt hier keine Grenzen des Erkennens, keine Schranke, das Entlegenste zusammenzubringen: die Sterne und die Leibesorganisation, das Denken und die Elemente, die Zeiten und die Lebensformen; und so ist auch den Anhängern der Gedanke gekommen, die »Akasha-Chronik« könne »unvorbereiteten Lesern heute noch als wilde Phantastik erscheinen« (Nachwort von Marie *Steiner*). Deshalb wird auf die Methode der okkulten Wissenschaft verwiesen, die man erst einmal lernen müsse:

»Wer sich klarwerden möchte über die Art, wie das Lesen in der ›Akasha-Chronik‹ zustande kommt, muß sich freilich dem Studium der Anthroposophie eingehend widmen« (a.a.O., S. 196).

Und das heißt: er muß den Schulungsweg beschreiten, der in den Lehrschriften *Steiner*s vorgezeichnet ist. »Sie dürften in ihrer nüchternen Logik den Beweis erbringen, daß der Erforscher übersinnlicher

Welten auch Probleme der Gegenwart ruhig und sachlich überschauen kann« (a.a.O., S. 196). Man wird also wieder im Kreise herumgeschickt: wer sich von dem Sinn der höheren Erkenntnismethode nicht überzeugen kann, soll auf die doch unbezweifelbaren Ergebnisse schauen; und wer den Ergebnissen mißtraut, wird zum Erlernen der Methode, zur anthroposophischen Schulung angehalten.

Und nicht nur in dieser Hinsicht, die den literarischen Schutzwall betrifft, mit dem sich *Steiner* gegen Einwände abgeschirmt hat, ist das Verfahren zirkulär. Mit der Form und dem Inhalt des anthroposophischen Lernens und Forschens steht es nicht anders. Was da gelernt und wozu erzogen werden soll, steht in der »Akasha-Chronik«, weil sie sagt, wo wir im Weltlauf stehen und wie es weiter geht; aber wir lesen sie nur, wenn wir die Einweihung schon erfahren haben. Man ist also entweder drin in den Mysterien und darf mitreden, oder aber verständnisloser »äußerer« Zuschauer, der den Mund zu halten hat. Zu Recht bemerkt deshalb Max *Dessoir*: »Einen ›Kritiker‹ nach seinen Vorschriften wird also Rudolf *Steiner* nie finden.«[43]

Was bleibt, ist unkritische, positive, gläubig-naive Gefolgschaft, und das gilt vor allem für die Lehrlinge der Anthroposophie, die Geheimschüler der Wissenschaft des Okkulten, und es gilt für die Waldorfschüler, die sich im ersten Kreis des Anthroposophenhimmels bewegen. Als Kinder werden sie wie auch sonst nicht gefragt, was sie zu lernen haben; aber sie werden auch nicht ermutigt, das Fragen zu lernen, im Gegenteil: sie lernen, wie sich zeigen wird, in genau der Weise, wie auch die »Akasha-Chronik« zu lesen ist, nämlich als geheime, endgültige und unwiderlegliche Offenbarung durch den einen Dr. *Steiner* und seine Helfer, die in das Betriebsgeheimnis des Welt- und Erdenlebens schon eingeweiht sind. Wer da noch fragt, beweist »nur geistige Unfähigkeit und sittliche Schwäche« (*Dessoir*, a.a.O., S. 414).

5. Enthüllungen: Erziehung als Einweihung

I.

Vor aller Pädagogik ist die Erziehung, und vor aller Erziehung das Leben. Bevor *Steiner* mit seinen Erziehungsgedanken hervortrat, bevor er neben die Resultate seiner Geistesforschung die Methode stellte, zu höheren Erkenntnissen zu gelangen, und bevor er schließlich in der Stuttgarter Waldorfgründung eine allgemeine Stätte der Erziehung zur Anthroposophie schuf, hatte er eine lange und vielfältige Praxis des Unterrichtens hinter sich. Als Schüler und Student hielt er sich mit Nachhilfestunden und als Privatlehrer über Wasser; in der Familie *Specht* diente er als Hauslehrer und für die sozialdemokratische Arbeiterbildung fungierte er als Dozent für geschichtliche und sozialpolitische Themen. Besonders die Betreuung des *Specht*-Knaben gilt als eine erzieherische Leistung ersten Ranges: *Steiner* führte einen behinderten Jungen gleichsam von Null bis zum Abitur. Ob die körperliche Genesung auch auf *Steiners* Einwirkung zurückgeht, läßt sich nicht mehr ausmachen, aber daß der Junge ohne *Steiner* schulisch und intellektuell verloren gewesen wäre, ist nicht zu bezweifeln. Es ist bewundernswert, mit welchem Mut und mit welcher Energie *Steiner* eine scheinbar aussichtslose Aufgabe übernimmt und ausführt; und sein Erfolg dürfte sein pädagogisches Selbstgefühl entscheidend geprägt haben.

Diese ersten Unterrichts- und Erziehungsaufgaben bewegten sich im Umkreis der geläufigen und üblichen Ziele und Inhalte; schließlich sollten schwache Schüler zum Schulerfolg geführt werden, und auch der Arbeiterbildung lag ein Programm zugrunde, dem *Steiner* sich anpassen mußte. Man kann sich fragen, von welchen pädagogischen Konventionen *Steiner* ausgegangen ist, ehe er zusammen mit der Geistesforschung auch die besondere Form der anthroposophischen Erziehung entwikkelt hat. Dabei mag sich auch zeigen, welche Überlieferungen *Steiner* benutzt und später variiert hat.

Im Zusammenhang der Darstellung seiner Studien in Wien erwähnt *Steiner*, daß er bei einem bestimmten Thema »stark in die *Herbart*sche Philosophie hineingeriet« (Lebensgang, S. 39). Dieser österreichische Herbartianismus, von dem schon die Rede war, herrschte »sowohl auf den philosophischen Lehrkanzeln wie in der Pädagogik« (ebd.); er wurde von Robert *Zimmermann* vertreten, was die philosophische

Seite anging, während die pädagogische und psychologische *Steiner* schon in der Schülerzeit durch die Schriften Gustav Adolf *Lindner*s bekannt geworden war.[44] Ob *Steiner* auch das »Enzyklopädische Handbuch der Erziehungskunde« *Lindner*s aus dem Jahre 1884 gekannt hat, ist unsicher, aber man kann annehmen, daß die hier zusammengefaßte und dogmatisierte Gestalt der Herbartschen Pädagogik der Sache nach der Ausgangspunkt seiner pädagogischen Vorstellungen gewesen ist.[45]

Was *Lindner* vorführt und anstrebt, ist eine »ganze pädagogische Weltanschauung«, nicht ein Konglomerat pädagogischer Perspektiven und Konzepte, so daß »alle Artikel aus einem Gusse sind und sich deshalb gegenseitig stützen und zum Aufbau einer einheitlich geschlossenen pädagogischen Weltanschauung vereinigen« (a.a.O., S. V). Dieses von *Herbart* entwickelte Motiv, die ganze Pädagogik aus einem Kardinalpunkte zu entwickeln und dann nach allen Seiten konkret durchzuführen, bleibt auch für *Steiner* verbindlich und vorbildlich, unabhängig davon, ob er es direkt von Lindner übernommen hat. Es ist die allgemeine Vorstellung, daß es einen formulierbaren Zusammenhang von Zweck, Form, Mittel und Inhalt der Erziehung gibt, aus dem dann die Erziehungskunst hervorgeht.

Zu diesem Einheitsprinzip gehört zentral die für *Herbart* und die Herbartianer charakteristische Lehre vom »erziehenden Unterricht«. Darin liegt die besondere Pointe dieser Pädagogik: Unterricht ist das entscheidende Vehikel der Erziehung. In der »Bildung des Gedankenkreises« und der »Bearbeitung der Vorstellungen« gewinnt der Erzieher »Gewalt über die Erziehung«, wie *Lindner* im Anschluß an *Herbart* sagt (a.a.O., S. 245). Sie geschieht nicht mehr nur sporadisch und gelegentlich im Umgang mit den Heranwachsenden, sondern gewinnt im Unterricht eine planbare und steuerbare Gestalt.

»Indem der Unterricht den Gedankenkreis des Zöglings im pädagogischen Sinne bearbeitet, wird er zur Erziehung, und in diesem Sinne spricht man vom erziehenden Unterricht« (ebd.).

Damit wird ausgeschlossen, daß der Unterricht bloß Kenntnisse und Fertigkeiten vermittele und das Wollen unbestimmt lasse; vielmehr geht es darum, über die Ausbildung der Vorstellungen auch zu lebenslangen Einstellungen – »Interessen«, wie die Herbartianer sagen – zu führen. Erziehung durch Unterricht ist demnach

»die planmäßige Einwirkung des mündigen Menschen auf den unmündigen, um

dem Inneren desselben eine der menschlichen Bestimmung entsprechende selbständige Ausgestaltung zu geben« (a.a.O., S. 247).

Auch wenn dies zunächst nur eine Formalbestimmung der Erziehung ist, die nichts darüber enthält, worin die Bestimmung des Menschen liegt und durch welche Gegenstände und Themen sie gefördert werden kann, so enthält sie doch eine sachliche Annahme insofern, als Plan und Einwirkung dem Erzieher eine prägnante Aufgabe zudenken. Das Lernen ist auf den Erzieher angewiesen, weil die »planmäßige Einwirkung (...) vom Erzieher ausgeht und auf den Zögling übergeht« (a.a.O., S. 248), aber doch so, daß

»man nicht wissen kann, was aus dem Kinde noch wird (...). Die Erziehung ist eine Kunst, *und zwar eine der* schwierigsten, *weil sie den unberechenbarsten Stoff zu bilden hat, – einen Stoff, der nicht todt, sondern der lebendig und noch dazu mit Bewußtsein begabt ist, der also auch ohne Zuthun des Erziehers in einer lebendigen Entwickelung begriffen ist«* (ebd.).

Beides zusammen: die gewollte Planmäßigkeit der Einwirkung und die Unberechenbarkeit der Kinder, modern gesprochen: das Technologiedefizit der Erziehung, verweisen die Erziehungsabsicht umso mehr auf den Unterricht und auf den Lehrer. Gerade wenn er »nicht bloß zu *lehren*, sondern auch zu *erziehen* hat, und zwar nicht bloß einzelne Kinder, sondern ganze Massen« (a.a.O., S. 455), hat er besondere Gaben und Interessen mitzubringen oder in sich auszubilden; denn er wirkt gerade als »Charakter« und »am meisten durch die *Autorität*, die ihn in den Augen der Schüler hebt« (a.a.O., S. 456). Er soll »pünktlich« sein und »genau« (ebd.), er braucht »Eifer für die Schule und Liebe zu den Kleinen« (ebd.), aber auch »feste Gesundheit, ein fehlerloses, ausreichendes Stimmorgan und scharfe Sinne« (ebd.), und er soll »sich auf jede Lehrstunde vorbereiten« (ebd.). Aufs ganze gesehen ist das Amt des Lehrers und Erziehers »ein *sittliches Amt*, welches ähnlich dem *Priesteramt* eine besondere *Weihe* erheischt« (ebd.).

Unter solch würdigen Auspizien wird der Unterricht zum ausgezeichneten Ort der Erziehung, der anders als Familie und Straße, Betrieb und soziale Umwelt einen »künstlich geschlossenen Erziehungskreis« darstellt (a.a.O., S. 252), in dem stetiges Lernen als die folgerichtige, thematisch und methodisch geordnete Ausbildung der Vorstellungen zum Zwecke der Willensbildung möglich wird. *Herbart* und seine Schüler haben eben darin den Vorzug des Unterrichts und der Schule gegenüber den anderen Lebensformen der Erziehung gesehen: die

Abschirmung nach außen und die Konzentration auf *einen* Lehrer und Erzieher ermöglichen jene Einheit von Erkennen und Tun, Vorstellen und Wollen, die über den Lehrer auf den Zögling übergeht. Er weiß oder sollte wissen, wieviel er seinen Schülern zumuten kann, wo sie moralisch und intellektuell stehen; und deshalb kann er sich seine Aufgabe auch nicht mit anderen teilen, die ihrerseits in den Vorstellungsgang eingreifen. Hier ist das Klassenlehrerprinzip vorgebildet, wie es die Waldorfschule praktiziert. Steiner hat, wie *Herbart* gegenüber der Familie *Steiger* in Bern[46], darauf bestanden, die »ganze« Erziehung des ihm anvertrauten Zöglings zu bestimmen: nur wenn die Bearbeitung der Vorstellungen in dieser Weise monopolisiert wird, kann das Lernen auch verstetigt und vorangebracht werden.
Vor allem aber ist für den erziehenden Unterricht wichtig, daß die Themen des Unterrichts ihren Sinn aus der Erziehungsaufgabe gewinnen und nicht um ihrer selbst willen oder in Funktion eines sozialen Bedarfs an bestimmten Qualifikationen behandelt werden; deshalb ist nach Lindner daran zu erinnern,

»daß die Überfüllung des Bewußtseins mit Unterrichtsstoff noch keine Erziehung ist und ernste Gefahren mit sich bringt, wenn man nicht zugleich für die innere Verarbeitung und Anwendung *des aufgehäuften Stoffes Sorge trägt; denn das letzte Ziel, der* Charakter, *kann nicht durch* Lernen, *sondern durch* Handeln *erreicht, also nicht in der Schule, sondern im Leben herangebildet werden«* (a.a.O., S. 252).

Wenn man darauf sieht, wie *Steiner* die Aufgabe angefaßt und gelöst hat, den behinderten und zurückgebliebenen Jungen zu unterrichten, findet man die Maximen und Auffassungen wieder, die von *Herbart* zuerst erprobt und entwickelt, dann von den orthodoxen Herbartianern zum pädagogischen Allgemeingut gemacht worden sind. Zunächst gelingt es ihm, das Kind »zu einer liebevollen Anhänglichkeit« an sich zu bringen (Lebensgang, S. 73).

»Das bewirkte, daß der bloße Verkehr mit demselben die schlummernden Seelenfähigkeiten zum Erwachen brachte. Für das Unterrichten mußte ich besondere Methoden ersinnen. Jede Viertelstunde, die über ein gewisses dem Unterricht zugeteiltes Zeitmaß hinausging, bewirkte eine Beeinträchtigung des Gesundheitszustandes« (ebd.).

Es ist nötig, sich hier zu erinnern, daß auch *Herbart* den erziehenden Unterricht als Einzelunterricht des Hauslehrers verstanden hat, nicht als Klassenunterricht. Der könne nur instruktiv-belehrend sein, weil es dem Lehrer gar nicht möglich sei, den Lehrplan und die Methode auf die besonderen Verhältnisse der Schüler abzustellen. *Steiner* geht insofern in den Spuren des Meisters, vor allem auch deshalb, weil er den Unterricht ausdrücklich als »Erziehungsaufgabe« (a.a.O., S. 74) auffaßt, die zugleich für ihn zu einer »reichen Quelle des Lernens« wird (ebd.). Das Curriculum wird nicht als vorgegebene Lehrordnung und Klassenpensum behandelt, eben nur schulisch durchgenommen, sondern auf die Lernfähigkeit des Jungen abgestimmt. Darin besteht die Kunst des Erziehens:

»Ich mußte mich oft für eine halbe Unterrichtsstunde zwei Stunden lang vorbereiten, um den Unterrichtsstoff so zu gestalten, daß ich dann in der geringsten Zeit und mit möglichst wenig Anspannung der geistigen und körperlichen Kräfte ein Höchstmaß der Leistungsfähigkeit des Knaben erreichen konnte. Die Reihenfolge der Unterrichtsfächer mußte sorgfältig erwogen, die ganze Tageseinteilung sachgemäß bestimmt werden« (ebd.).

Daß das Kind nach seinem eigenen Maß und Takt lernen solle, »um ein Höchstmaß an Leistungskraft zu erreichen«, ist ein Vorklang des kindgemäßen Lernens in der Waldorfschule; es ist zugleich ein Nachklang der ursprünglichen Intention *Herbarts*. Was er für das Einzelkind wollte, das haben die Herbartianer im Blick auf das schulische Lernen in Klassen erweitert (und dazu u. a. den Apparat der Formalstufen eingeführt). Und ebenso will die Waldorfschule für alle in einer Klasse, was *Herbart* nur in der individuellen Hauslehrererziehung für möglich hielt.

Hier wie dort ist die Voraussetzung, daß Erziehung und Unterricht zusammengehören und nicht nur zusammen vorkommen, sondern direkt aufeinander bezogen werden. Das Ziel einer bewußten, planmäßigen Erziehung gibt dem Lernen Einheit, bestimmt die Methoden und leitet die Auswahl und Reihenfolge der Themen und Stoffe. In diesem Rahmen des Herbartianismus bewegt sich *Steiners* Pädagogik, auch wenn sie dann ihre besonderen anthroposophischen Zielvorstellungen einsetzt, aus denen sich die Themen ergeben.

Was Ziel ist, weiß der Erziehungslehrer: bei *Herbart* die »Charakterstärke der Sittlichkeit«, bei *Steiner*, wie er in einem Vortrag am 13. April 1924 sagt, die Aufgabe, »in die Seelen der Menschen Geistigkeit hinein zu erziehen«[47]; welche Methode richtig ist, ergibt sich aus der Psychologie: bei Herbart aus der Analyse des Vorstellungskreises, bei *Steiner* aus der anthroposophischen Menschenkunde; und welche Themen die Ziele (von oben) mit den Methoden (von unten) verbinden, ergibt sich aus dem Begriff des Wissens: bei *Herbart* sind es die philosophisch verstandenen Wissenschaften, bei *Steiner* ist es der Kanon geisteswissenschaftlicher Erkenntnisse. So gesehen ist die Waldorfpädagogik in ihrem Aufbau und formalen Verständnis von Erziehung und Unterricht eine Variante des Herbartianismus, wie ursprünglich und neuartig sie sich auch geben mag.

II.

Steiner nicht nur in der Metaphysik, sondern vor allem auch in der Pädagogik ein Schüler *Herbarts*? Und die Waldorflehrer späte Adepten der längst fossilierten Herbartianer? Diese These scheint allem ins Gesicht zu schlagen, was man über die Waldorfpädagogik weiß und wie sie sich darstellt. In der Tat wird sie ja in den geläufigen Darstellungen der Pädagogik wenn überhaupt, dann unter der Rubrik »Reformpädagogik« abgehandelt, deren Didaktik sich als ein einziger Aufschrei gegen den Formalismus des methodisch-didaktischen Exerzierreglements und den Feldzugsplan der Kulturstufen der Herbartianer verstand. Auf dieser Linie liegen auch die Dissertationen, die Johannes *Schneider* über die »Rudolf-Steiner-Schule« und Ute *Koop* über die »Pädagogik der Waldorfschulen« vorgelegt haben.[48] Es mag ihnen fehlen, was Karl *Rittersbacher* allgemein an geistesfremden Detailstudien über die anthroposophische Pädagogik vermißt, nämlich den »menschenkundlichen Hintergrund und den geisteswissenschaftlichen Duktus«[49]; aber daß sie diese Erziehungslehre mit der herbartianischen Buch- und Paukschule in einen Topf werfen, kann man ihnen tatsächlich nicht ankreiden.
Im Gegenteil: sie sehen in der Waldorfschule eine Variante jener Versuche, die wie Georg *Kerschensteiners* »Arbeitsschule« oder Hugo *Gaudigs* Konzept der »freien Unterrichtstätigkeit«, wie die methodischen Impulse aus der Kunsterzieherbewegung oder Berthold *Ottos* Hauslehrerpädagogik eine neue, lebensnahe Schule anstreben, in der »natürlich« gelernt wird, in der sich die Gemeinschaft des »schaffenden Schulvolks« (Adolf *Reichwein*) verwirklicht und eine Atmosphäre offener, kind- und jugendgemäßer Lern- und Lebensfreude herrscht.[50] In der Tat hat Rudolf *Steiner* zunächst auch den Anschluß an »die Bewegung der Bildungserneuerung am Jahrhundertanfang« gesucht, wie *Rittersbacher* ausführt (a.a.O., S. 26); und dabei läßt sich »deutlich

sehen, daß ihm die Problemlage dieser Bestrebungen gründlich bekannt ist« (ebd.).

Aber aus alledem folgt nicht, daß sich die Didaktiker der Reformpädagogik auch wirklich aus dem Bann der leitenden Gesichtspunkte der Herbartschen Pädagogik gelöst haben. Ihre Selbstdefinition bedarf einer Korrektur, vor allem wenn man beachtet, daß für *Kerschensteiner* und *Gaudig*, ebenso wie für *Steiner* und die Waldorfschule das Konzept des erziehenden Unterricht in allen seinen Bestandstücken erhalten bleibt: An der Spitze steht ein einheitliches Erziehungsziel, das über Unterricht zu realisieren ist. Seine Form ergibt sich aus dem Lernen des Kindes (Methode), so daß die spezifische Aufgabe darin besteht, Ziel und Form des Lernens über geeignete Themen zu vermitteln. Was wirklich durch die Reformpädagogen vorangebracht worden ist, besteht in der Erneuerung und Anreicherung der Motive und Gesichtspunkte der »alten« Pädagogik, also der Versuch, dem erziehenden Unterricht eine dauerhaftere Grundlage und variablere Formen zu geben, eben besser und klüger, als es die Herbartianer verstanden. Bei *Steiner* zeigt sich dies bis in die Einzelheiten der Unterrichtsmethodik und der Gestaltung des Lehrplans. Davon wird noch die Rede sein.

Zunächst ist auf die Ansatzstelle einzugehen, wo *Steiner* sich in das öffentliche pädagogische Gespräch einbringt. Im Jahre 1903 hatte er bereits auf Einladung des »Verbandes für Hochschulpädagogik« über »Faust als wissenschaftlich-pädagogisches Problem« gesprochen. Der Vortrag bewegt sich noch im Umkreis der üblichen Bildungsthematik am Beispiel eines kanonischen Textes der gymnasialen Oberstufe. Direkt auf die Reformthematik ist *Steiner* dann im Jahre 1906 mit dem Vortrag über »Die Erziehung des Kindes vom Gesichtspunkte der Geisteswissenschaft« eingegangen, den er zuerst in Köln gehalten und dann in der »Lucifer-Gnosis« veröffentlicht hat. Er erscheint schließlich auch 1907 als Einzelschrift.[51] Hier werden, so Günther *Wachsmuth*, »Erkenntnisfundamente für die Erziehung des Kindes geschaffen« (Rudolf *Steiners* Erdenleben, S. 98):

»Er betonte nun, daß die erste Aufgabe sein werde, die Erzieher selbst zu reformieren, bevor man an eine neue Erziehung gehen könne: ›Man sollte eher von einer Erziehung der Erzieher reden‹. (...) Am 1. Dezember folgte in Köln ein öffentlicher Vortrag ›Die Erziehung des Kindes vom Gesichtspunkte der Geisteswissenschaften‹. Der gleiche Vertrag wurde in mehreren Städten wiederholt und ist später im Druck erschienen« (ebd.).

Es ist zu beachten, daß es im pädagogischen Schrifttum *Steiners* von

Anfang an mehrere Sorten gibt, je nach dem Publikum, mit dem er es zu tun hat und das er erreichen will, einerseits für den engeren Zirkel der Eingeweihten und andrerseits für die breitere Öffentlichkeit, die noch erst mit der Geisteswissenschaft bekannt und vertraut gemacht werden muß. Wo er gleichsam anonym spricht, bleiben seine Hinweise auf eine »tiefere Erkenntnis« allgemein und die gleichzeitig entwickelten Vorstellungen über Karma und die Weltgeschichte der Akasha-Chronik, über die Lehre von den wiederholten Erdenleben bleiben im Hintergrund, während in den auf die eigene Gefolgschaft berechneten Schriften, vor allem in dem Grundbuch: »Wie erlangt man Erkenntnisse der höheren Welten«, der Theosoph und Anthroposoph, der Eingeweihte und Menschheitsführer spricht.

Es soll zunächst auf die öffentliche Seite der Pädagogik *Steiner*s eingegangen werden, die bis heute die Schauseite für das geneigte Publikum geblieben ist, dann auf die Innenseite für die Eingeweihten und Träger der Bewegung, ohne die die faktischen Lehren und Einzelheiten nicht zutreffend verstanden werden. In der Tat entsteht aus der Differenz von allgemeiner, öffentlicher Präsentation, die sich der üblichen Vokabeln und Formeln bedient, und dem, was eigentlich damit gemeint ist, der Eindruck, man habe es bei der anthroposophischen Pädagogik mit einer Art Mogelpackung zu tun, die ein sehr eigenwilliges Produkt in einer geläufigen und höchst normalen Verpackung an den Mann zu bringen sucht.

Nicht anders als auch sonst die Reformpädagogen beginnt *Steiner* seinen Vortrag über die »Erziehung des Kindes vom Gesichtspunkte der Geisteswissenschaft« mit einer Defizitbeschreibung: das gegenwärtige Leben sei fraglich geworden, es gebe viele Zeitfragen und Zeitforderungen, »die soziale Frage, die Frauenfrage, die Erziehungs- und Schulfragen, die Rechtsfragen, die Gesundheitsfragen usw. usw.« (a.a.O., S. 7), denen man aber »vielfach mit unzulänglichen Mitteln gegenübertritt« (ebd.). Diese Wendung kündigt Lösungen anderer Art an, grundlegender und tiefer als die ad-hoc Programme einzelner Parteien und Gruppen.

»Viele möchten das Leben reformieren, ohne es in seinen Grundlagen zu kennen. Wer Vorschläge machen will, wie es in der Zukunft geschehen soll, der darf sich nicht damit begnügen, das Leben nur an seiner Oberfläche kennenzulernen. Er muß es in seinen Tiefen erforschen« (ebd.).

Wer eingeweiht und als Leser der »Lucifer-Gnosis« mit den Entdeckungen der »Akasah-Chronik« und der Karma-Lehre vertraut ist, weiß schon, um welche Tiefen es hier geht; das allgemeine Auditorium aber muß noch dafür gewonnen und erst herangeführt werden. Also zieht *Steiner* seine Menschenkunde heran, um »unter die Oberfläche der Menschennatur bis zu ihren Wesen (vorzudringen)« (a.a.O., S. 8). Aus solcher substanziellen Menschenerkenntnis können die »verschiedenen Reformideen der Gegenwart erst wirklich fruchtbar und praktisch werden« (ebd.). Und dazu wird die Geisteswissenschaft eingeführt, die richtige und wesentliche, nicht »das, was heute vielfach so genannt wird« (ebd.), nämlich Geschichte und Philologie, Ästhetik und Ethik. Die wahre Geisteswissenschaft enthält die »wahre Lebenserkenntnis« (a.a.O., S. 9); sie ist nicht programmatisch und denkt sich keine willkürlichen Ziele aus, sondern sie gibt eine »praktische Weltauffassung«, die auch wirklich anwendbar und lebensnah ist:

»Sie (die Geistesforschung) erfindet *keine Programme; sie liest sie ab aus dem, was ist. Aber, was sie so liest, wird in gewissem Sinne selbst Programm, denn es trägt eben die Natur der Entwicklung in sich«* (a.a.O., S. 9).

Es bleibt unklar – und *Steiner* sagt es auch sonst nirgendwo –, wie eigentlich aus der Erkenntnis dessen, was ist, zu Programmen und Forderungen, vom Sein zum Sollen übergegangen werden kann. Wie selbstverständlich wird gesagt: das ist wirklich, also soll es auch für uns so sein, und wir haben uns danach zu richten. Die »Natur der Sache« gibt nicht nur Möglichkeiten und Grenzen vor, sie enthält auch eine Vorschrift; diese Denkform gehört zur Weltbild-Apparatur der Anthroposophie. Dadurch erhält das eigene Programm die Weihe einer höheren Notwendigkeit, und *Steiner* rückt diesen Punkt seinen Zuhörern noch einmal vor die Seele:

»Nicht Forderungen und Programme sollen aufgestellt werden, sondern die Kindesnatur *soll einfach beschrieben werden. Aus dem Wesen des werdenden Menschen heraus werden sich wie von selbst Gesichtspunkte für die Erziehung ergeben«* (a.a.O., S. 9f.).

Hier hat man den wiederkehrenden Refrain der Waldorfanhänger: unsere Pädagogik schreibt dem Kind nichts vor, was ihm fremd ist, keinen verordneten Lehrplan irgendwelcher Ministerien, keine Ideologie, ja nicht einmal die Anthroposophie als Lehrgegenstand, sondern sie folgt dem Kind, wie es ist, wie man es sieht und beobachtet, und wie es sich »einfach beschreiben« läßt. Wir gehen auf das Kind ein, so daß unsere Erziehung vom Kind ausgeht; das ist unsere Entdeckung und unser Angebot gegenüber den Erziehungsdoktrinen und den »allgemeinen Redensarten von der harmonischen Ausbildung aller Kräfte und Anlagen« und dergleichen mehr (a.a.O., S. 20); denn wir haben den Blick für das menschliche und kindliche Leben, den Schlüssel zum Geheimnis der reifenden Seele.

Man braucht nur in den Bibliotheksausgaben der *Steiner*-Schriften die Anstreichungen geneigter Leser zu studieren, um zu sehen, auf welch fruchtbaren Boden diese Attitüde von der einfachen Beobachtung und Beschreibung des Kindes fällt, diese freundliche Gebärde: wir lassen Blumen wachsen, wo andere schneiden und kupieren, verpflanzen und Fremdes aufpfropfen. Bei Frans *Carlgren* ist von dem »Recht der heranwachsenden Generation auf eine (...) freie Ausbildung, die ihre Impulse und Anlagen möglichst vielseitig zur Entfaltung bringt«, die Rede[52]; und Christoph *Lindenberg* sieht in der anthroposophischen Menschenerkenntnis eine Praxis sensibler Beobachtung, die sich auf das Kind mitfühlend einläßt und ihm so hilft, sich selbst zu finden:

»Diese Art der Menschenerkenntnis, dieses Mitgefühl kann man entweder versuchen auszuschalten, indem man die Erziehung immer weiter objektiviert und schließlich womöglich Maschinen, zentral gesteuerten Computern anvertraut, oder man kann versuchen, diese Art unbewußt bleibender Menschenerkenntnis (...) nicht nur in das Licht der Aufmerksamkeit zu rücken: Man kann darüber hinaus beginnen, sich in dieser Hinsicht zu erziehen. Man kann diese halbbewußte Menschenkenntnis kultivieren, disziplinieren und immer mehr ins Spiel bringen.«[53]

Das ist ein Ton, der Beifall findet; eine Erziehung im »Anblick der Kinder« (ebd.) ist recht das, was auch den angehenden Lehrer im Herzen bewegt und was die Eltern sich wünschen, wenn sie ihre Kinder zum Unterricht schicken, nicht die Automatik technisch-maschineller Abfertigung mit Unterrichtsstoffen. Das alles klingt gut und anheimelnd, es hört sich menschenfreundlich und kindgerecht an; aber es ist an allen Ecken und Enden falsch. Falsch ist die unterstellte Alternative: hier die seelenlose Unterrichtsapparatur der Staatsschule, wirkungsvoll kostümiert als Computerschrecken, und dort das »angstfreie Lernen« in der Waldorfschule; hier Menschenkenntnis, die fühlt und mitgeht, und dort Anwendung objektivierter Psychologieprogramme. Falsch ist vor allem die Darstellung, es handle sich bei der anthroposophischen Menschenerkenntnis um die vortheoretische, »halbbewußte« Umgangserfahrung, die nur noch verfeinert und sensibilisiert wird; während sonst die Kinder nur zu Anwendungsfällen einer allgemeinen

Psychologie gemacht würden, ohne Rücksicht auf Umstände, Besonderheiten und Eigenart der Kinder.

Der Fehler besteht darin, daß zwischen Beobachtung unter theoretischen Vorgaben und aktuellem Umgang in konkreten Situationen nicht unterschieden wird, nicht zwischen allgemeiner Theorie und besonderer Praxis. Das Beobachten in der Situation wird als Theorie, die allgemeine, anthroposophische Menschenerkenntnis als Praxis ausgegeben, und dabei wird vergessen, daß in jedem Blick auf Kinder schon Erwartungen und Vorannahmen stecken, die *diese* Bewegung, *diese* Äußerung und *diesen* Mangel auf ein allgemeines Verständnis beziehen. »Wer nicht weiß, sieht nicht« (a.a.O., S. 39), bemerkt *Lindenberg* zwar selber, aber er scheint nicht zu wissen, was gerade *Steiner* alles vom Kinde weiß, von seinem notwendigen Entwicklungsgang und den Phasen von der ersten Geburt bis zur Erwachsenheit. Was da liebend und mitfühlend beobachtet wird (wogegen gar nichts zu sagen ist und was auch für den Lehrer gilt, der mit einer anderen Psychologie und anderen psychologischen Konzepten operiert), wird eben immer schon anthroposophisch beobachtet und menschenkundlich im Sinne *Steiner*s gesehen. Das Eingehen auf das Kind ist geleitet von einem allgemeinen Menschenverständnis; es ergibt sich nicht spontan und naiv aus »einfachem Hinsehen und Beschreiben«, sondern es wird in der Schrift beschrieben, die *Steiner* entdeckt und gelesen hat, ob es sich nun um die Romane der »Akasah-Chronik«, die Karma-Visionen oder die Dreigliederung des Menschenwesens handelt.

Was die Bewunderer der Waldorfpädagogik nach ihrer Schauseite für das Privileg einer Menschenkenntnis halten, die zugleich praktisch-individuell und theoretisch-allgemein ist, verdankt sich einer hochbewußten Konstruktion, nicht halbbewußter Vorerfahrung, die nur noch angewendet und in der Situation ausgeübt wird. Man muß schon Anthroposoph sein, um so anthroposophisch sehen und erziehen zu können, und indem man das Kind so ansieht, wie dort gelehrt wird, wird es auch anthroposophisch behandelt und erzogen. Deshalb braucht die Waldorfpädagogik auch gar nicht ein ausdrücklich anthroposophisches Curriculum; sie kann sich neutral und offen geben: die Ideologie steckt in der Optik; und die Optik enthält die Methode des Umgangs im Unterricht.[54]

III.

Worin besteht nun die spezifisch pädagogische Menschenkunde *Steiners* und der Waldorfschule? Aus dem »Wesen des werdenden Menschen« sollen sich die Gesichtspunkte der Erziehung ergeben; wie also ist dieses Wesen beschaffen, das sich wandelt und sich entwikkelt, wächst und anders wird, um sich allmählich zu verfestigen und als mehr oder minder »fertiger« Mensch dazustehen? Das erste, was man von *Steiner* in seinem Vortrag über die »Erziehung (...) vom Gesichtspunkte der Geisteswissenschaft« erfährt, ist der Hinweis auf die »verborgene Natur des Menschen überhaupt« (a.a.O., S. 10). Nachdem also die Kulisse für den Auftritt des Neuen hinreichend vorbereitet, das Alte abgetan und die anderen Lösungsprogramme in Zweifel gezogen worden sind, führt sich die neue Antwort mit einem Fragezeichen ein. Die Lehre von den vier Leibern, dem physischen, dem ätherischen, dem astralischen und dem Ich-Leib wird als Sonderwissen präsentiert. Den physischen Leib, wie er in der natürlichen Geburt auf die Welt kommt, kann auch die normale Sinnesbeobachtung und die »materialistische Lebensauffassung« (ebd.) erkennen; aber er ist noch bis zum Zahnwechsel in einer Ätherhülle (so wie vorher der physische Leib in der Mutterhülle). Und wenn der Ätherleib geboren ist, ist der wieder in einer Astralhülle, und nach der Geburt des Astralleibes (in der Pubertät) hat der Mensch noch wieder etwa sieben Jahre zu warten, bis sein Ich-Leib hervortritt, so daß sich sein Werdegang, aus dem sich die »Gesichtspunkte der Erziehung wie von selbst ergeben«, als Folge von Enthüllungen und Geburten darstellt.

Die Rede von den Geburten ist aber nicht nur bildliche Rede, wie *Lindenberg* in seinem Steiner-Artikel glauben machen will[55], sondern es sind wirkliche Geburten und wirkliche Leiber, die da nacheinander auf den Plan treten, nur daß der normale Sinnenmensch etwas von der ersten merkt, während die anderen Geburten lediglich von dem Geisterseher und Anthroposophen wahrgenommen werden. *Steiner* versäumt deshalb auch nicht, auf die Methoden-Schrift zur Erlangung der Erkenntnisse höherer Welten hinzuweisen; da werde gelehrt, wie man die Wahrnehmung des Verborgenen erlernen kann (vgl. a.a.O., S. 12). Woher die vier »Wesensglieder« – physischer und ätherischer, astralischer und Ich-Leib – eigentlich stammen, daß sie ein Erbe der Erden- und Weltgeschichte sind, wie man der »Akasha-Chronik«

entnehmen kann, wird nicht erwähnt; es gibt sie eben, und aus ihren Eigenschaften ergeben sich die Formen der Erziehung:

»Als Erzieher arbeitet man an diesen vier Gliedern der menschlichen Wesenheit. Will man in der rechten Art arbeiten, so muß man die Natur dieser Teile des Menschen erforschen. Nun darf man sich keineswegs vorstellen, daß diese Teile sich so am Menschen entwickeln, daß sie in irgendeinem Zeitpunkte seines Lebens, etwa bei seiner Geburt, alle gleichmäßig weit wären. Ihre Entwicklung geschieht vielmehr in den verschiedenen Lebensaltern in einer verschiedenen Art. Und auf der Kenntnis dieser Entwickelungsgesetze beruht die rechte Grundlage der Erziehung und auch des Unterrichts« (a.a.O., S. 18).

Darum geht es in der Tat in der Entwicklungspsychologie: sie will klären, was zu einem Zeitpunkt für das Kind schon möglich ist und was nicht, um darauf die erzieherischen Hilfen und Forderungen abzustellen. Die Frage ist also, was können wir, wenn der physische Leib geboren, der ätherische und der Astralleib noch nicht geboren ist? *Steiner*s Antwort ist: wir ahmen bis zum Zahnwechsel nach, was die physische Umwelt darbietet. Wir sind ganz »Sinnesorgan« und daraus folgt einschränkend:

»Bis zum Zahnwechsel können Eindrücke, die an den Ätherleib kommen sollen, diesen ebenso wenig erreichen, wie das Licht und die Luft der physischen Welt den physischen Leib erreichen können, solange dieser im Schoße der Mutter ruht« (a.a.O., S. 19).

Sache des Ätherleibes ist nach der Erklärung *Steiner*s nun, das Fühlen und bildhafte Vorstellen – er nennt es auch das »rhythmische System« – zu artikulieren; also wäre nach dem Vorhergehenden zu schließen, das Kind könne bis zum Zahnwechsel nicht fühlen und sich bildhaft etwas vorstellen, so wie zwischen Zahnwechsel und Pubertät nicht eigentlich begrifflich gedacht wird, denn das ist Sache des Astralleibes, der ja noch nicht geboren ist. Es fällt schwer, sich in dieser Stockwerkpsychologie durchzufinden. So plausibel es erscheint, daß das Kind zunächst nach- und mitahmend lernt, daß es die Sprache und die Bewegungen übernimmt, die ihm dargeboten werden, daß die nächste Umgebung der Menschen und Dinge sein Lernen bestimmen, so wenig vermag zu überzeugen, daß dieses Nachahmen alles sei und daß nicht schon in dem Nachahmen, wie *Piaget* gezeigt hat[56], kognitive und emotionale Strukturen sich bekunden, die zwar nicht ausdrücklich und bewußt vom Kind erfaßt, wohl aber benutzt und insofern vorgebildet werden, so daß es dann im schulpflichtigen Alter auch wirklich kognitiv und nicht nur kognitiv lernen kann. Aber auch hier weiß der Geistesforscher Rat:

»Diese Dinge können ja natürlich hier nur angedeutet werden, aber die Geisteswissenschaft wird künftig berufen sein, im einzelnen das Nötige anzugeben, und das vermag sie. Denn sie ist nicht eine leere Abstraktion, sondern eine Summe lebensvoller Tatsachen, welche Leitlinien für die Wirklichkeit abzugeben vermögen« (a.a.O., S. 24).

Eine Leitlinie für das Lernen nach dem Zahnwechsel besteht darin, daß der Schüler der Autorität bedarf und sie sucht. An die Stelle der Nachahmung, die gleichsam naturgesetzlich funktioniert, tritt die Nachfolge, die sich an dem Lehrer orientiert. Er ist das Vorbild, und er gibt Vorbilder, denn

»auf den Ätherleib wirkt man durch Bilder, durch Beispiele, durch geregeltes Lenken der Phantasie (...) Das Sinnvolle, das durch Bild und Gleichnis wirkt, ist jetzt am Platze. Der Ätherleib gewinnt seine Kraft, wenn eine geregelte Phantasie sich richten kann nach dem, was sie sich an den lebenden oder dem Geiste vermittelten Bildern und Gleichnissen enträtseln und zu seiner Richtschnur nehmen kann. (...) Wie für die ersten Kinderjahre Nachahmung *und* Vorbild *die Zauberworte der Erziehung sind, so sind es für die jetzt in Rede stehenden Jahre:* Nachfolge *und* Autorität*«* (a.a.O., S. 27).

Nicht anders als die Herbartianer durch geregelte Vorstellungen unter der Regie des Lehrers zur Charakterstärke der Sittlichkeit führen wollen, so soll jetzt für die Schuljahre nach dem Zahnwechsel der Lehrer Bilder und Geschichten geben, an denen der Schüler Maß nahmen kann; sie werden umso wirkmächtiger sein, je weniger sie erklärt und je intensiver sie vergegenwärtigt werden. Das begründet das Künstlerische der Unterrichtskunst: der Lehrer muß vor allem bewegt und ergreifend darstellen, nicht so sehr argumentieren und begründen können. Das überzeugende Beispiel, das er gibt, beglaubigt die Bedeutung. Die »selbstverständliche, nicht erzwungene Autorität« des Lehrers (ebd.) bürgt für die Beispielwirkung, und erst nach der Geburt des Astralleibes wandelt sich erneut die Stellung des Lernenden zu den Themen und zum Lehrer: er kann schon etwas mehr begreifen, und es darf auch formalisiert und abstrahiert werden.

Es ist ein seltsam stationäres Schema des Entwicklungsganges, das *Steiner* hier vorführt. Er hat es dann in den Vorträgen für die ersten Waldorflehrer weiter differenziert und illustriert, ohne das Grundschema zu verändern. Es ist die geltende Grundlage der Waldorfpädagogik.

Die Frage ist, wie damit im Einzelnen wirklich gearbeitet wird; denn es soll ja nicht auf allgemeine Redensarten ankommen, sondern auf lebensvolle Erkenntnis. Um das zu zeigen, soll auf die Beobachtung des Zahnwechsels und der Zähne überhaupt eingegangen werden. Sie sind für den Waldorflehrer eine diagnostische Zauberlampe, die Aufschluß über Seele und Gedankenleben des Kindes gibt.
Auch hier gibt es zunächst die Außenseite, die sich grundvernünftig und akzeptabel ausnimmt: in der Waldorfschule wird immer auch die körperliche Verfassung der Schüler berücksichtigt und laufend kontrolliert. So führt *Lindenberg* unter den Besonderheiten der Waldorfschule auch die Funktion des Schularztes auf:

»Der Schularzt gehört mit zum Lehrerkollegium. Er nimmt an der Konferenz teil, besucht den Unterricht, untersucht die Kinder, so daß der medizinisch-hygienische Aspekt des Unterrichts über bloß hygienische Maßnahmen hinaus berücksichtigt wird« (a.a.O., S. 16).

Das erscheint sehr berechtigt und deutet auf ein Versäumnis der Staatsschulen hin. Die sporadischen Audienzen des Schulzahnarztes können gewiß die ständige und fördernde Beobachtung eines pädagogisch orientierten Schularztes nicht ersetzen. Aber was ist gemeint, wenn von »bloß hygienischen Maßnahmen« die Rede ist? Worin besteht z. B. das Plus der anthroposophischen Zahnheilkunde? Dazu hat Rudolf *Grosse* aufschlußreiche Hinweise in seiner »Erlebten Pädagogik« gegeben. Daß der Zahnwechsel die Geburt des Ätherleibes, der vorher den physischen Leib umhüllte, anzeigt, haben wir schon gehört, und das bedeutet nun folgendes:

»Dann sind diejenigen Bildekräfte, welche das Wunderwerk des zweiten Gebisses fertig gebracht haben, in der Region des Kopfes nicht mehr nötig. Sie sind entlassen und frei von ihrer Aufgabe im physischen Leib. Diese Bilde-Kräfte stehen als geistige Kräfte vom Zahnwechsel an dem Kind zur Verfügung. Das Kind ist reif zum Lernen geworden« (a.a.O., S. 147).

Das ist der Blick nach vorwärts: nachdem eine Stufe ausgebildet ist, können die vorher gebundenen Kräfte ihre eigentliche Aufgabe wahrnehmen und die nächsthöheren Kräfte, die ihrerseits noch eingehüllt sind (nämlich die astralischen Kräfte), zum Abschluß bringen. Johannes *Kiersch* hat dies das »Gesetz der Wesensgliederwirkungen« genannt[57], und zwar im Anschluß an eine Bemerkung *Steiners*: »Jedes Wesensglied des Kindes wird vom nächsthöheren Wesensglied des Erziehers erzogen«.[58] Um nun aber zu sehen, wie die ätherischen oder Bilde-Kräfte wirken oder warum sie nicht so richtig ihren Dienst tun (wenn nämlich der Schüler Lernschwierigkeiten hat), kann man nach rückwärts blikken, indem man sich das fertige Gebiß des Schülers ansieht und es auf Form, Stellung und Substanz der Zähne hin untersucht. *Grosse* sagt:

»Was uns im Zahngebiet also entgegenkommt, sind ganz offensichtlich die Äußerungen von Bildekräften ganz differenzierter Natur; es läßt sich daher von den Zähnen auf die Bildekräfte selbst zurückschließen« (a.a.O., S. 149).

Es geht also bei den Zähnen und insbesondere beim Zahnwechsel nicht um ein mehr äußerliches Merkmal und einen Richtpunkt für den Beginn der Lern- und Schulreife, sondern um ein substanzielles Erfordernis. Mit Milchzähnen läßt sich nicht lernen, und mehr: wie das fertige Gebiß aussieht, daran läßt sehen, warum dieser Schüler nicht ordentlich schreibt und jener Sorgen beim Rechnen hat. »Als freie, unbenützte Kräfte« (ebd.) kommen die Bildekräfte »zur Anwendung beim Schreiben, Zeichnen, Auswendiglernen, kurz überhaupt im ganzen geistigen Entwicklungsprozeß des Volksschülers« (ebd.). Wie einer denkt, läßt sich erkennen, wenn man ihm in den Mund schaut. Dazu gibt *Grosse* auch gleich mehrere Beispiele:

»Bei einem Schüler ist zu beobachten, daß er nicht fähig ist, einfachste Logik zu entfalten. Die Aufsätze sind eine Sammlung unzusammenhängender Dinge. Die Rechnungen werden einfach nicht erfaßt; es gelingen nur schematische Operationen (...) Jetzt halten wir diese Beobachtung einfach voraussetzungslos neben das Gebiß: Die Zähne sind gelblich-bräunlich, die Schneidezähne schief gestellt und stark gezackt, die Zahnbildung kümmerlich, im Gaumenfeld des Oberkiefers sowie auf der Innenseite des Unterkiefers wachsen außerhalb der Zahnbögen einige Zähne in sich. Der kariöse Zustand ist schrecklich. Der Gesamteindruck ist chaotisch, schwächlich, der Aufbau fundamental gestört« (a.a.O., S. 153).

Man muß wohl hinzufügen: die Bildekräfte haben ihre Sache schlecht gemacht, erst bei den Zähnen, jetzt auch noch in der Geometrie. – Bei einem anderen Jungen beobachtet *Grosse*, daß er »wie mit Scheuklappen versehen« ist (ebd.), und entsprechend sind seine Zähne »so bröckelig, daß keine Zahnreparatur lange hält, ja oft fraglich ist« (ebd.). – Bei einem dritten ist die »Fähigkeit zur Illusion groß« (ebd.). Das bestätigt der zahnmedizinische Befund:

»Die Zähne sind schön geformt; große, starke Schneidezähne beherrschen die Mitte, doch haben sie einen Schönheitsfehler: sie sind nicht ordentlich solid mit Substanz durchplastiziert, da sie kreidige Flecken aufweisen« (ebd.).

Das ist also die pädagogische Menschenkunde, wie sie *Steiner* seinen

Anhängern vermacht hat. Sie stellt einfach das eine neben das andere und denkt sich in die Seelenkräfte der Schüler hinein. Ob es sich um die Zähne oder den Gang, die Kopfform oder das Blut handelt: auf das Wahrnehmbare wird der ganze Kosmos der Kräfte und Wirkungen projiziert, der doch nur in der Vorstellungswelt des Menschenkundlers besteht. Das Kind wird nicht »einfach beobachtet«, sondern ihm werden Wesenheiten und Schicksale zugeschrieben, von denen es nichts weiß, und statt einer methodisch fundierten Analyse des physiognomischen Ausdrucks entsteht eine Geisterwelt verdinglichter Beziehungen, von denen das Kind und der Schüler nichts ahnen, die aber dem Geistesblick des anthroposophischen Lehrers zugänglich sein sollen. Man soll dabei »ganz individuell vorgehen«, sagt *Grosse* (a.a.O., S. 154), aber das Schema der Beobachtung ist überhaupt nicht individuell, sondern höchst abstrakt und willkürlich dazu. Etwas Gegebenes, wie die Zähne, wird auf ein Kräftesystem bezogen, das zugleich kosmisch, weltgeschichtlich und lebensgeschichtlich (karmisch) ist, und so geht es hin und her, ganz nach Eindruck und Belieben des Betrachters. Man soll sich einen »Eindruck der Gedankenkräfte und -formen zu erwerben versuchen« (ebd.) und »danach in undogmatischer, offener Weise die dazupassende Physiognomie des Denkens in der Zahnbildung« untersuchen. »Dadurch lernt man an der Wirklichkeit und wird die unerschöpflichen Variationen der Bildekräfte bewundern« (ebd.). Das Einzige, was hier zu bewundern ist, ist die unerschütterliche Selbstgewißheit, die sich nicht wirklich belehren läßt, sondern sich nur bestätigt, was sie ohnehin zu wissen meint. Hier findet sich genau die zirkuläre, gegen Kritik immune Denkfigur, die der Anthroposophie insgesamt zugrunde liegt: sie »beweist« das, was sie schon weiß, und beobachtet, was sie sich denkt. Deshalb kennt diese pädagogische Menschenkunde auch weder Veränderung noch Fortschritt. Doch das gilt nicht nur für das pädagogische Erkennen, es gilt auch und gerade für die pädagogische Praxis, die sich aus der Entwicklung des werdenden Menschen wie von selbst ergeben soll.

IV.

Wenn man den Fahrplan aller Züge kennt, ihre Abfahrts- und Ankunftszeiten und ihre durchschnittliche Geschwindigkeit, dann kann man auch bei einem beliebigen Zug, den man durch die Gegend fahren sieht, sagen, um welchen Zug es sich handelt, ob er Verspätung hat, wo er her- und wann er ankommt. Allgemeiner gesprochen: Fakten sind informativ im Zusammenhang einer Theorie. »Entwicklung« kann man als einen solchen Fahrplan auffassen, wenn man damit nicht nur meint, daß sich die Dinge ändern und hinterher anders aussehen als zu einer früheren Zeit. Ob die Nationalökonomen ein Entwicklungsschema für den Verlauf von Konjunktur und Krise aufstellen, ob der Universalhistoriker wie *Hegel* die Entwicklung der Gattung als Gang Gottes durch die Zeit auffaßt oder ob der Psychologe dem Wachstum des Menschen ein bestimmtes Schema unterstellt, in jedem Falle geht es darum, einzelne Züge und Merkmale auf diesen theoretischen Rahmen zu beziehen, um aus dem Bekannten auf das Unbekannte und Erwartbare zu schließen, vor allem auch, was die Erziehung angeht, um Verspätungen aufzuholen und Verfrühungen zu vermeiden. Die Frage ist, mit welchem Entwicklungskonzept *Steiner* arbeitet, um dann zu sehen, welches Verständnis von Erziehung er daraus ableitet.

Steiner berichtet im »Lebensgang« von einem Gedankenexperiment, das er als Student durchgeführt hat:

»Die Vorstellung des Raumes bot mir die größten Schwierigkeiten. Er ließ sich als allseitig ins Unendliche laufende Leere (...) nicht in überschaubarer Art denken. Durch die neuere (synthetische) Geometrie (...) trat vor meine Seele die Anschauung, daß eine Linie, die nach rechts in das Unendliche erweitert wird, von links wieder an ihren Ausgangspunkt zurückkommt. Der nach rechts liegende unendlich ferne Punkt ist derselbe wie der nach links liegende unendlich ferne. (...) Die wie eine Kreislinie in sich selbst zurückkehrende gerade Linie empfand ich wie eine Offenbarung. Ich ging aus der Vorlesung, in der mir das zuerst vor die Seele getreten ist, wie wenn eine Zentnerlast von mir gefallen wäre« (Lebensgang, S. 45f.).

Nicht das geometrische Kalkül ist hier von Interesse, sondern die Denkfigur der vor- und zurücklaufenden Linie, bei der Anfang und Ende zusammenfallen, wo Aufstieg und Rückgang dasselbe sind, so daß alles gleichzeitig gegeben ist. Es ist diese Gedankenfigur, die *Steiner*s Verständnis von »Entwicklung« und »Werden«, von den »Geburten« und karmischen Wiederholungen bestimmt. Was ganz weit im Mysteriennebel hinter uns liegt, kommt auf uns zu, und was uns erwartet, ist alles schon geschehen: Zukunft ist Heimkehr, nicht offenes Meer der Möglichkeiten, sondern Ankunft im Hafen. Und zu dieser Ankunft braucht man einen Lotsen, damit man sich nicht verirrt.

Im gewöhnlichen Verständnis verhalten sich Geburt und Tod zueinander wie Morgen und Abend, Aufbruch zu allem, was an unbekannten Möglichkeiten da ist, und wirklicher Ankunft; in *Steiner*s zirkulärem Verständnis ist es gerade anders herum: die Geburt schließt etwas ab, zunächst die physische, dann die ätherische und dann die astralische Leibgestalt, und der Tod eröffnet das, was eigentlich viel besser und würdiger, geistiger und höher ist. Das Konzept der Entwicklung wird gerade nicht so gefaßt, wie es prägnant die Evolutionstheorie eingeführt hat, nämlich als Anwachsen der Differenzierungen und Steigerung der Komplexität, sondern als Abschluß und Ende; Entwicklung ist bei *Steiner* nicht progressiv, sondern regressiv. Die Lebenslinie läuft zurück auf das, was karmisch immer schon angelegt ist. *Steiner* sagt:

»Denn man weiß, daß der Mensch durch seine Geburt in die physische Welt das hineinträgt, was er mitgebracht hat als die Früchte der früheren Erdenleben. Wenn der Mensch geboren wird, ist zum Beispiel sein physisches Gehirn noch ein sehr unvollkommenes Werkzeug. Es muß nun des Menschen Seele in dieses Werkzeug erst die feineren Gliederungen hineinarbeiten (...) In der Tat arbeitet die Menschenseele, bevor sie vollbewußt ist, an dem Gehirn so, daß dieses ein solches Werkzeug werden kann, wie es gebraucht wird zum Ausleben all der Fähigkeiten, Anlagen, Eigenschaften und so weiter, welche der Seele eignen als Ergebnisse ihrer früheren Erdenleben.«[54]

Es ist also nicht so, daß wir eine bestimmte Verfassung vererbt mitbekommen, die dann auszubilden ist und in deren Grenzen wir uns Lebenschancen schaffen, sondern der gesamte bisher durchmessene Gang früherer Erdenleben muß aufgearbeitet werden: was hinter uns liegt, steht als Aufgabe vor uns. Entwicklung bringt nichts Neues, sondern eine Variation des Alten, und im Grunde wird immer der gleiche Film abgespult, der in der Kassette schon fertig aufgezeichnet ist. Nur der Geisterseher hat diesen Film schon einmal gesehen und kann deshalb voraussagen, wie es weiter geht.

Es geht also in der Erziehung nicht um Entfaltung und Erschließung auch eines substanziell Neuen, sondern um regressive Verarbeitung, und die kann der heranwachsende wie der erwachsene Mensch nicht allein leisten. Dazu ist noch einmal an das »Gesetz der Wesensgliederwirkungen« zu erinnern: die nächsthöhere Instanz zieht die vorangehende, das heißt: die Ätherkräfte instruieren den physischen Knochenbau (bis zum Zahnwechsel), die Astralkräfte ziehen den Ätherleib bis zur Pubertät und die Ichkräfte ziehen den Astralleib bis zum Ich-Bewußtsein. Das ist die aufsteigende Linie; denn nun läuft die Linie zurück. Bei voll ausgebildetem Ich-Bewußtsein, wie es dem heutigen

Menschen möglich ist, kraften dann die Ich-Kräfte im Rückwärtsgang erst in den Astralleib, dann in den Ätherleib und schließlich einmal in den physischen Leib. Das heißt, auch der Höhengang des Geistigen hat immer das Vergangene vor sich und transformiert so das, was schon war. Aber aus eigener Kraft und Vollkommenheit ist das alles nicht möglich: das Werden und Lernen wird »gezogen«, erst von der physischen Umwelt (zu der die Eltern gehören), dann von der geliebten Autorität des Lehrers, und so geht es weiter: *Steiner* erfindet eine ganze Galerie von Führern und Hütern, da ja immer das niedere Wesensglied von dem nächsthöheren gezogen wird. Diese Erziehung höret nimmer auf.

»Wir haben unseren persönlichen führenden Geist aus der Hierarchie der Angeloi; darüberstehend aber haben wir die Geister aus der Hierarchie der Archangeloi, die sich sogleich einschalten, wenn der Mensch durch die Pforte des Todes geht, so daß er dann sofort sein Dasein in gewisser Beziehung in der Mehrzahl hat, weil viele Archangeloi in sein Dasein eingeschaltet sind«.[60]

Vor dieser gewaltigen Perspektive eines kosmischen Führungssystems erscheint das beschränkte Geschäft des Lehrers wie eine verkleinerte Ausgabe:

»Wir wollen uns bewußt werden, daß das physische Dasein hier eine Fortsetzung des Geistigen ist, daß wir durch Erziehung fortzusetzen haben dasjenige, was ohne unser Zutun besorgt worden ist von höheren Wesen« (a.a.O., S. 21).

So spricht *Steiner* allerdings nicht vor dem allgemeinen Publikum, sondern vor den Weihlingen der Waldorfschule; sie sind die Geschäftsführer des Kosmos, und das gibt ihrem Tun eine überirdische Weihe:

»Dieses in das eigene Gefühl aufnehmen, daß man in aller Erziehung eine Art Fortsetzung der vorgeburtlichen übersinnlichen Tätigkeit bewirkt, dies gibt allem Erziehen die nötige Weihe, und ohne diese Weihe kann man überhaupt nicht erziehen« (a.a.O., S. 44).

Es ist schon sonderbar, daß diese Erziehung als »Erziehung zur Freiheit« präsentiert wird, als Wachsenlassen; nicht als Führung, die sie ausdrücklich ist. Sie braucht wie keine andere »Autorität«, weil ja immer nach rückwärts gearbeitet und insofern gezogen wird, nicht nur beim kleinen Kind, das »nachahmend« lernt (nämlich in dem spezifischen und unüblichen Sinne, daß es sein voriges Erdenschicksal einholt) und auch nicht beim Schulkind vor der Pubertät, das »nachfolgend« lernt, sondern überall und immer. Lernen ist Nachlernen, so wie die

Geburt Abschluß und nicht Eröffnung von Chancen ist. Um es paradox zu formulieren: mit jeder Geburt entsteht das Recht, sich einem neuen, höheren Erzieher zu überantworten, erst die Eltern, dann die Lehrer, dann der Seelenführer in der esoterischen Schulung und nach dem Tode die Angeloi und Archangeloi. Ohne Autorität, die es vorweg mit dem Lernenden immer schon besser weiß als er selbst, geht das nicht; und auf der Seite des Lernenden geht es nicht ohne die erforderliche Demuts- und Ehrfurchtshaltung seinem Erzieher gegenüber.

Wie servil dieser Lernstil in Wahrheit ist, der sich aus der vermeintlichen Kenntnis der Kreisbahn des kosmischen, irdischen und seelischen Lebens ergibt, zeigen die Anweisungen zum höheren Erkenntnisleben, die Steiner gegeben und auf die er immer wieder verwiesen hat.[61] Sie betreffen das Lernen des anthroposophischen Blicks, das Lernen nach der Schule und insofern auch das Lernen der Lehrer, damit sie andere mit der »nötigen Weihe« erziehen können.

Zunächst wird da gesagt, daß »jeder ein Geheimschüler, ja ein Geheimlehrer werden« kann (a.a.O., S. 14), wenn er die richtige Einstellung mitbringt und den »Pfad der Verehrung« geht (a.a.O., S. 15). Das ist die »Grundstimmung« (ebd.) des Lernens der Geheimwissenschaft:

»Es gibt Kinder, die mit heiliger Scheu zu gewissen von ihnen verehrten Personen emporblicken. Sie haben Ehrfurcht vor ihnen, die ihnen im tiefsten Herzensgrunde verbietet, irgendeinen Gedanken aufkommen lassen von Kritik, von Opposition. Solche Kinder wachsen zu Jünglingen und Jungfrauen heran, denen es wohltut, wenn sie zu irgend etwas Verehrungsvollem aufsehen können. Aus den Reihen dieser Menschenkinder gehen viele Geheimschüler hervor« (a.a.O., S. 15).

Das ist 1904 geschrieben; seit 1919 steht mit der Waldorfschule eine Vorschule der Geheimschulung bereit, in der die Schüler sich von der »geliebten Autorität« leiten lassen, erfüllt von den »devotionellen Gefühlen«, ohne die es kein Weiterkommen auf der Geisterbahn des Geheimwissens gibt. Das soll aber für *Steiner* nicht heißen, daß die Haltung der neugierdelosen Devotion, die verehrend hinnimmt, was ihr gezeigt wird, erzwungen werden soll. Das »sacrificium intellectus« ist freiwillig zu erbringen:

»Er (der Geheimschüler) hat die vorbereitenden Wege zum Erkennen der höheren Welten durchgemacht. Er weiß aus Erfahrung, was notwendig ist. Es hängt ganz von dem freien Willen *des einzelnen ab, ob er die gleichen Wege wandeln will oder nicht«* (a.a.O., S. 73).

Aber es hängt auch nicht allein vom Geheimschüler ab, ob er das

Geheimwissen lernen darf oder nicht; vielmehr bestimmt der Geheimlehrer, wer des höheren Wissens würdig ist und wer nicht.

»Denn es gibt ein natürliches Gesetz für alle Eingeweihten, das sie dazu veranlaßt, keinem suchenden Menschen ein ihm gebührendes Wissen vorzuenthalten. Aber es gibt ein ebenso natürliches Gesetz, welches besagt, daß niemandem irgend etwas von dem Geheimwissen ausgeliefert werden kann, zu dem er nicht berufen ist« (a.a.O., S. 14).

Bei diesen Gesetzen herrscht eine etwas vertrackte Rechtslage: es gibt einen Rechtsanspruch auf Unterweisung, aber auch ein Recht, diesen Anspruch abzuweisen. Wer entscheidet im Konflikt, was einer wissen darf? Niemand anders als der Lehrer selber; er definiert, wann es Pflicht ist, zu unterrichten, und wann der Geheimschüler zu verzichten hat. Natürlich entscheidet er nicht nach Lust und Laune, sondern auf der Grundlage seiner fortgeschrittenen Geistesforschung: Er kann die Haltung der Verehrung, Achtung und Devotion (vgl. S. 19) dank seiner Geistesschulung erkennen, und zwar auf die folgende Weise:

»Für den Geistesforscher ist diese Tatsache an der Aura *ersichtlich. Eine Seele, die sich verehrende, devotionelle Gefühle aneignet, bewirkt eine Veränderung ihrer Aura. Gewisse als gelbrote, braunrote zu bezeichnende geistige Farbentöne verschwinden und werden durch blaurote ersetzt. Dadurch aber öffnet sich das Erkenntnisvermögen; es empfängt Kunde von Tatsachen in seiner Umgebung, von denen es vorher keine Ahnung hatte«* (a.a.O., S. 19).

Es gibt also, etwas zeitgemäßer gesprochen, durchaus ein Ausleseverfahren für die Zulassung zum höheren Erkenntnisstudium. Wer den Aura-Test besteht, wird zur Geheimschule zugelassen, wer nicht, muß ohne Einspruch- und Revisionsmöglichkeiten darauf verzichten, in der Einweihung etwas zu erfahren, »was er sonst viel später, unter ganz anderen Verhältnissen, erfahren würde« (a.a.O., S. 54). Natürlich könnte ein Bewerber wohl auch an seiner Aura arbeiten und sich auf »devotionelle Gefühle« umstellen, indem er das Fragen, Kritisieren und problematisierende Prüfen zurückstellt. Dann wird auch er in die verschiedenen Stufen der Geheimschulung eingeführt, die schließlich in der »Einweihung« gipfelt: Worin sie eigentlich besteht, darüber vermag auch *Steiner* »in einer Schrift nur *Andeutungen* zu geben« (a.a.O., S. 54).

Was aber immer wieder eingeschärft wird, ist die Unterwerfung unter die Autorität des Geheimlehrers, auf das »ruhige, andächtige Hinhorchen« (a.a.O., S. 80), das den Weg ebnet, um wenigstens bis zu den

»niederen Geheimnissen vorzudringen « (a.a.O., S. 54). Es gibt also dann noch weitere Stufen und Grade der Einweihung; und so hat *Steiner* ja auch in seiner anthroposophischen Praxis selber wieder innere Kreise in der Anhängerschaft gebildet, esoterische Schulen und Sonderkurse, deren Übungstexte dem größeren Kreis und der allgemeinen Öffentlichkeit sowieso vorenthalten blieben und erst nach und nach publiziert werden. Die Einzelheiten und Wunderlichkeiten dieser Schulungspraxis mögen auf sich beruhen bleiben; wichtig für das Verständnis von Erziehung und vorbildlich für den Stil der Waldorferziehung ist die Grundvorstellung, daß das Lernen ein Nachlernen der kosmischen und karmischen Ordnungen ist, die sich sukzessive unter der Führung vorgebildeter, vorauseilender Geistesführer enthüllen. Das gilt für die Erziehung der Kinder und Jugendlichen, das gilt ebenso für die Adepten der eigentlichen Geheimschulung. Vor dem Hintergrund eines planetarischen Weltbildes und gestützt auf die Gewißheit, den Gesamtfahrplan von Welt und Zeit zu kennen, operiert *Steiner* mit einem gestuften Führungssystem, das von oben zieht, was von unten herauf will. Die Nachfrage nach dieser Pädagogik mag frei sein und sich im Bewußtsein einer widerrufbaren Entscheidung bewegen, das Angebot selber verlangt Devotion und wird nur ausgeliefert, wenn es auch konsumiert wird. So entsteht das Paradox: in ihrem eigenen Verständnis ist diese anthroposophische Erziehung auf allen ihren Stufen »Einweihung«, aber in der Rezeption ihrer eigenen Anhängerschaft und weit darüber hinaus wird sie als »Entfaltung« und freundliches Gewährenlassen verstanden.

Die anthroposophische Erziehungspraxis funktioniert nach dem Führerprinzip, und zugleich wirbt sie mit den Etiketten und Insignien eines liberalen »laisser faire – laisser aller«. Das Gurusystem der Erziehung wird als liebevoll gehegtes Wachsenlassen präsentiert, die Autorität des Erziehers zur harmlosen »Bezugsperson« (*Lindenberg*, a.a.O., S. 177) heruntergespielt. Die Drachenformel, die der unbekannte Meister *Steiner* empfohlen hatte, um die öffentliche Meinung besiegen, hat so ihr pädagogisches Äquivalent. Das herbartianische Schema des erziehenden Unterrichts, der seiner Absicht nach auf Urteilsbildung zielte, wird zum Vehikel einer undurchschauten und undurchschaubaren Gesinnungsschulung esoterischen Zuschnitts umfunktioniert. Wie sich das durchführen läßt, zeigen Lehrplan und Unterrichtsmethode.

6. Curriculum und Karma: Zum Lehrplan der Waldorfschule

I.

Die Waldorfschule ist vor allem dies: eine Schule. Und das heißt, ein Ort, wo vieles gerade nicht getan und nicht versucht wird, was sonst unser Handeln und Nachdenken bestimmt. In der Schule geht es nicht um Arbeit in dem Sinne, daß etwas für einen Markt hergestellt wird, nicht um kultisches Spiel, nicht um Politik als Vorbereitung, Festlegung und Durchsetzung von Entscheidungen, nicht um Verwaltung von Ansprüchen und Dienstleistungen und auch nicht um Forschung. So gesehen bleibt »das Leben draußen«, und drinnen wird für jenes Leben gelernt, für die nähere und fernere Zukunft, für das Fortkommen danach, um einen Platz in der Welt zu erwerben und sich behaupten zu können. Als ein eigener Raum des Lernens bleibt die Schule abgehoben und getrennt vom wirklichen Leben, und jeder weiß auch, daß es in der Schule um das Lernen geht und nicht um Arbeit, Politik, liturgische Sinndarstellung oder Wissenschaft.
Aber natürlich hat die Schule ihr eigenes Leben mit Regeln und Erwartungen, nach denen gearbeitet wird (an Themen), entschieden und gehandelt wird. Und es liegt nahe, das eine mit dem anderen zu vergleichen, das Leben drinnen mit dem Leben draußen; das Lernen für das Leben und das Lernen in der Schule und für die Schule, damit man mit ihr zurechtkommt und ihre Anforderungen besteht. Insofern ist Schule spielerische Muße, woran das griechische Wort »scholè« erinnert, und doch auch Ernstfall, gewissermaßen Ernstfall für die kommenden Ernstfälle, Generalprobe für die künftigen Premieren und Dauervorstellungen. Die Schule isoliert so das Lernen für das Leben, um in das Leben besser und erfolgreicher integrieren zu können; ein geordneter Umweg, der selber für viele zu einer Last und Bürde wird, gegen die die Sorgen des »wirklichen« Lebens geradezu klein erscheinen. Schon die vermasselte Generalprobe verdirbt vielen den ganzen Spielplan.
Gegen die Zumutungen, die das Eigenleben von Schule und Unterricht mit sich führt, gibt es eine klassische Reaktion: warum nicht dort und auf die Weise lernen, wie es vor Ort selber geschieht? Warum Lebensnähe in der Schule simulieren und spiegeln, wenn man sie direkt haben kann? *Steiner* nimmt dieses Thema in mannigfachen Variationen auf,

vor allem als Kritik an dem Intellektualismus, der Verkopfung und kognitiven Versalzung der Schule, und zitiert beifällig eine Bemerkung *Goethes* aus den »Maximen und Reflexionen«. Da preist *Goethe* die Art, wie die »Hydrioten«, die Wasserbewohner, sich lebenskundig machen:

»Welche Erziehungsart ist für die beste zu halten? Antwort: die der Hydrioten. Als Insulaner und Seefahrer nehmen sie ihre Knaben gleich mit zu Schiffe und lassen sie im Dienste herankrabbeln. Wie sie etwas leisten, haben sie teil am Gewinn, und so kümmern sie sich schon um Handel, Tausch und Beute, und es bilden sich die tüchtigsten Küsten- und Seefahrer, die klügsten Handelsleute und verwegensten Piraten. Aus einer solchen Masse können denn freilich Helden hervortreten, die den verderblichen Brander mit eigener Hand an das Admiralschiff der feindlichen Flotte festklammern.«[62]

Das sieht sehr einleuchtend aus und ist recht nach dem Herzen und Geschmack derer, die »in der Praxis« selber die Schule sehen, für die das Leben das Curriculum bildet und die in der Lehrplanschule eine Attacke auf das freie Lernen dessen, was man wirklich braucht, erkennen. Aber *Goethe* hätte gar nicht in insulare Fernen schweifen zu brauchen, um ein Bild von solchem Lernen vor Ort zu geben. Wenn er mit etwas mehr Sympathie auf das Leben der kleinen Leute seiner eigenen Tage geblickt hätte, würde ihm nicht entgangen sein, daß um 1800 die große Masse der Bevölkerung immer noch so lernte wie die Hydrioten: wenig Schule oder gar keine, dafür Arbeit von Kindesbeinen an und im Umkreis des Elternhauses; Mittun und Mitmachen ohne Chance, aus dem vorbestimmten Kreis herauszukommen und etwas anderes oder mehr als die Eltern zu werden. Alle Fertigkeiten und Kenntnisse zusammen mit der dazugehörigen Betriebsmoral werden mitgängig und mitahmend erworben, und der Preis ist, daß man bleibt, wo einen die Geburt hingeworfen hat.[63]

Nur wer eine Schulbildung hatte, die gerade nicht auf etwas Bestimmtes, sondern unspezifisch auf »das« Leben vorbereitete, konnte etwas aus sich machen, wovon die Eltern nie geträumt hatten: der Juristensohn *Goethe* wird eben nicht Stadtschreiber, sondern bestreitet eine literarische Karriere, der Pastorensohn wird Arzt, und die Kinder aus Lehrerhaushalten gehen in die Wissenschaft.

Das ist nicht hydriotisch, sondern modern, dynamisch und nicht statisch; und es verdankt sich einer immer breiteren Bewegung zur Schule, die schließlich nicht mehr, wie im Falle *Goethes*, Vorrecht von wenigen und der Begüterten ist, sondern Anrecht aller wird: Daß jeder alles werden kann – auch die Mädchen, von denen sonst gar nicht die Rede ist, weil sie ja doch nur Mutter und Hausfrau werden, und das können sie eben auch bei Muttern lernen, – daß das Leben offen wird, das ist ohne Lernen durch Unterricht und Schule in einer abgehobenen Provinz und in einem besonderen, gegen Pflichten und praktische Anforderungen freien Zeitraum gar nicht möglich. Viele von denen, die heute und damals gegen die Lebensferne der Schule sprechen, ziehen ihre Gründe aus dem Umstand, daß sie sich nicht vorstellen können, es könnten ihre Kinder etwas anderes sein und anderes lernen als sie selbst. Funktionale Erziehung, wie die Reformpädagogen sagten, ist gut für eine Welt, in der alles bleibt, wie es ist, und auch so bleiben soll. Aber Erziehung durch Unterricht rechnet mit dem Neuen, das mit jeder Generation beginnt. Der Preis ist Isolation auf Zeit, eine Klausur vor dem Engagement, Trockentraining vor dem Sprung ins Wasser. Natürlich kann man auch während der Klausur schon einmal hinausgehen und die Meierei besichtigen, wenn von ihr im Sachunterricht die Rede ist, man kann die Blumen in der Landschaft aufsuchen, einen Starenkasten bauen, man kann »Schulwanderungen« veranstalten und »Landschulheime« einrichten, um das »Lernen im Gelände« und bei der Arbeit zu veranschaulichen; aber das alles ändert nichts daran, daß zuletzt dieses Lernen von innen, von der Schule her inszeniert wird. Auch »Projekte« sind eben Vorhaben innerhalb eines Lernganges, der seine eigene unterrichtliche Ordnung hat, und es ist dieser Lern- und Lehrgang im ganzen, der die Probe auf die spätere Praxis zu bestehen hat, nicht einzelne Ausflüge und Expeditionen in die Wirklichkeit. Deshalb gibt es Schule nicht ohne Lehrplan, wie *Lindner* sagt,

»nämlich als die Gliederung des dieser Anstalt (der Schule) zufallenden Lehrgebietes in einzelne Lehrgegenstände und die allgemeine Verteilung der den letzteren entsprechenden Lehrziele auf die gesamte Unterrichtszeit.«[64]

Dies gilt auch für die Waldorfschule: sie bestimmt und verteilt ihre Lehrgegenstände (Themen und Aufgaben) über Zeit, differenziert nach Fächern und Themengruppen und gewichtet sie nach ihrer Bedeutung. Das ist keine Konzession an die staatliche Genehmigungspflicht (bestenfalls in den Einzelheiten), das ergibt sich vielmehr aus der Natur der Schule als Eigenwelt des Lernens in Gruppen und Klassen. Wie jede andere Schule hat die Waldorfschule die Frage zu beantworten: was soll gelernt werden, in welcher Zeit und Reihenfolge, in welcher sozialen Organisation und durch welche Lehrer?[65] Doch nicht nur in dieser

allgemeinen Hinsicht zeigt sich das Schulübliche der Waldorfschule; sie folgt, wie sich zeigen läßt, einer bestimmten Linie des Lehrplandenkens; denn natürlich lassen sich die angegebenen Fragen unterschiedlich lösen.
Es ist nun die Lehrplanauffassung der herbartianischen Schule, die die Waldorfschule fortgesetzt und auf die Einweihung in höhere Welten umgeschrieben hat. Dazu ist eine historische Einschaltung erforderlich, da in der Regel die Herbartianer nur dem Namen nach als Buhmann der reformpädagogischen Didaktik bekannt sind, nicht aber mit ihren Gesichtspunkten und Motiven, die eben deshalb desto ungestörter gerade auch in der sog. Reformpädagogik fortgewirkt haben.
Unterricht, so ist schon ausgeführt worden, soll immer zugleich auch »erziehender Unterricht« sein, und er erzieht durch seine Verfahrensweisen und die Themen, derer er sich bedient, um Gesinnungen zu erzeugen. Das ist das Programm *Herbarts*, aber mit einem wesentlichen Unterschied: hier wird, gemäß den Forderungen der Zeit und ihrer Schulorganisation, für Klassen gefordert, was *Herbart* nur für den Einzelunterricht konzipiert hatte. Ein Reflex findet sich in *Steiner*s Frage:

»Wie kann man das mit einer ganzen Klasse machen? Mit einem einzelnen Kinde geht es verhältnismäßig leicht. Man braucht es nur gern zu haben, braucht nur das, was man mit ihm ausübt, in Liebe mit ihm zu vollbringen, dann ergreift es den ganzen Menschen, nicht bloß Herz und Kopf.«[66]

Das ist genau die Frage, die sich Tuiskon *Ziller* vorgelegt hat, als er daranging, auf der Grundlage der Herbartschen Erziehungstheorie eine Unterrichtslehre für die Schule und nicht nur für den Einzelunterricht zu entwerfen. Die Antworten, die er und seine Anhänger gegeben haben, stellen den Rahmen für die Schulpädagogik des Herbartianismus und weit darüber hinaus dar; es ist auch der Rahmen für die Pädagogik der Waldorfschule.

II.

Was braucht ein Lehrer, wenn er unterrichtet? Darauf geben *Herbart* und *Ziller* eine klare, orientierende Antwort. Er braucht drei Dinge: erstens ein Unterrichtsziel (Charakterstärke der Sittlichkeit bei *Herbart*; Hervorbringung des sittlich-religiösen Charakters bei *Ziller*);

zweitens Themen und drittens ein Lehrverfahren. Er muß also wissen, was er will, in dieser besonderen Stunde und im Gesamt seiner Unterrichtstätigkeit; er muß Themen und Stoffe haben, die er unterrichtet, sonst steht er mit leeren Händen da; und er muß wissen, wie er die Themen im Hinblick auf das Ziel einführen und vermitteln kann. Auf das erste antwortet die Ethik und Weltanschauung, auf das zweite der Lehrplan (als kodifizierte oder improvisierte Inhaltsdidaktik), auf das dritte die Methodik im engeren Sinne.

Daß Unterricht erziehen soll, steht für *Herbart, Ziller* und *Steiner* fest, und danach muß sich richten, wie die Themen gewählt werden. Aber das Ziel führt nicht direkt zu Themen. Man kann nicht in die fünfte Klasse gehen und den sittlich-religiösen Charakter hervorbringen oder soziale Kompetenz oder Lernfähigkeit. Man kann auch nicht sagen: wir wollen heute soziales Verhalten üben. Die Zielnorm ist eine Vorentscheidung über Entscheidungen; sie braucht einen sachlichen Anhalt, und den geben die Themen.

Die Frage ist: wie gewinnt der Unterricht seine Fächer und Themen? Das scheint zunächst ganz einfach zu sein. Ist das Ziel der sittlich-religiöse Charakter, liegt es nahe, daß man z. B. die Gleichnisse Jesu zum Unterrichtsthema macht. Hier findet man die Ethik des Neuen Testaments und der christlichen Nächstenpflichten beispielhaft dargestellt, und an diesen Vorbildern und Geschichten kann man auch den oder die Schüler mit sittlich-religiösen Haltungen vertraut machen. In der Tat gibt es alte Traditionen vorbildlicher Texte; die soll der Zögling lesen, in ihre Welt einsteigen, um daran Einsichten und Motive anzuschließen. Der zukünftige Kaufmann soll Reiseberichte lesen, der Offizier und Politiker Biographien berühmter Feldherrn und Staatsmänner. Die lerntheoretische Hintergrundsannahme ist: Gleiches erzeugt Gleiches. Diese Lernform hat allerdings auch ihre Kehrseite: man muß die Heranwachsenden von Comics und Fernsehen abhalten, von Dallas und von *Simmel.*

So hatte auch *Herbart* sich die Sache zurechtgelegt, als er mit den Jungen in der Steigerfamilie anfing, die Odyssee zu lesen. Genauer: nur mit einem der drei Jungen hat er die Odyssee gelesen, die anderen waren schon »zu alt«. Was bedeutet das? Das Lesen soll altersgerecht sein. Danach ist das Thema und die Lektüre zu bestimmen. In der Vorpubertät nämlich, wie wir heute sagen würden, entstehen im jungen Menschen Sehnsüchte und Ungewißheiten; manche rücken aus und fahren zur See, entlaufen wie Ernst *Jünger* in die Fremdenlegion oder brechen auf wie der »Taugenichts« bei *Eichendorff*. Es ist ein Lebensalter, wo das Vertraute fremd und die Fremde anziehend wirkt, wo wir wissen wollen, wie die fernen Kontinente aussehen, und wo wir schwärmen, das heißt: wir sind da, wo wir nicht sind, und wo wir sind, fühlen wir uns nicht mehr zuhause. Allgemeiner gesprochen: die üblichen Identifikationen funktionieren nicht mehr so richtig, und neue sind noch nicht gewonnen. Der Jugendliche ist nicht mehr Kind und noch nicht erwachsen. In dieser Zwischenzone wird das Abliegende, das Ferne und Unerreichbare interessant, und der Erzieher muß nun versuchen, ein Lernangebot zu machen, daß dieses Fernweh gleichsam abfüttert und das dem Verlangen nach Aufbruch und neuer Identifikation über Entlegenes entspricht.

Dazu erschien *Herbart* die »Odyssee« geeignet, gewissermaßen als klassisches Dokument von Exodus und Heimkehr. Sie spricht im Zögling etwas an, weil sie in vollendeter Gestaltung enthält, was auch im Lernenden ist. Darin liegt: das Thema ergibt sich nicht aus der Systematik des Faches, nicht aus dem Studiengang für philologische Kompetenzen; es ergibt sich auch nicht aus dem Rang und Ruhm der Dichtung, nicht aus dem Bildungsargument der flachen Sorte: eigentlich müßte jeder die »Odyssee« und »Faust«, *Mozart*s Sonaten und *Rembrandt*s Bilder kennen. Das ist nicht pädagogisch gedacht. Pädagogisch denkt und handelt man, wenn man im Blick auf den Lernenden, auf seinen bestehenden Vorstellungskreis und seine Lage, das findet, was ihn einerseits bestärkt, ihm gleichsam recht gibt und dann an dieser Stelle weiterführt; denn zuletzt soll es ja auf mehr als Wanderlust hinausgehen, nämlich auf den sittlich-religiösen Charakter oder sonst eine Zielnorm.

Was der Lehrer im erziehenden Unterricht braucht (und worauf er im bloß belehrenden, fachorientierten Unterricht weithin verzichten kann), ist ein Gespür für den richtigen Augenblick, für den Kairos des Lernens. Er soll gerade nicht, das schärft Herbart ein, philologisch sezieren und sich womöglich an das verlieren, was er als Student im Seminar gelernt hat und was er alles weiß, und wovon er meint, das müßten auch seine Schüler lernen, sondern er soll das Thema im Hinblick auf die Lage des Lernenden formulieren. Diesen Blick für die besondere, lebensgeschichtliche Situation des Zöglings nennt *Herbart* den pädagogischen Takt. Das ist eine wesentliche, vielleicht die entscheidende pädagogische Kompetenz des Lehrers; es ist nicht Fachwissen, auch nicht unterrichtsmethodisches Kunstwissen, sondern eine

Kombination aus beiden: eine Urteilskraft, die das Allgemeine, was man weiß, mit der einmaligen, unwiederholbaren Situation zusammenbringt; so wie ein Richter das allgemeine Gesetz, das jeder nachlesen kann, mit dem Rechtsfall, der aus dem uferlosen Leben stammt, zusammenbringt und ein angemessenes, gerechtes Urteil fällt.
Der Lehrstoff ergibt sich aus diesem pädagogischen Takt, dem Blick für das im Moment Richtige, bei prinzipieller Ungewißheit. Denn man kann natürlich auch das Richtige verfehlen und sich vertun. Also man greift zur »Odyssee« und würde gerade in diesem Fall besser daran tun, den Unterricht an eine Meditation anzulehnen und das Ruhemotiv, das Bei-sich-Bleiben anbieten, nicht Exodus, sondern Heimat. Genau diese Unbestimmtheit und Ungewißheit, die den pädagogischen Takt erforderlich macht, ist die erzieherische Klippe des Klassenunterrichts. Was für den einen Heilmittel ist, ist für den anderen Gift; was den einen anspricht, ödet den nächsten an. Aber es gibt nun einmal Schule und Unterricht in Klassen. Was also tun, wenn man nicht von vornherein darauf verzichten will, daß Unterricht erzieherisch sei?
An dieser Stelle hat *Ziller* eingesetzt. Er mußte entweder den Meister verwerfen, weil seine Erziehungslehre keinen Anschluß für die Unterrichtslehre in Klassen bot, oder er mußte ihn umändern und sich eine Ersatzlösung einfallen lassen.[67] Wie sieht diese Ersatzkonstruktion aus? *Ziller* meinte in der Tat, ein Äquivalent für den pädagogischen Takt, der sich auf Einzelne bezieht, für Gruppen und Klassen gefunden zu haben, also etwas, das für die Jahrgangsstufen das leistet, was der pädagogische Takt im Einzelunterricht erbringt. Dieses Äquivalent besteht aus drei Elementen, deren Kombination zusammen die Schulerziehung der Herbartianer bestimmt. Das ist erstens das Prinzip der Kulturstufen, zweitens das Konzentrationsprinzip und drittens die Lehre von den Formalstufen des Unterrichts. Die beiden ersten werden im folgenden behandelt, das dritte ist Thema des nächsten Kapitels.
Dem Kulturstufenprinzip liegt ein sehr einfacher und zugleich spekulativer Gedanke zugrunde: wir entwickeln uns individuell nach dem Gang, den die Menschheitsentwicklung im großen (die Kultur) genommen hat. Es gibt eine Folge von Phasen, die jeder durchläuft, und sie spiegeln den Erfahrungsgang der Gattung. Über das erste belehrt uns die Entwicklungspsychologie oder auch *Steiners* Lehre von den Geburten der Wesensglieder, über das zweite die Kulturgeschichte oder auch *Steiners* Lehre von den kosmischen Perioden, und beide Seiten können voneinander lernen und sich wechselseitig erhellen. So wie die Mensch-

heit mit Mythen und Märchen angefangen hat, so bewegt sich das Kind in einem von Geschichten erfüllten Weltbild, und so wie wir mit fortschreitendem Alter zu logisch-abstrakten Operationen fähig werden, so hat die Menschheit den Schritt vom Glauben zur Wissenschaft vollzogen. Es läßt sich also, das ist der direkte Schluß, über das Lebensalter die Bewußtseinslage ermitteln: man braucht nur im Geschichtsbuch nachzusehen, und es läßt sich dann auch das Thema finden, das der Lebensepoche entspricht. Die Formeln von der phasengerechten und altersgemäßen Erziehung durch Unterricht lassen sich also nach einer Regel spezifizieren; die Korrespondenz von Lebensalter und Kulturstufe ersetzt den pädagogischen Takt als Wünschelrute für das Auffinden von Themen. Man kann einen Lehrplan aufstellen, der auch beim Kind einer bestimmten Altersstufe ankommt, indem man die Kulturstufen auf die Entwicklungsphasen abbildet. Und dieser Lehrplan bringt das Kind auch weiter, weil es ja im Kleinen den schon bekannten Gang der Gattung wiederholt; seine Ontogenese ist eine kurze Rekapitulation der Phylogenese.

Damit ist aber nur ein Fach bestimmt, der Schüler hat aber mehrere Fächer, und noch fehlt das geistige Band. In der Tat werden heute Lehrpläne und Curricula nur noch fachweise aufgestellt, und jedes Fach hat, nach den allgemeinen Präambeln, seinen eigenen Fahrplan. Wie kann man aber Einheit im Vielfältigen herstellen, nicht nur im Nacheinander gemäß den Kulturstufen, sondern im Nebeneinander von Rechnen und Schreiben, Geschichte und Mathematik, Deutsch und Fremdsprachen? Hier greift das Konzentrationsprinzip ein. Es bezieht sich auf die Beziehung der Themen untereinander, die gleichzeitig gelehrt und gelernt werden; denn das Lernen erfolgt zwar in Fächern und Stunden, aber es ist *ein* Mensch, der das alles bewältigen soll, und er soll ja insgesamt und nicht nur als Rechen- oder Schreibschüler gefördert, d. h. erzogen werden. Konzentration ist die Leitformel für die Vernetzung und Gewichtung der Themen untereinander. Das »Enzyklopädische Handbuch« von *Lindner*, dessen direkte oder indirekte Kenntnis wir bei Steiner vermuten, sagt dazu:

»Konzentration des Unterrichts ist jene Einrichtung desselben, welche die Vielheit der Lehrgegenstände mit der Einheit des Bewußtseins in Einklang zu bringen sucht, indem sie die unterrichtlichen Mitteilungen des ganzen Lehrgebietes nach Maßgabe ihrer inneren Verwandtschaft miteinander in Beziehung setzt« (a.a.O., S. 169).

Wie diese Verknüpfung der Themen hergestellt wird, kann im einzelnen

noch verschieden ausfallen. Wichtig ist, daß *eine* Erziehungswirkung erzielt werden soll und nicht das Lernen des einen das andere stört, sondern unterstützt; denn das Lernen ergreift den ganzen Menschen, und alles soll sich zusammenfügen und auch zusammenpassen. Dabei kann man erstens bei den vorgesetzten Themen des Unterricht, wie der (amtliche) Lehrplan sie festsetzt, auf die Zusammengehörigkeit achten; zweitens kann die Einheit dadurch erleichtert werden, daß der Unterricht in *einer* Hand liegt, wie es das Klassenlehrerprinzip der Waldorfschule vorsieht, wo alle Fächer von einem Lehrer bedient werden; drittens kann in der Form des Gesamtunterrichts so gearbeitet werden, daß um einen thematischen Kern herum »Fachaufgaben« wie das Schreiben und das Rechnen, das Singen und das Erzählen gruppiert werden; und schließlich lassen sich »Epochen« organisieren, so daß während eines bestimmten Zeitraums der Unterricht von einem Thema und einem Fach her bestimmt wird. In allen diesen Varianten der »Konzentration« oder »Zentralisation«, wie Lindner auch treffend sagt, wird der Versuch gemacht, nicht nur altersgerecht, sondern gewissermaßen auch persongerecht zu unterrichten, das heißt so, daß die thematische Gestaltung auf den Eigenrhythmus des Lernens Rücksicht nimmt und nicht Lernpakete unverbunden nebeneinander stellt, bei denen der Lernende dann zusehen mag, wie er sich in ein Verhältnis zu ihnen bringt. Aus dem Einheitsprinzip der Erziehung folgt, daß auch das Lernen über ein konzentriertes und zentralisiertes Lehrprogramm zusammengehalten wird.
Im Klassenlehrerprinzip, im Epochenunterricht und in der gesamtunterrichtlich-künstlerischen Verfahrensweise realisiert die Waldorfschule ein Motiv der Herbartianer. Was heute vielen als Neuerung gegenüber dem parzellierten Lernen der Regelschule vorkommt, ist ein Erbstück der Schulpädagogik des 19. Jahrhunderts im Anschluß an Herbart. Darin ist kein Mangel zu sehen, außer vielleicht darin, daß die Illusion einer Innovation erzeugt wird. Es wird aber zu prüfen bleiben, ob erstens das Kulturstufenprinzip und zweitens das Konzentrationsprinzip tatsächlich für die thematische Gestaltung und Gliederung des Nacheinander und des Nebeneinander der Lehrgebiete im Unterricht ausreichen; denn beide sind mit Hypotheken verbunden, die einen Preis haben. Die wechselseitige Verknüpfung von Stufen der Kultur auf der einen Seite und Entwicklungsphasen auf der anderen setzt voraus, daß man beides kennt, daß also Einvernehmen oder wissenschaftliche Kenntnis darüber besteht, wie die Universalgeschichte abgelaufen ist

und was »Kultur« ist. Und es setzt zweitens voraus, daß die Entwicklungsphasen eindeutig erkennbar sind, damit man mit dem Material der Gattungsgeschichte zu Themen für die Altersstufen und Jahrgänge gelangt. Ohne solche einheitlich und gemeinsam gedeutete Gesamtgeschichte und ohne ein entsprechendes Menschenbild ist sowohl das Prinzip der Kulturstufen wie das der Konzentration auf Sand gebaut. Über beides meint die Anthroposophie zu verfügen, und deshalb hat sie das herbartianische Schema übernommen und in ihrer spezifischen Weise ausgelegt.

III.

Jeder Mensch und jedes Kind hat sein besonderes Karma, aber trifft auf ein gemeinsames Curriculum. Wie geht das zusammen? Man mag die Themen noch so sehr auf Einzelne in einer Klasse abstellen, man mag die räumlich-sozialen Umstände berücksichtigen und sich auf die besonderen Temperamente einer ganz bestimmten Waldorfklasse einrichten, es bleibt dennoch Klassenunterricht, und darin kommen ganz unterschiedliche karmische Schicksale zusammen, also unterschiedliche Fortsetzungsaufgaben aus früheren Erdenleben und verschiedenartige Perspektiven für die Zukunft bis zum Tode und darüber hinaus in das nachtodliche Dasein. Dennoch hat die Waldorfschule einen Lehrplan, in dem gesagt wird, was in welcher Reihenfolge und Konstellation gelernt wird. *Steiner* hat in dem »Vortragskurs bei der Begründung der Freien Waldorfschule in Stuttgart« (August/September 1919) den Grundriß gegeben[68], auch wenn seine Lehrplangedanken in die Fragen der Unterrichtsführung und der allgemeinen Menschenkunde eingewoben und nicht gleich als curriculare Reflexionen zu erkennen sind. Curriculumtheorie der neueren und Lehrplantheorie der älteren Art sucht man bei *Steiner* vergebens, aber der Sache nach ist sie da, und tatsächlich hat dann Caroline von Heydebrand auf der Grundlage der *Steiner*-Vorträge, der Seminarbesprechungen und der anlaufenden Praxis der Waldorfschulen eine Zusammenstellung vornehmen können, gewissermaßen als Extrakt der komplexen Erörterungen und Hinweise.[69]
Von dieser bis heute maßgebenden Grundlage sei im folgenden ausgegangen. Über die Funktion des Lehrplans sagt das Vorwort von Helmut v. *Kügelgen* (1978):

»An exemplarischen Beispielen wird deutlich gemacht, wie Stoffgebiete des Schulunterrichts »Seelennahrung« werden können, d. h. wie aus den Bedingungen der von Altersstufe zu Altersstufe fortschreitenden Entwicklung des Kindes und Jugendlichen durch entsprechende Stoffwahl nicht nur Wissensvermittlung aufgebaut wird, sondern wie durch Unterricht ein Erziehungswerk geschehen kann« (a.a.O., S. 7).

Daß dabei die Menschenkunde Steiners Richtschnur ist, versteht sich von selbst. Er hat, so C. v. *Heydebrand*, »der Schule und ihrer Lehrerschaft aus seiner Anthroposophie heraus eine Fülle von Ausführungen über die Erkenntnis des werdenden Menschen« gegeben (a.a.O., S. 11), und diese Erkenntnis führt zu den »Einzelheiten der Methodik und Didaktik« (ebd.):

»Vom Wesen des heranwachsenden Menschen wurde abgelesen, was diesem Wesen auf jeder Altersstufe angemessen ist. Was Dr. Rudolf Steiner *angab über die Art und Weise, wie der sogenannte Lehrstoff auf die einzelnen Klassen der Waldorfschule zu verteilen wäre, das war immer der letzte Abschluß von Betrachtungen, die das Wesen der einzelnen kindlichen Entwicklungsstufen zum Gegenstand hatten«* (ebd.).

Es wird hier zu Recht gesagt, daß sich der Abschluß aus der Analyse der Unterrichtsführung, insbesondere seiner künstlerischen Gestaltung als »eine Art von Gesamtkunstwerk« (a.a.O., S. 14) ergeben hat, so daß auch der Benutzer des Lehrplans nicht sklavisch seinen Hinweisen folgen soll, sondern mit Rücksicht auf die besonderen Verhältnisse seiner Schüler. Dennoch geht es eben nicht um einzelne Schüler und einzelne Lerngänge, sondern um eine wiederholbare Anordnung der Themen, die sich aus dem generellen Entwicklungsgang ergibt. Der Abschluß ist deshalb der Leitfaden für die Gestaltung des Unterrichts, und man sieht, daß hier die Waldorfschule genau so konsequent, fest und bestimmt wie jede andere Schule ist; mehr noch: sie hat an dem Grundriß Steiners beharrlich festgehalten, so daß es an verschiedenen Waldorfschulen zwar unterschiedliche Gewichtungen und Lehrangebote gibt, ohne aber das Korrespondenzsystem von Menschheitsentwicklung, Lebensphasen und Unterrichtsthema aufzugeben. Ein solches System läßt sich nach *Steiner* formulieren wie ein allgemein vereinbartes Gesetz, um dann danach das Lernen in den Jahrgangsklassen zu organisieren. Curriculumrevision im Sinne einer Überprüfung dieser elementaren Prämissen und nicht nur im Sinne der Modifikation innerhalb des Korrespondenzsystems kennt die Waldorfschule nicht.

Die Kritik des Lehrplans und die Curriculumreflexion sind an ihr vorbeigegangen. Womit fängt also der Waldorfschüler laut Lehrplan an? Er lernt wie alle anderen Schüler seit Menschengedenken auch Lesen und Schreiben. Wenn die Schule überhaupt etwas Nachweisbares und Unwiderlegliches leistet, dann die Alphabetisierung, man mag sich sonst noch so sehr über Ziele und tatsächliche Wirkungen streiten. Aber es soll ja so gelernt werden, daß der ganze Mensch im Spiel ist, und deshalb ist die Phase wichtig, wann das Alphabet gelernt wird, nämlich nach dem Zahnwechsel, mit dem nach *Steiner* die Schulreife einsetzt. Mit dem Erscheinen der zweiten Zähne haben die Kräfte des Ätherleibes ihr Werk für den physischen Leib getan und können nun für sich selber, unter der Führung des nächsthöheren Leibes, des Astralleibes, tätig werden. Das Wesentliche der ätherischen Kräfte oder, wie *Steiner* weniger geheimnisvoll, aber nicht weniger unklar sagt: der Bildekräfte besteht darin, daß sie gleichsam ein Depot für zukünftige Wirkungen schaffen, einen Erinnerungs- und Bilderschatz, aus dessen Fundus oder Defiziten dann der geistige und seelische Haushalt zu bestreiten sein wird. *Steiner* gibt für diese Langzeitwirkung des Ätherischen drastische Beispiele, die dem Lehrer zeigen sollen, wie wichtig sein Unterricht ist:

»Nehmen wir nun an, ich habe ein blasses Kind in der Schule sitzen. Ein blasses Kind muß für mich ein Rätsel sein, das ich zu lösen habe. Es können viele Gründe sein, aber es kann der Fall so liegen: das Kind ist noch mit etwas rosigem Gesicht in die Schule gekommen, es ist unter meiner Behandlung blaß geworden. (...) Ich werde vielleicht darauf kommen, daß ich diesem Kind zuviel Gedächtnismaterial gegeben habe. Ich habe das Gedächtnis des Kindes zu stark angestrengt. (...) Wenn ich aber jetzt in die Lage käme, das Kind zu beobachten, wenn es fünfzig Jahre alt sein wird, dann wird dieser Mensch unter einer furchtbaren Sklerose leiden, wird eine Arterienverkalkung haben, von der man nicht wissen wird, wovon sie kommt. Sie kommt davon, daß ich das Gedächtnis mit acht, neun Jahren überladen habe (...) Bloß das Kind zu kennen genügt nicht; wir müssen den Menschen kennen.«[70]

Steiner gibt auch andere Beispiele für Pathogenesen, für Rheuma und Arthritis, aus denen man lernen soll, daß die falsche Lehrart und der falsche Lehrstoff den Menschen krank machen, nicht bloß dumm und ungeschickt. So verheerend greift das Lernen zwischen Zahnwechsel und Pubertät ein, wenn nicht gesehen wird, daß hier der Ätherleib zu bilden ist, egal welches besondere Karma das einzelne Kind zu verarbeiten hat. Um körperlich, seelisch und geistig gesund zu bleiben, ist zwischen Zahnwechsel und Geschlechtsreife bildhaft, nicht rationalklärend zu lernen. Die Themen sollen erzählerisch und gestalterisch vergegenwärtigt werden, nämlich als

»Entfalten einer Gefühlswelt, die sich durch Bilder ernährt, sich vertieft und zum Sich-Empfinden als Persönlichkeit hinführt« (Grosse, a.a.O., S. 156).

Deshalb wird das Alphabet auch weder direkt im synthetischen Schreibunterricht, noch über die Ganzwortmethode eingeführt, sondern malerisch werden die Buchstaben aus einer vergegenwärtigenden Erlebnisweise herauskristallisiert. Steiner hat diese Schreib-Lese-Methode immer wieder behandelt. Dabei zeigt sich, daß es nicht darum geht, etwas Abstraktes, das »eigentlich« gelernt wird, dem Kind durch ein anschauliches Arrangement zugänglich zu machen, sondern es geht darum, das ganze Lernen des Kindes so anzusprechen, daß die Buchstaben wie Wesen nahekommen, daß Vokale und Konsonanten Sendboten der Seele und des Skelettartigen sind; und sie sind es nicht nur für das Bewußtsein des Kindes, sondern wirklich und wahrhaftig. Das Lernen einer so nüchternen Sache wie des Alphabets ist vollkommen eingesenkt in die Bildwelt des Kindes, in Geschichten und Erlebnisse, die ihren inhaltlichen Rückhalt an früheren Kulturstufen haben. Der Schreib- und Lesevorgang wird genetisch rekonstruiert; so wie die Menschheit die Buchstaben aus Bildern und Bildkürzeln zu den heutigen Formen entwickelt hat, so vollzieht und wiederholt das Kind dieses Stück der Gattungserfahrung.[71]
Das ist das Kulturstufenprinzip in seiner inhaltlichen Bedeutung: die Geschichte vermittelt nicht nur einen methodischen Hinweis, wie man das Schreiben zu lernen hat (so wie man die Differentialrechnung einführen kann, indem man die Bewegungsprobleme behandelt, die Newton beschäftigt haben), sondern das Kind hat im Bild die Geschichte gegenwärtig und folgt dem Gang der objektiven Kultur. So sieht das erste Schuljahr Märchen, das zweite Legenden und Fabeln, das dritte Geschichten aus dem Alten Testament vor, das vierte die nordische, das fünfte die griechische Mythologie, das sechste die römische Geschichte, und im achten Schuljahr werden Biographien Thema; denn jetzt steht die Geschlechts- und »Gedankenreife« bevor: Thema wird, was als Lebensthema bevorsteht. Die Reihenfolge der Stoffe ist also durch die Gattungsgeschichte gesteuert; dabei geht es von den Märchen und mythischen Erzählungen bruchlos zur wirklichen Geschichte. Aber man muß dabei immer beachten, daß dies kein äußerer Gang ist, sondern auch vom Lehrer Identifikation verlangt. Dazu *Steiner*:

»Da ist es ja so, daß wir durch die Anthroposophie wieder lernen, an die Legenden, an die Märchen, an die Mythen selber zu glauben, weil sie in der Imagination die höhere Wahrheit ausdrücken. (...) Dadurch strömt unsere Rede, wenn wir zu dem Kinde sprechen, von dem eigenen Glauben an die Sache durchdrungen, an das Kind heran« (a.a.O., S. 40).

Diese Seelen- und Geistesgemeinschaft besteht aber nur, wenn die Märchen, Legenden, Fabeln und die biblische Geschichte anthroposophisch ausgelegt werden, wenn also in den Legenden gezeigt wird, »wie der Mensch mit Hilfe der Lichtkräfte ein Sieger über das Böse« ist, so Rudolf *Grosse* (a.a.O., S. 262). Die Voraussetzung dazu ist, daß »der Lehrplan ein Abdruck der Wesenheit des Menschen ist« (a.a.O., S. 264). Sie ist doppelt und dreifach gegeben: in den kosmischen Verwandlungen, in der Menschheitsgeschichte und im Anblick des einzelnen Menschen, nach dessen Maß dann auch wieder Tiere betrachtet werden. So sagt *Grosse*:

»Man könnte bis ins einzelne zeigen, wie der Lehrplan weiterschreitet, von der Heimatkunde zur Geographie, zur Geologie und Mineralogie, zur Völker- und Himmelskunde. Parallel dazu wird die Mythologie der Germanen und Griechen, die Geschichte der Inder, Perser, Griechen, Römer bis zur Jetztzeit behandelt. Wer würde daran nicht erkennen, daß der Unterricht alles nacherleben läßt im Erwachen des kindlichen Bewußtseins, was die Menschheit als solche hatte durchmachen müssen? (...) Im zehnten Jahre ist das Kind ›Germane‹, dann ›Grieche‹; dann absolviert es die Wanderung vom Osten bis ans Mittelmeer und wird als Zwölfjähriger ein Römer, im dreizehnten ein Ritter und Klosterbruder, ein Columbus *(...) und ist mit der Geschlechtsreife in seiner eigenen Gegenwart angekommen«* (a.a.O., S. 264).

Aber nicht nur die Universalgeschichte von Gilgamesch bis zur nächsten Bundestagwahl wird mit den Jahrgangsstufen parallelisiert, sondern das Ganze ist verspannt in den natur-, himmels- und erdkundlichen Unterricht. Denn der Mensch reimt sich auf das Sein, und das richtige Bewußtsein ist, wie *Steiner* sagt, »das Bewußtsein von der Synthesis der ganzen Natur im Menschen« (Erziehungskunst, S. 108). Es beginnt sich zu bilden, wenn das Kind sich nicht mehr nur aufnehmend, sondern fragend zur Umwelt verhält. Das beginnt etwa mit dem 9. Lebensjahr (in der 3. /4. Klasse), dem »Rubikon-Alter«. *Steiner* hat aus der Entwicklungspsychologie seiner Zeit die Lehre vom zweiten Trotzalter aufgenommen und anthroposophisch integriert und okkupiert. Wie kann sich der Lehr-Erzieher diese Rubikon-Stimmung zunutze machen?

Er läßt den Biologieunterricht beginnen, und zwar so, daß die Tierformen, die »Tier-Wesenheiten«, menschlich-allzumenschlich ausgedeutet werden. Die Beispiele bei *Steiner* sind: Tintenfisch, Maus und Lamm. Sie erinnern an die Gliederung des Menschen in Kopf, Rumpf und Gliedmaßen:

»Wenn wir jetzt am Menschen das aufsuchen, worin er am meisten dem Tintenfische ähnlich ist, so werden wir sonderbarerweise zum menschlichen Kopfe geführt (...) Der Kopf ist zwar sehr kompliziert ausgestaltet, aber er ist eigentlich nur ein umgewandelter Tintenfisch« (a.a.O., S. 102 f.).

Und entsprechend müssen die höheren Tiere für anderes am Menschen herhalten. Es ist schon eine eigenartige Biologie, die da gelehrt wird, sozusagen eine *Walt-Disney*-Show der höheren Welt, ein anthropomorphes Zurechtmachen für den menschenkundlichen Unterricht, der einzig und allein durch anthroposophische Hintergrundsannahmen legitimiert ist. Durch solche Perspektiven wird Anthroposophie wenn nicht direkt «gelehrt«, so doch eingeträufelt. Seinen Lehrern sagt *Steiner* deshalb:

»Sie werden wissen müssen, indem Sie das tun, daß im Menschen gewissermaßen eine Synthesis, eine Zusammenfassung aller drei Naturreiche vorliegt, daß die übrigen Naturreiche im Menschen auf einer höheren Stufe zusammengefaßt sind. Sie werden das dem Kinde nicht zu sagen brauchen, aber durch den Gang Ihres Unterrichts werden Sie in dem Kinde ein Gefühl dafür herbeiführen müssen, daß der Mensch eine solche Zusammenfassung aller übrigen Reiche der Natur ist« (a.a.O., S. 97).

Wenn irgendwo, so wird hier die anthroposophische Struktur des Lehrplans sichtbar. Der Mechanismus der Korrespondenzen ist nur sinnvoll und zwingend aufzubauen, wenn man die Kenntnisse voraussetzt, die Steiner im Zusammenhang seiner Kosmos-, Welt- und Geschichtsspekulation ausgebreitet hat. Sie greifen direkt auf die Themenwahl und auf die Form ihrer Behandlung durch. Vom Schreiben über das Lesen bis zur eigentlichen Geschichte, Biologie und Chemie herrscht *ein* systematischer Gedanke, an den das Kind über den Lehrplan gewöhnt wird. *Grosse* spricht das auch ganz klar aus:

»Für den Lehrer ist das Durchschauen des Lehrplanes das Fundament für eine sichere Führung des Unterrichtes und der Schüler. Der Weg und der Aufbau sowie das Maß für das pädagogisch-psychologische Urteil liegen im Lehrplan vor. (...) Betrachten wir das allmähliche Heruntersteigen der Seele, so wie es sich im Kindes- und Schüleralter abspielt, dann kommen wir zu der Feststellung, daß dies

Geschehnis seinen entsprechenden Ausdruck im Lehrplan findet. Er spiegelt in der Aufeinanderfolge der Unterrichtsfächer das wider, was die Seele in ihrer Annäherung an die Erde innerlich wie eine geistig-seelische Atemluft benötigt« (a.a.O., S. 265).

Wohlgemerkt: das ist für »das« Kind und »den« Schüler gesprochen, für das allgemeine Schema seines Werdens, nicht für »einen« Schüler oder »ein« Kind mit einer besonderen Geschichte und besonderen Aufgaben. Die Waldorfschule operiert nicht anders als jede Schule mit einem vorgestellten Fahrplan, nach dem die Bildungsreise zu bestreiten ist. Dieser Fahrplan ist kosmisch-geschichtlich vor-geschrieben und wird jetzt in der Schule nachgeschrieben. Und es ist insofern ganz irrig, wenn die Meinung besteht, in der Waldorfschule ergäben sich das Lernen und die Themen des Lernens vom Kinde aus; sie ergeben sich aus der Sicht auf das Kind, und die ist anthroposophisch bis in das Detail der Präsentation von Legenden oder Biographien, Mineralien oder Blumen, Tieren oder Geschichten.
So gesehen, wird in der Waldorfschule zur Anthroposophie erzogen, und zwar umso nachhaltiger, als sie nicht direkt und kontrollierbar »gelehrt«, sondern gleichsam eingeflößt wird. Der Lehrplan steuert das Lernen, und die anthroposophische Weltanschauung den Lehrplan. Nach ihrem eigenen Verständnis verfährt die Waldorfpädagogik im Alter des Ätherleibes so, daß alles bildhaft vergegenwärtigt und nicht rational (und nachprüfbar) erschlossen wird. Insofern kann sie sagen, sie »lehre« nicht Anthroposophie, aber sie unterrichtet sie eben doch und erzieht dazu, nämlich in der Weise, wie alles in diesem Alter nach Ansicht *Steiner*s gelernt werden kann.[72]

IV.

Die nächste Frage ist: wie stellt sich der Waldorflehrplan aus der Sicht der gegenwärtigen curriculumtheoretischen und schulpädagogischen Fragestellungen dar? Gerade wenn es zutrifft, daß die Waldorfschule einem Erziehungsprogramm die Treue hält, das im übrigen Schulwesen längst problematisch ist, kann es ja sein, daß sie vergessene Schätze bereithält und bewahrt hat.[73] Es ist insofern zu prüfen, ob sich nicht für das schulische Lernen Aufschlüsse ergeben, die unabhängig von dem anthroposophischen Zuschnitt der Themen ihren guten Sinn haben und aufgenommen werden sollten. Hinzu kommt, daß die inhaltliche Dürftigkeit der Curriculumforschung dazu einlädt, nach Konzepten und Elementen Ausschau zu halten, die das schulische Lernen fördern könnten.

Aber zunächst dürfte die curriculumtheoretisch versierte Pädagogik wenig Freude an dem Lehrplan der Waldorfschule haben. Weder was den Grad der Explikation ihrer Lehrprogramme noch was die Präzisierung der Lernziele und die Zuordnung der Lernelemente angeht, entspricht der Lehrplan der Waldorfschule auch bescheidenen Anforderungen an die Technik der Lehrplangestaltung. Und ganz finster sieht es mit den Prozeduren der Legitimation von Themen und Fächern aus. Wo sich die aktuelle Curriculumtheorie müht, die Verfahren der Partizipation an Entscheidungsprozessen und das Aushandeln von Gesichtspunkten für die Formulierung von Lehrplänen zu gewinnen, geht der Waldorflehrplan direkt auf Inhalte und Themen. Das Selektionsproblem wird gar nicht formuliert: die Begründung der Lehrinhalte läuft über einen vorausgesetzten Ordo des Erkennens und eine abgeleitete Methodik, da bleibt für die Legitimation curricularer Entscheidungen kein Platz. Sie sind bei solchen Gewißheiten überflüssig. *Steiner* hat zuviel gewußt, als daß noch ein Bedarf für die Begründungs-, Forschungs- und Legitimationsprobleme der Curriculumexperten bestünde.

So bleibt schwer vorzustellen, wie Curriculumtheorie und Waldorflehrplan in ein Gespräch zu bringen wären. Es erscheint deshalb ergiebiger, an einzelnen Punkten der Waldorfschule, wie sie sich aus dem Lehrplan ergeben, festzumachen und sie daraufhin zu prüfen, ob sie nicht unabhängig von den höheren Welten in die niedere Welt der Schule eingebaut werden könnten. Denkt man an einige Besonderheiten wie den frühen Einsatz der ersten Fremdsprache im zweiten Schuljahr oder die stärkere Berücksichtigung künstlerischer und technischer Fächer, so lassen sich diese Fragen relativ selbständig erörtern. Die Frage der Gesamtschule, die die Waldorfschule positiv für sich entschieden hat, könnte im Blick auf die Waldorfschule mit einem etwas größeren Erfahrungshintergrund behandelt werden, und der Epochenunterricht scheint mehr eine Sache des organisatorischen und didaktischen Kalküls als prinzipiell-weltanschaulicher Natur zu sein. Anders dürfte es sich mit dem Prinzip des Klassenlehrers verhalten, der im Hauptunterricht die Kinder von der ersten bis zur achten Klasse begleitet, und mit dem Verzicht der Waldorfschule auf die üblichen Zensuren. Diese beiden

Punkte machen, zumindest nach außen, zusammen mit dem künstlerischen Stil des Unterrichts, einen Kernpunkt der Waldorfschule aus, und sollen deshalb noch einmal gesondert aufgenommen werden.
Daß ein Lehrer den Hauptunterricht allein bestreitet und die Klasse über acht Jahre begleitet, hat es früher auch in der einklassigen Volksschule gegeben. Damals eine Not, wird es von der Waldorfpädagogik als Tugend begriffen. Sie ergibt sich unmittelbar aus dem Gedanken, daß es im Unterricht um Erziehung geht, und zwar um *eine* Erziehung, die von *einem* Lehrer auch am besten zusammengehalten und verstetigt werden kann. Keine Konferenz kann diese Einheit der Wirkung ersetzen; ein Lehrplan schon gar nicht. So wie der Lehrer eben nur *ein* Erzieher ist, so hat er es mit *einer* Klasse zu tun, die deshalb auch die acht Jahre nach aller Möglichkeit beisammen bleiben muß, so wie eine Familie zusammengehört. Zurückbleiben oder vorauseilen (überspringen) würde diese Einheit gefährden, vor allem den Bezug zu den Themen, die ja durch die Lebensalter bestimmt sind, nicht durch ihre Stellung im fachlichen Gang eines Lehrgebietes. Es ist gleichgültig, ob ich im Fachunterricht im ersten oder zweiten oder sonst einem Jahr mit der Geometrie anfange, wenn es nur um geometrische Fertigkeiten und Kenntnisse geht; da aber die Geometrie in Steiners Didaktik u. a. mit dem Knochenbau zusammenhängt und der physiologische Zustand der Knochen altersabhängig ist, beginnt die richtige Geometrie im 12. Lebensjahr. Das ist sozusagen schicksalsnotwendig, und es wäre ein schwerer Verstoß gegen die karmische Gerechtigkeit, wenn ein Schüler noch in der vorherigen Klasse säße und den Stoff des Vorjahres wiederholen müßte. Man kann sehen, daß zunächst nicht das Freihalten vom Konkurrenz- und Leistungsdruck ein Grund für den Verzicht auf Noten und Zensurenzeugnisse ist, sondern der Umstand, daß die Themen auf das Lebensalter und die Jahrgangspsychologie bezogen sind. Eben das garantiert ja den erzieherischen Effekt, der über den bloß belehrenden der Vermittlung von Kenntnissen und Fertigkeiten hinausgeht.
Doch die Begründung aus der Logik der Lehrplangedanken ist eines, etwas anderes ist die tatsächliche Funktion, die dem Verzicht auf Zensuren zukommt. Sie ergibt sich nicht aus dem, was Schule und Unterricht wollen, sondern wozu sie dienen. Und da kann kein Zweifel sein, daß für viele Eltern gerade der Bonus eines beschwerdefreien Abiturs zu den Leistungsangeboten der Waldorfschule zählt, die sie attraktiv macht. Zwar holt der Zensurendruck den Waldorfschüler am

Ende doch ein, aber zunächst einmal wird er nicht nach seiner Leistung im Verhältnis zu einem Gütemaßstab (nämlich den jeweiligen Lehrplanelementen) bewertet, sondern gleichsam im Verhältnis zu sich selbst und seinem Wesen, wie es dem Lehrer erscheint. Aber bewertet wird er auch, und sogar viel totaler und eingehender, als es sich der Lehrer der Regelschule zutrauen und zumuten würde. Es wird noch zu betrachten sein, in welcher Weise und mit welchem Anspruch der Waldorflehrer über den Schüler urteilt, eben künstlerisch und wesensgemäß. Hier ist nur festzuhalten, daß auch dieses Bewerten die zentrale und unersetzbare, »schicksalshafte« Stellung des Lehrers zeigt, so wie er es ist, der alles Wesentliche unterrichtet. Nicht nur die Themen sind konzentriert und zentralisiert, sondern zugleich auch die Präsentation über *einen* Lehrer; denn dadurch kann die Einheitswirkung der Erziehung erhöht werden.

Man sieht, wie fest und sicher die von *Steiner* für die Schuljahre geforderte Autorität des Lehrers in der Organisation der Schule verankert ist; er ist der Garant der Erziehung, der dafür sorgt, daß die Themen eindeutig und in einer Generalperspektive vergegenwärtigt werden, die ihrerseits in dem kosmischen Curriculum vorgeformt sind. Der Lehrer muß das letzte und erste Wort haben, damit die Themen ankommen; denn an ihnen erlebt der Schüler, welche Stelle er in dem Schicksalsplan einnimmt, was sein Karma ist und welche Lebensaufgaben ihm gestellt sind. *Steiner*s Erziehungssystem ist fest geschlossen, exklusiv gegenüber der sozialen Umwelt und dem Pluralismus der Wissenshorizonte, esoterisch in den eigenen thematischen Zurüstungen und rhetorisch-suggestiv im Unterrichtsverfahren: ohne Autorität ist ein solches System weder in Gang zu setzen noch zu erhalten. Der Lernende soll folgen; zu seinem Vorteil natürlich, aber auch dann, wenn es ihm schwerfällt. Er kann weder dem einen Lehrer noch dem Lehrplan aus einem Guß entgehen. Diese Sicht mag überraschen, da doch allerorten zu hören ist, in der Waldorfschule gehe es besonders frei und rücksichtsvoll gegen Neigung und Interesse zu; aber man sollte auch Steiner hören:

»Es werden doch nur schwache, nervöse Menschen diejenigen, welche man zur Moral ermahnen will. Innerlich stark werden die Menschen werden, wenn man zum Beispiel zu den Kindern sagt: Du tust heute dies, und du tust heute das, und ihr beide werdet morgen und übermorgen dasselbe tun. – Da tun sie es auf Autorität hin, weil sie einsehen, daß einer in der Schule befehlen muß« (Allg. Menschenkunde, S. 79).

Der Befehl entlastet von der Komplexität, sich selbst zu entscheiden; er macht frei zu »wiederholentlichen Tätigkeiten« (ebd.) und stärkt den Willen. Der Sinn der Entlastung ist garantiert durch die Wesenseinsicht, die dem Lehrer auch zumutet oder gestattet, dem Schüler zu sagen, wer er ist, ihn sozusagen attributiv festzulegen durch den Zeugnisspruch: »So bist du, und das kannst du werden«, statt zu sagen: »Im Rechnen bist du zurückgeblieben, und folglich mußt du das noch einmal versuchen.« Im ersten Fall wird das Ganze des Schülers definiert, und zwar durchaus im aktiv-suggestiven Sinne; im zweiten wird eine Leistung neben anderen Leistungen konstatiert und der Mensch geschont.[74] Das erste verlangt Nachfolge, das zweite die Bereitschaft, sich informieren zu lassen und die Folgen zu bedenken, um sich darauf einzustellen.

So ergibt sich insgesamt das folgende Bild: Die Insistenz auf Willensbildung und Charakterformung nötigt zu einer Zentrierung der Themen, Verfahrensweisen und Organisationsformen, anders ist »Gesinnungspädagogik«[75], wie *Steiner* gut herbartianisch seine Erziehungslehre bezeichnet, gar nicht möglich. Das begründet ihren autoritativen Duktus. Gesinnung soll auf Gesinnung wirken, während noch der »Gesinnungsunterricht« *Ziller*s wenigstens als vermittelnde Neutralität die kognitiv-analytische Verarbeitungsform zuließ. Aus der Sicht der Zillerianer ließe sich demgemäß das Verfahren der Waldorfschule als Herbartianismus ohne wirklichen Unterricht charakterisieren. Man täusche sich auch nicht, wenn etwa Chr. *Lindenberg* davon spricht, in der Waldorfschule gehe es um eine »anthropologisch orientierte Erziehung«[76], anders als in der öffentlichen, die den Schüler nur im Hinblick auf seine Leistung wahrnimmt: zur Präsentation gehört die Berufung auf das Kind; aber sie dient, wie so oft in der Pädagogik, als Deckformel für sublime Herrschaft der weltanschaulich fundierten Themen, ihrer Anordnung und Verknüpfung. Sie erlaubt dem Lehrer, sein Verständnis des Lebens im engen Raum des Unterrichts als Gesinnung darzuleben und vom Schüler zurückzufordern, natürlich zum Besseren des Kindes, aber doch so, daß es nicht weiß, um welche Gesinnung es geht. Diese Autorität des Erziehenden mag unumgänglich sein, in der Familie sowieso, mit abnehmender Geltung noch für das Grundschulkind, aber mit zunehmendem Alter und der Differenzierung der Neigungen und Lebensperspektiven wird diese Zentrierung zu einer Fessel, die auch als geliebte Fessel nichts daran ändert, daß Freiheit eben doch nur als Freiheit am Bande der Erziehung erscheint, die gestützt auf kosmisch-karmische Notwendigkeiten immer schon besser weiß, was für den

Lernenden gut ist, als dieser selbst. So gilt hier für die curriculare und organisatorische Form der Waldorfschule das, was für das anthroposophische Lernen und die Erziehung als Einweihung insgesamt gesagt worden ist: sie ist eine Erziehung aus dem Führungsprinzip, inszeniert mit der Gebärde allumfassenden Verstehens und liebevoller Zuwendung, einer Gebärde, mit der Proselyten gemacht werden.

7. Lernen im Atem des Kosmos: Unterricht als Gesamtkunstwerk

I.

Wie's gemacht wird, das ist die wahre Kunst. Und ausdrücklich als Kunst versteht sich die anthroposophische Erziehungs- und Unterrichtspraxis. Das macht ihr besonderes Gepräge und das Unverwechselbare aus. Künstlerisch soll nicht nur der ästhetische Unterricht sein, womöglich als Anhängsel und Erholungsbezirk gegenüber den eigentlichen Lernfächern, sondern jeder Unterricht ist künstlerisch zu gestalten. Das hat *Steiner* immer wieder hervorgehoben; das hat auch künstlerisch begabte Lehrer angezogen, sich der Waldorfschule zu widmen. Gegenüber der »Kunsterzieherbewegung« und dem Programm der Erlebnispädagogik, dem künstlerischen Unterricht ein stärkeres Gewicht zu verschaffen, kann sich die Waldorfbewegung das Verdienst zurechnen, anhaltend und grundlegend den Unterricht als künstlerische Aufgabe zu betrachten und zu gestalten, nicht nur als Zugabe, sondern als durchgängige Form.

In seinem dritten Stuttgarter Vortrag zur Einweihung der Waldorflehrer sagt *Steiner*:

> *»Ich habe schon gestern darauf aufmerksam gemacht, daß man beim Unterricht zunächst ausgehen sollte von einer gewissen künstlerischen Gestaltung, damit der ganze Mensch, vor allem mit dem Willensleben, beim Unterricht in Anspruch genommen wird«* (Erziehungskunst, S. 37).

Das ist aus der Gegenstellung zu einem Unterricht gesprochen, der nur Kenntnisse vermittelt; er *betrachtet* das Gegebene und macht es nicht innerlich erlebbar. Das Betrachten aber ist ein »Ersterbeprozeß«, das willenserfüllte Miterleben ist eine »Belebeprozeß« (ebd.). Man könnte auch anders sagen: wer gegenständlich erfährt, wird selbst ein Gegenstand und tötet sich ab; wer mitfühlend und mitwollend erfährt, dem wird das Erfahrene lebendig und kraftstärkend. Das Kind soll also in der Schule kein Forscher werden und nur analysieren, Urteile bilden, und sich so ob-jektiv, entgegensetzend verhalten, sondern es soll mitgehen und einschwingen, eintauchen; es soll sympathetisch, nicht antipathisch lernen. Wohin die gegenständliche Betrachtungsweise führt, zeigt *Steiner* in einer Nebenbemerkung an der »vertrackten Relativitätstheorie von Professor *Einstein*« (a.a.O., S. 122). Sie spiegelt

die gegenwärtige Kulturverfassung, das »Unselige in unserer Kultur« (ebd.) und offenbart, »wie diese Dinge dann ihr wüstes Wesen treiben« (a.a.O., S. 123). (*Steiner* scheint weder die Relativitätstheorie verstanden, noch *Einstein* gekannt zu haben, der nun wirklich kein verknöcherter und moralisch verhärteter Begriffsmensch gewesen ist.)
Es geht also nicht nur darum, die Schule einer größeren Breite des künstlerischen Gestaltens zu öffnen, sondern der Unterricht soll selber zu einem Kunstwerk werden, in dem sich Klasse und Lehrer ganzheitlich, nicht »nur« kognitiv begegnen. So sagt der schon mehrfach angeführte Rudolf *Grosse*:

»Der Lehrer als Künstler und der Unterricht selber als Kunst! Das heißt nun nicht, daß der Lehrer ein Maler, Musiker, Plastiker oder dergleichen sein müsse, sondern daß das, was er als Lehrer tut, künstlerisch ist. Das ist dann der Fall, wenn im Unterricht so etwas wie ein ›Atem‹ da ist, Einatmen-Ausatmen, als ein Zeichen des Lebens selber. Man sieht und spürt es den Kindern sofort an, ob sie durch das, was der Lehrer mit ihnen durchnimmt, in ein derartiges Atmen hineinkommen. Das Gegenteil davon sind Atemstauungen, die immer durch abstrakt-intellektuelles Vorgehen erzeugt werden« (a.a.O., S. 144).

Um welchen Atem es sich da handelt, kann man nun wieder bei *Steiner* erfahren. Er ist keineswegs so harmlos schlicht im Sinne einer guten und freundlichen Atmosphäre gemeint, die auch neuere Unterrichtspsychologen dem Unterricht empfehlen, um seine Effizienz zu steigern, sondern dieses Atmen ist eingelassen in die Welt im ganzen, nicht nur den »Atem der Klasse«, sondern gleich des ganzen Kosmos: Dazu *Steiner*:

»Kommen Sie über die Illusion hinweg, daß Sie ein begrenzter Mensch sind, fassen Sie das auf, was Sie sind, als Prozeß, als Vorgang im Kosmos, was es in Wirklichkeit ist, dann können Sie sagen: Ich selber bin ein Atemzug des Kosmos« (Erziehungskunst, S. 32).

Durch diese Atemzüge des Kosmos sind wir »mit unserem Erleben in den Kosmos eingeschaltet« (Allg. Menschenkunde, S. 41). Es geht hin und her: verhalten wir uns antipathisch-intellektuell, dann ist der Kosmos antipathisch; verhalten wir uns sympathisch, ist er es auch. Die Antipathie ist zentriert im »Kopf«, die Sympathie im »Gliedmaßensystem«; gehen wir vom Kopf aus, nehmen wir eine Gegenstellung ein, zum Kosmos und zu unseren Nachbarn; gehen wir aber von Hand und Fuß aus, vom Malen, Bildhauern, Plastizieren und Tanzen, wie in der Eurhythmie, dann entsteht die große Seelen- und Lebensgemeinschaft.

Man erkennt hier wieder das Korrespondenzsystem, wie es dem Lehrplan zugrundeliegt:

»Unser Gliedmaßensystem ist in den Kosmos eingegliedert, und der Kosmos zieht es an, hat mit ihm Sympathie, wie er dem Haupt gegenüber Antipathie hat« (Allg. Menschenkunde, S. 43).

Erziehender Unterricht soll Sympathie wecken; er ist Unterricht im Atem des Kosmos, und sein Form ist deshalb künstlerisch, nicht kognitiv-analytisch; gestalterisch, nicht betrachtend; lebensvolle Bewegung, nicht Analyse von Zuständen. Erich *Schwebsch*, dem die Waldorfschule maßgebende Arbeiten zur ästhetischen Erziehung verdankt, bemerkt dazu:

»Aller Unterricht, der zu stark bloß den Stoff übermitteln will, verstärkt auch die Stofflichkeit im Menschen, verstärkt die Vergangenheit, das schon fest Gewordene, macht ihn intellektuell; erzieht, ohne es zu ahnen, die Disposition zum Materialisten, er bringt Todeskräfte zu früh an das Kind heran. Der Künstler aber hat es immer mit der Gestaltung des Werdenden zu tun, das noch in der Zukunft schlummert, das er bildend im Bilde erst in die Gegenwart hereintragen kann. Künstlerischer Sinn ist das durch die Menschheitsentwicklung selbst geschaffene höhere Sinnesorgan für das Werdende, das durch menschliche Freiheit erst ins Leben treten kann.«[77]

Man sieht den Zusammenhang von Lernform, Thema und kosmischem Curriculum: die Art, wie wir mit etwas umgehen, kopf-orientiert oder handhaft-praktisch, enthält zugleich eine Moral. Im ersten Falle werden wir öde Materialisten, im zweiten bleiben wir beseelte, fühlende und verantwortliche Menschen, d. h. wir erfahren anthroposophisch im genauen Sinne: was uns begegnet, hat eine existenzielle Bedeutung und ist nicht nur wiederholbarer, nachprüfbarer Lehrinhalt. Daß so gelernt werden kann, ist deshalb die erzieherische Aufgabe des Lehrers; die Methode das künstlerische Verfahren.
Man sieht zugleich, daß *Steiner*s Alternative von intellektuellem Lernen dort und beseeltem Lernen hier eine Variante der allgemeinen Kritik an dem rational-kognitiven Zuschnitt des modernen Lebens darstellt. In gleicher Weise hat Ludwig *Klages* das Bewußtsein als »Todesweg des Lebens« charakterisiert, hat Oswald *Spengler* den »physiognomischen Takt« der Verstandesreflexion entgegengestellt[78], findet sich in der Dichtung der Jahrhundertwende die Opposition von Leben und Denken, entdecken die Expressionisten das Spontane und Ursprüngliche gegenüber dem Verordneten und der Regel, setzt Martin *Luserke* das

Leben am Meer dem Stadtdasein entgegen[79], ziehen die Pädagogen aufs Land, legen den städtisch-konventionellen Gehrock ab und ziehen die naturwüchsige Kluft an. Überall ist es der Geist, die Reflexion und die Verstandeskritik, die den Schaden stiften und das Leben stören, das wirkliche Leben in den Dingen und mit den Menschen gegenüber der modernen Welt der Büros, Verordnungen, Prozeduren und mechanischen Methoden. Die Kunsterzieher lassen malen ohne Vorlage und sprechen, wie der Schnabel gewachsen ist, um das Sterben der Seele zu verhindern, die Öde von Reglement und »objektiver Erkenntnis«.
Der Intellektualismus der Schule ist der gemeinsame Angriffspunkt für so unterschiedliche Pädagogen wie Ernst *Krieck* und Peter *Petersen*, Georg *Kerschensteiner* und Hugo *Gaudig*, Paul *Oestreich* und Heinrich *Scharrelmann*, weil aus dem Kennen und Wissen keine Motive hervorgehen, die das Herz bewegen und die Hand führen. Also soll die Hand selber führen und das Herz sich ausdrücken, soll der Gemeinschaft gegenüber der »bloßen« Gesellschaft, dem Bund gegenüber der Organisation zu ihrem Recht verholfen werden, sei es am Lagerfeuer und mit kultisch überhöhten Gesten, sei es in der Schule, wo sich die Klasse zur »Gruppe« (so *Petersen*) oder zur »Arbeitsgemeinschaft« (so *Kerschensteiner*) zusammenfindet.[80] *Steiner* und die Waldorfschule gehören zu dem großen Strom des Unbehagens an der Moderne, an den Lernanforderungen einer funktional differenzierten Gesellschaft mit unsicheren Zielen und variablen Wegen, an Staatsapparat und Lehrplanreglement. Inbegriff des Verkehrten ist für die Pädagogen die Methodik der Herbartianer, allen voran *Ziller* und dann *Rein*, der Mechanismus der Formalstufen und des Gedankendrills, und was sie dagegen setzen ist – eine umbesetzte Methodik nach dem gleichen Muster.[81]
Denn auch *Steiner* gibt methodische Richtlinien der strengsten Form, keineswegs soll draufloserzogen werden. Das verbietet schon der curriculare Rahmen, der doch erfüllt werden soll. Ein Teil der Regeln ist eine direkte Antwort auf die Herbartianer, ein anderer Teil eigene Erfindung und Neuerung. So sagt *Steiner*:

»Es handelt sich nicht darum, daß das Kind über alles sofort ein Urteil bildet, sondern daß es zwischen dem 7. und 15. Jahre das, was es aufnehmen soll, aufnimmt aus Liebe, aus Autorität zum Erzieher« (Erziehungskunst, S. 54).

Das ist gegen einen Unterricht gesprochen, der an dem Thema orientiert ist, auf Urteilsbildung abhebt und so dem Schüler auch dem Lehrer gegenüber im gemeinsamen Blick auf die Sache Selbständigkeit ermöglicht. Hier wird dagegen identifikatorisch gelernt: was der Lehrer sagt und wie er es sagt, ist das Bildende und Erzieherische. Die Aneignung des Themas ist zugleich ein Akt der Gemeinschaftsbildung, ist soziale Erziehung nach dem Modell der familiären Abhängigkeit, nicht nach dem Modell kollegialer und partnerschaftlicher Gleichwertigkeit. Das horchende, »hinhörende« Kind, das mitgeht und nicht abständig urteilt, folgt dem Lehrer:

»Es gehorcht von selbst. Durch dieses Hinhören auf den, der diese Methode handhabt, infiltriert sich das Kind mit dem, was dann als Autoritätsgefühl herauskommen soll. Jedes künstliche Abrichten zum Autoritätsgefühl soll durch das Methodische selbst ausgeschlossen werden« (a.a.O., S. 15).

Das ist noch einmal von der Seite der Unterrichtsmethode der Grundzug dieser Pädagogik: sie verlangt Nachfolge und Mittun, nicht in der Weise des Zwangs, sondern einer kunstvollen Überredung, auf die nicht anders als affirmativ geantwortet werden kann. So ist es eher schädlich, wenn der Lehrer viel erklärt und begründet; besser ist, die Themen und Texte einfach hinzustellen, zu schildern und vorzumachen. Dadurch können sich die Schüler in einer Art Mitbewegung anschließen und übernehmen Gebärden, Haltungen und Formen, die gleichsam den moralischen Untergrund bilden und eben deshalb umso nachhaltiger wirken, weil sie nicht über bewußte Reflexion vermittelt sind. Mit anderen Worten: die Methode erzieht; und deshalb kann auch der naturkundliche Unterricht schon durch seine Form (und seine menschenkundliche Prägung) ein Stück Verhaltenserziehung leisten:

»Sie können dies ganz besonders wichtige moralische Element in die kindliche Seele hineinverpflanzen, wenn Sie sich bemühen, den naturgeschichtlichen Unterricht so zu gestalten, daß das Kind nichts davon ahnt, daß Sie ihm Moral beibringen wollen« (a.a.O., S. 107).

Man kann dieses Verfahren auch so kennzeichnen: gerade die Motive, die bei Gelegenheit einer auf andere Ziele gerichteten Handlung ermöglicht, gelebt und eingeübt werden, sind mächtig, weil wir nicht wissen, daß wir diese Motive haben. Das Undurchschaute ist wirksamer als das Durchschaute; denn sobald ich erkenne, was meine Motive sind und woher sie stammen, ist ihr Bann gebrochen. Hier aber geht es darum, sie zu erwerben, ohne daß es ausdrücklich etwa um Grundsätze und Regeln geht. Die Verfügung über Motive wird entzogen; ihr Fundament wird methodisch vermittelt, nicht inhaltlich-reflektierend. *Steiner* zieht aus der richtigen Beobachtung, daß aus der Einsicht in Grundsätze nicht ohne weiteres auch Motive entstehen, die falsche Folgerung, daß man deshalb berechtigt und gehalten sei, Motive ohne Urteil, das »moralische Element« ohne Reflexion in einer künstlerischen Weise, nämlich durch einübenden Vollzug zu »infiltrieren«. Lehrplan und Lehrverfahren sind nicht nur leider geheim, sie sollen es auch bleiben, damit sie wirken. Was *Steiner* da beschreibt, ist der genaue Begriff der Manipulation.

II.

Daß die Form des Unterrichts erzieherisch sei, ist ein Gedanke *Herbarts.* Sie macht neben den Prinzipien der Kulturstufen als Leitfaden für die Themenwahl und der Konzentration als Gesichtspunkt der Organisation den dritten Eckpunkt der Lehre vom erziehenden Unterricht aus. Wenn man diese drei Prinzipien einmal militärisch ausdrückt (ohne Unterricht deshalb schon für Krieg zu halten), dann ließe sich sagen: aus dem Kulturstufenprinzip ergibt sich die Strategie für den Feldzug, das Konzentrationsprinzip gibt die operative und logistische Basis, und die Lehre von den Stufen des Unterrichts enthält die Taktik, nach der eine einzelne Stunde oder eine Unterrichtsreihe bewältigt wird. Strategie, operative Basis und Taktik tragen sich wechselseitig, aber die wirkliche Probe auf das Gelingen des Unterrichts sind dann doch zuletzt die Gefechte vor Ort, und die Lehre von der Artikulation des Unterrichts, nämlich seiner schematischen Gliederung und kunstgemäßen Inszenierung, gibt dem Lehrer einen Anhalt, wie zu verfahren ist.
In der Tat haben die Herbartianer im Anschluß an den Meister ein Schema für den Klassenunterricht entworfen, nach dem erzieherisch unterrichtet werden kann und sollte. Das sind die berühmt-berüchtigten Formalstufen, auf die sich der Ingrimm der Didaktiker der Reformpädagogik bezog. Bei *Lindner* wird die Artikulation des Unterrichts nach Wilhelm *Rein* dargestellt, das heißt, den vier Stufen der Klarheit, Assoziation, System und Methode wird noch eine Vorbereitungsstufe vorgeordnet und dann ergibt sich folgendes:

»Der Unterricht hat 1. durch eine Vorbesprechung das neue Pensum einzuleiten und vorzubereiten, 2. das Neue selbst darzubieten, 3. dasselbe unter sich und mit Älterem zu vergleichen und zu verknüpfen, 4. die begrifflichen Resultate abzuleiten und in systematischer Ordnung zusammenzustellen, und 5. das erlangte Wissen in den Gebrauch überzuführen« (a.a.O., S. 60).

Nach diesem Schema kann eine Stunde mit einer Zielangabe beginnen (so bei *Ziller*), dann wird das Thema präsentiert (Text, Experiment, Erzählung), um dann im Gespräch analysiert und mit dem, was die Schüler schon wissen und können, verbunden zu werden (Assoziation bei *Herbart* und *Ziller*), worauf es auf der Stufe des Systems möglich wird, das neu Gelernte zusammenzufassen und als Ergebnis zu fixieren, um schließlich an einer Aufgabe (Stufe der Methode bei *Herbart* und *Ziller*, der Anwendung bei *Rein*) zu überprüfen, ob man wirklich kann, was neu zu lernen war. Nach diesem Gang soll Unterricht ablaufen; das ist seine allgemeine Form für jedweden Gegenstand und jedes Thema, deshalb der Titel »Formalstufen«.
Die Frage ist: worin liegt denn nun das Erzieherische in dieser schematisierten Unterrichtspraxis? Es mutet zunächst abwegig an, daß die Gangstruktur des Unterrichts eine Gewähr dafür bietet, daß das Erziehungsziel eingelöst wird. Der Schlüssel zu dieser Frage liegt in der Annahme, daß diese Form des Unterrichts das Lernen nachbildet. Das heißt: die Lehrart (Methode) ist vom Kinde und Schüler her entworfen, von seinem Lernen, das darin besteht, etwas aufzunehmen, mit dem Bekannten zu verknüpfen, es zu fixieren und wieder anzuwenden. Das geschieht ohnehin im Lernen; hier wird es ausdrücklich methodisiert und transparent gemacht. Die Artikulation des Unterrichts soll deshalb nicht ein willkürliches Korsett sein, in das alles und jedes gepreßt wird, sondern die explizite und methodische Exposition des Lernens: Im schulischen Lernen weiß man, wie gelernt wird; die Form wird Thema und übt die Praxis des Lernens von der Aufnahme, kognitiven Verarbeitung bis zur praktischen Anwendung exemplarisch ein.
Die Ausführung dieses Gedankens mag falsch sein, insbesondere durch die Anbindung an die Herbartsche Vorstellungspsychologie, aber das Motiv ist es nicht ohne weiteres. Es ist in Wahrheit auch nicht aufgegeben worden, nur daß die Kritiker der Formalstufen das Lernen anders verstanden haben, nämlich als Arbeit (*Dewey* und *Kerschensteiner*), als Spiel und als freies Gespräch, und dann sind nach dem Modell dieses Verständnisses selber wieder Stufenmodelle aufgestellt worden, nach denen das methodische Lernen in der Schule organisiert werden soll. Insofern stellen die Didaktiken der Reformpädagogik einen Herbartianismus ohne Herbart dar, und das gilt auch für *Steiner*.[82]
Es gilt für *Steiner* sogar umso mehr, als er auch Elemente aus der Herbartschen Ästhetik übernommen hat, die ihm über Robert *Zimmermann* aus seiner Wiener Studienzeit bekannt war. Der entscheidende

aus der Erkenntnislehre schon bekannte Unterschied ist: *Steiner* setzt an die Stelle des Wissens das Erleben, an die Stelle der kognitiv-analytischen Durchdringung und Verknüpfung das innere, identifikatorische Mittun, und an die Stelle der Methode als Anwendung eines Ergebnisses auf neue Fälle die Eigengestaltung. So wie aus dem Gegenüber der Themen in *Steiner*s Methodik das mitgehende Erleben wird, so treten an die leergefegten Stellen des Formalstufenschemas die Momente des Erlebnisvorganges: das Schema bleibt, die Belegung wechselt. Die Methodik der Formalstufen wird erlebnispädagogisch interpretiert; aus dem Lehrer als Präzeptor wird der Künstler; aus der Klasse als Gesprächsgruppe wird der fühlende Klassenleib; aus den Themen im Kontext von theoretisch erfaßbaren Lektionen werden Erlebnisreihen. Aber die Grundannahme bleibt: Unterricht erzieht dadurch, daß er methodisch gestaltet wird. Die Frage ist, inwieweit und auf welche Weise diese Methodik gelehrt und gelernt werden kann, d. h. ob es eine wiederholbare »Lehrweise« und »Technik des Unterrichts« gibt, so das Stichwort in *Lindner*s »Enzyklopädischem Handbuch«. Die Antwort ist ja und nein; ja insofern, als aus der allgemeinen Kenntnis des Kindes, wie es die Psychologie der Vorstellungen oder Steiners Menschenkunde bereitstellt, auch entnommen werden kann, wie der Vorstellungsprozeß in den verschiedenen Lebensstufen abläuft, und nein, weil Unterricht und Erziehung auf die besonderen Umstände, Situationen und unwiederholbaren Stimmungen angewiesen ist, in denen sie sich vollziehen. Kinder sind einzeln und als Klassen immer wieder anders. Das macht die »unvermeidliche Unsicherheit der Erziehung« aus, wie *Herbart* sagt[83], und läßt ein mechanisches Verfahren, das allgemeine Regeln direkt anwendet und umsetzt, nicht zu. Selbst in dem Unterricht, der an der engen Schnur eines Lehrplans und der Formalstufen geführt wird, gibt es keine Gewißheit, wie alles kommt und was den Schüler erreicht, was ihn bildet und was an seinen Augen und Ohren vorbeirauscht. Deshalb sind Erziehung und Unterricht eine Kunst: man weiß nie, wie die Rezipienten auf das eingehen, was sie lesen oder hören, ob es sie betrifft oder kalt läßt, ob es zu schwer oder langweilig leicht ist.

Die Rede von Unterricht und Erziehung als Kunst ist insofern auch keine Erfindung der Waldorfpädagogen; sie ist ein alter Topos der Pädagogik und verdankt sich dem Umstand der »Unsicherheit der Erziehung«. Noch die bestens approbierte und bewährte Regel des methodischen Vorgehens kann also fehlgehen und muß auf die besonderen Umstände abgestimmt werden, so wie sich der Dramatiker an die

»Technik des Dramas« hält, aber mit seinem besonderen Thema und im Blick auf ein unbestimmtes Publikum und ohne Vor-Kenntnis, ob sein Stück auch gut ankommt. Es geht nicht ohne Regeln, die das Schreiben, Malen, Plastizieren oder Reden anleiten, aber es geht auch nicht mit Regeln allein. Insofern bedarf es einer »Lehrmanier«, wie *Lindner* sagt (a.a.O., S. 485), wiederholbaren Figuren des Unterrichts, aber auch einer spezifischen, eigentümlichen Inszenierung des Unterrichts; den Stil des Unterrichts. Das erste ist lehrbar, das zweite gewinnt der Lehrer durch Übung, Reflexion und fortgehende Unterrichtserfahrung am Bande orientierender Gesichtspunkte. *Steiner* spricht von dem »Grundgefühl«, von dem die Unterrichtstätigkeit geprägt sein soll, Lindner vom »Lehrgeist« (a.a.O., S. 484). Es handelt sich dabei um Haltungen, die wie ein Horizont den Lehrer auf seinen methodischen Wegen begleiten und ihm helfen, sich in immer neuen Situationen vor Schülern und Kindern zu orientieren, die immer auch anders sind als in der Technik angenommen.

III.

Unterricht als Technik und Methodik als Technologie, die die Regeln kennt, das klingt befremdlich, nicht nur für Waldorfohren. Darin scheint sich gerade der Geist der Antipathie zu bekunden, die jetzt nicht nur die Dinge der Außenwelt – Sterne, Tiere und Elementarteilchen – objektiviert und verrechnet, sondern auch noch die Menschen zum Material für technisches Machen degradiert. Kunst und ein künstlerisch gestalteter Unterricht, so könnte man mit Steiner und mit den Didaktikern der Reformpädagogik meinen, ist gerade nicht-technisch, nicht-schematisch und nicht-mechanisch. Man erzieht und unterrichtet nicht, wie man eine Brücke baut oder Atome spaltet, nämlich nach einem durch wiederholbare Experimente normierten Verfahren.
In der Tat: diese Technik ist nicht gemeint, weder bei den Herbartianern der alten noch bei den Methodikern der neuen Schule. Gemeint ist Technik als Verfahrensweise, eine Situation nach wiederholbaren Gesichtspunkten zu behandeln, also im Sinne der alten »ars« (gr.: techne), die mit unterschiedlicher Genauigkeit durchgeführt werden. Das heißt: Kunst ist auch Technik, nicht regellose Inspiration (sonst wäre sie auch gar nicht verständlich), und Technik in dieser Hinsicht »künstlerisch«. Insofern braucht die Rede von der Technik des Unterrichts ebenso-

wenig zu schrecken wie die Rede von der »Technik des Dramas«, Verhandlungstechnik oder Beweistechnik. Tatsächlich hat *Steiner* solche Kunstregeln vorgestellt, die die Methodik des Waldorfunterrichts kennzeichnen. Sie beziehen sich auf die Form, in der der Lehrer den Unterricht beginnt, wie er erzählt, wie z. B. »das Schreiben herausgeholt werde aus dem Zeichnen« (Erziehungskunst, S. 67), wie einzelne Fächer zu behandeln und untereinander zu verknüpfen sind usw. So gibt *Steiner* für das pädagogische »Erstgespräch« folgenden methodischen Einstieg:

»Sie haben also die Klasse vor sich mit den verschieden gearteten Kindern. Da wird das erste sein, daß Sie die Kinder darauf aufmerksam machen, warum sie eigentlich da sind. Es ist von außerordentlicher Wichtigkeit, daß Sie mit den Kindern etwa in der Art sprechen: Ihr seid jetzt also in die Schule gekommen, und ich will euch sagen, warum ihr in die Schule gekommen seid« (a.a.O., S. 52).

Im Zillerschen Formalstufenschema ist das nichts anderes als die Zielangabe. Sie schafft einen Erwartungs- und Vorstellungshorizont, in den das Lernen eingelassen ist:

»Und nun soll gleich diese Handlung, daß die Kinder in die Schule gekommen sind, ins Bewußtsein heraufgehoben werden« (ebd.).

Steiner gibt noch andere Beispiele, wie der Unterricht mit einer solchen Zielangabe anfangen kann; aber es gibt auch andere Einstiege, die mehr auf die Gestimmtheit des Unterrichts abheben, in der Weise zum Beispiel, daß zuerst ein Spruch vorangestellt wird (Wochen- oder Monatsspruch), der nicht weiter erklärt wird, sondern als Bild vor die Seele gerückt seine Wirkung ausüben soll. So wie ein Redner zunächst sein Thema illustrativ oder definitorisch, erzählerisch oder in Thesenform einführt, so beginnt der Lehrer den Unterricht mit einer bestimmten didaktischen Figur, die darauf zielt, den Lern- und Erziehungsprozeß anzuregen und fortzusetzen. Aus dem Umstand, daß man bei *Steiner* und auch bei seinen Anhängern keine Unterrichtsprotokolle und vorgefertigten Stundenentwürfe nach einem bestimmten Schema findet, darf man nicht schließen, es gebe keine Regeln für die Unterrichtsführung. Das Gegenteil ist der Fall. *Steiner* sagt sehr genau, wie er einen »Stoff« unterrichtet wissen will. Dazu sei noch einmal auf die Kernfrage des erziehenden Unterrichts in der Schule zurückgegangen, wie nämlich eine Klasse von sehr verschiedenartigen Menschen gemeinsam und doch individuell erzogen werden kann. *Steiner* sagt:

»Bei einer ganzen Klasse ist es nicht schwieriger (als bei einem einzelnen Kind.

K. P.), wenn man selbst von den Dingen ergriffen ist, wenn man nicht selbst bloß im Herzen und Kopfe ergriffen ist. Nehmen Sie das einfache Beispiel: Das Weiterleben der Seele nach dem Tode will ich dem Kinde klarmachen. Ich mache es dem Kinde nie klar, sondern täusche mir nur darüber etwas vor, indem ich ihm darüber Theorien beibringe. Keine Art von Begriff kann dem Kinde vor dem 14. Lebensjahre etwas beibringen über die Unsterblichkeit« (a.a.O., S. 21).

Es gibt also aus der Entwicklungspsychologie oder hier aus der anthroposophischen Menschenkunde ein Vorwissen über den intellektuellen Zustand des Schulkindes, und es gibt ein Thema, für das es nach der Einsicht in den Kulturstufengang eigentlich vorbereitet und disponiert ist; jetzt bedarf es einer Technik, um beides in einer Unterrichtssituation zusammenzubringen. Begrifflich geht es nicht, aber wie dann?

»Ich kann ihm sagen: Sieh dir einmal diese Schmetterlingspuppe an. Da ist nichts drinnen. Da war der Schmetterling drinnen, aber der ist herausgekrochen« (a.a.O., S. 22).

Es wird also etwas präsentiert (Stufe der Darbietung); das kann erzählerisch geschehen, indem eine bekannte Vorstellung heraufgerufen oder indem wirklich eine Schmetterlingspuppe vorgeführt, der »Vorgang gezeigt« wird; denn, so *Steiner*, »es ist gut, solche Metamorphosen dem Kinde vorzuführen« (a.a.O., S. 22). Ist auf diese Weise die anschauliche, lebhafte Vorstellung bereitgestellt, wird der Übergang zur Stufe der Assoziation (Verknüpfung) vollzogen:

»Ich kann nun den Vergleich ziehen: Denke dir, du bist jetzt selbst eine solche Puppe. Deine Seele ist in dir, die dringt später heraus, wird dann so herausdringen wie der Schmetterling aus der Puppe« (ebd.).

Das ist die Stufe der Assoziation: das neue Eingeführte, wie es vor Augen liegt oder erzählerisch vergegenwärtigt worden ist, wird auf etwas bezogen, was das Kind schon kennt. Hier nun nicht in Hinsicht auf andere Kenntnisse der gleichen Art, sondern auf sich selbst. Das ist die Pointe des Erlebnisunterrichts: er nimmt das Dargebotene als Schlüssel, um eigenes Erleben zu thematisieren, d. h. die Technik ist zwar formal »Assoziation« im Herbartschen Sinne, aber das Schema wird anders benutzt. *Steiner* bleibt nicht in der gegenständlichen Ebene, die dann weiter bearbeitet wird, sondern wechselt die Ebene: das Hinsehen auf etwas wird mit dem Selbst-Erleben verbunden. An diesem methodischen Kunstgriff ist der Kern des »künstlerisch gestalteten« Unterrichts präzise zu fassen: theoretisches Hinsehen und reflexe Selbsterfahrung werden ineinandergespannt, gleichsam verschachtelt: die Schmetter-

lingspuppe belehrt das Kind über sich selbst (seine Unsterblichkeit), nicht aber wird der gesehene Befund klassifiziert, biologisch interpretiert und mit anderen Entstehungsformen und Werdegängen von Tieren verglichen, um dann zu einer systematischen Erkenntnis der Verpuppung und Enthüllung zu gelangen (nämlich auf der System- und Ergebnisstufe). Aber, das wissen wir ja schon, ein solches systematisches Wissen, das dann auch noch in der Anwendungsphase (Methode bei *Herbart*) überprüft und womöglich gar zensiert wird, strebt *Steiner* gar nicht an: es würde das Gedächtnis befrachten mit all den scheußlichen Folgen von Rheuma, Gicht und Arthritis im späteren Leben. Dennoch soll natürlich auch der anthroposophische Unterricht ein Ergebnis haben und angewendet werden im ferneren Leben. Wie sieht das also aus bei *Steiner*? Was lernen die Waldorfschüler?
In dem angeführten Beispiel kann man sehen, wie nach den beiden ersten Stufen die weiteren Stufen des »Systems« und der »Methode« nur noch schattenhaft erscheinen. Die Darstellung wendet sich nämlich zunächst dem Lehrer zu und fragt, ob er selber das glauben soll, was er den Kindern da erzählt (daß nämlich die Seele aus dem Körper herauskriecht wie der Schmetterling aus einer Umpuppung).

»Das ist allerdings naiv gesprochen. Nun können Sie lange darüber reden. Wenn Sie aber nicht selbst daran glauben, daß der Schmetterling die Seele des Menschen darstellt, so werden Sie beim Kinde nicht viel mit einem solchen Vergleich erreichen. Sie werden auch nicht jene reine Unwahrheit hineinbringen dürfen, daß Sie die Sache nur als einen menschlich gemachten Vergleich ansehen. Es ist kein solcher Vergleich, sondern es ist eine von der göttlichen Weltenordnung hingestellte Tatsache. Die beiden Dinge sind nicht durch unseren Intellekt gemacht« (ebd.).

Hier wird die Sache unübersichtlich. Zunächst sieht es so aus, als sei gar nicht mehr der Gang des Unterrichts das Thema, sondern die allgemeine Haltung des Lehrers seinem »Stoff« gegenüber, also die Frage nach dem sachlichen Verständnis des Lehrplaninhalts, in diesem Falle also die anthroposophische Natur- und Menschenkunde. Aber genau diese »Kunde« hat Methode: denn was für das Kind Ergebnis wird und bleiben soll (die Stufe des Systems), wird nicht klar faßbar, weil der Unterrichtsgang das sachliche Lernen hinüberspielt in das existenzielle Lernen, und das Ergebnis wird gesichert durch die Identifikation des Lehrers mit seinem Stoff: er glaubt an die Sprache der Natur als göttliches Idiom, das man menschlich entziffern kann, und darin ist er dem Kinde gleich. Das bedeutet, didaktisch-methodisch gesprochen:

das Ergebnis ist nicht ein formulierbares Resultat als Gesetz, Regel oder Merksatz, sondern das Ergebnis liegt schon in der Haltung und Optik, in der Kind und Lehrer übereinstimmen. Die anthroposophische Erlebnisdidaktik benutzt und erzeugt die Identifikation von Lehrer- und Schülerbewußtsein über die Identität von Thema-Erlebnis und Ich-Erleben. »Wenn wir eins werden mit dem, was wir dem Kinde beibringen, dann ergreift unser Wirken das ganze Kind« (ebd.).

Das ist das Echo der Stufe der Methode, wo nach *Herbart* der Lernende mit dem Ergebnis frei weiterarbeiten kann; hier besteht die Anwendung und Übertragung des Gelernten darin, daß das Kind »ergriffen« ist und ergriffen wird. Nicht die Geltung der Sache, sondern die Autorität, der zu glauben ist, weil sie selber glaubt, leitet die Aneignung des Neuen so, daß es Erlebniselement für das Kind wird. Hier grenzt *Steiner* sein Verfahren scharf von der Lehrmethode der kognitiven Differenzierung ab:

»Das Nicht-mehr-mit-dem-Kinde-fühlen-Können, sondern glauben an das Nur-umsetzen in irgendeine Ratio, an die wir selber nicht glauben, das macht es, daß wir dem Kinde so wenig beibringen. (...) Das Kind muß nicht nur von Ohr zu Ohr, sondern von Seele zu Seele verstehen« (ebd.).

Es ist klar, daß sich dieses Verstehen, vom Lehrer her gesehen, nicht daran ermessen läßt, ob das Kind eine Aufgabe nach einer gelernten Regel lösen kann, sondern an seiner Gesamthaltung. Sie wird deshalb auch in der Gesamtbewertung der Person ausgesprochen oder besser: zugesprochen. In dem Jahresspruch erfährt das Kind, wie weit es sich auf die Erlebnisse eingelassen hat, die ihm über Themen, vermittelt durch einen gläubigen Lehrer, zugespielt worden sind. Darauf ist noch zurückzukommen.

Aufs ganze gesehen ergibt sich, daß *Steiner* dem Schema der Herbartianer folgt, auf den ersten beiden Stufen recht genau, dann in einer verschwimmenden und ungefähren Weise: es wird ein Ziel gegeben: Sieh dir dies oder das einmal an! dann wird der Stoff dargeboten, danach verknüpft mit dem ganzen Erlebniskreis (nicht dem speziellen Gedankenkreis eines Faches), und als weiterwirkendes Ergebnis (System und Methode in der Sprache Herbarts) wird der wechselseitig zwischen Lehrer und Schüler herbeigeführte Horizont gemeinsamen Erlebens festgehalten. Die Frage bleibt, was nach dieser Lehrtechnik gelernt wird und worin eigentlich das »Künstlerische« besteht, wodurch sie sich auszeichnet.

IV.

Man kommt der Sache näher, wenn man die Gesamtbewegung des Lernens ins Auge faßt, die in dem Formalstufenschema wiedergegeben werden soll. *Herbart* hat zwei Hauptstufen angenommen, die den Grundtakt des Lernens ausmachen: Vertiefung und Besinnung. Bei dem ersten geht es darum, überhaupt etwas aufzunehmen, bei dem zweiten darum, das Aufgenommene gewissermaßen als Besitz zu sichern. Dabei zerfällt dann jede dieser Hauptstufen wieder in zwei Abschnitte: erst wird »ruhend« etwas gehört, gelesen, angesehen, wahrgenommen, dann mit den schon bestehenden Vorstellungen verbunden; danach wird erst systematisch zusammengefaßt und dann angewendet. Insofern gibt es eine ruhende Vertiefung (Darbietung) und eine bewegte (Verknüpfung) in der ersten Phase, dann eine ruhende Besinnung (System) und eine bewegte Besinnung (Methode) in der zweiten. Das Entscheidende ist: es kommt auf das Ziel und Ergebnis an. Von daher bestimmen sich die vorbereitenden Schritte, und am Ende entscheidet sich auch, ob das Lernen erfolgreich war oder nicht. Die Herbartianische Methodik ist ergebnisorientiert.

Anders bei *Steiner*. Sieht man sich die vielen Beispiele an, mit denen er seine Unterrichtslehre illustriert, dann fällt auf, wie stark er sich damit beschäftigt, wie man anfängt, wie man Themen und Sachgebiete sinngerecht an die Kinder heranbringt, wie man in das Erzählen und plastische Gestalten hineinkommt und wie man »in dem Kinde gefühlsmäßig, nicht theoretisch eine starke Vorstellung hervorruft« (a.a.O., S. 104). Es wird eingeschärft, daß es »im lebendigen Unterricht (...) darauf ankommt, daß wir immer von dem Ganzen ausgehen« (a.a.O., S. 72), weil ja das Erleben ganzheitlich ist; und es wird vorgeführt, wie im Literaturunterricht weniger interpretiert und mehr rezitiert werden soll. Immer ist das Leitmotiv: »Es muß der Unterricht als ganzer gestaltet werden« (a.a.O., S. 48). Darin liegt: das ganzheitliche Auffassen, wie es in der Darbietungsphase angesprochen wird, erhält einen entscheidenden, maßgebenden Stellenwert. Hier kann alles verdorben und alles gewonnen werden.

Vor allem liegt das Verderbte des herkömmlichen Unterrichts nach Steiner darin, daß zuviel erklärt und unter Fragestellungen behandelt wird, in denen der Sinn dessen, was da gelernt wird, schon vorweggenommen wird. Genau um diese rationale Aufklärung geht es in der »Besinnung«: sie macht das neu Dargebotene zu eigen, indem es als Fall eines Gesetzes oder Beispiel einer Regel eine allgemeine Einsicht festhält, dem Gedächtnis einverleibt und zu künftiger Anwendung bereithält. Dagegen sagt Steiner:

»Das menschliche Leben macht es notwendig, daß nicht bloß nach dem Sinn erzogen wird, sondern daß erzogen wird nach dem, was vom Willen schlafend erlebt wird: das Rhythmische, der Takt, die Melodie, die Zusammenstimmung der Farben, die Wiederholung, überhaupt das Sich-Betätigen, ohne den Sinn zu ergreifen« (a.a.O., S. 85).

Lernen im Gesamtkunstwerk des Waldorf-Unterrichts ist buchstäblich ein Lernen ohne Besinnung, d. h. ohne systematische Reflexion und Erprobung der Reflexion an anderen Gegenständen, vielmehr geht es um mitfühlende Anfänge, um das Hineinkommen und Mitmachen (unter der Autorität des Lehrers), so wie eben auch die Wege der höheren Erkenntnis zwar eingeleitet und angedeutet, aber nicht wirklich selbständig ausgeführt werden können. Es kommt hier nie zur Probe des Gelernten aus der Einsicht in einen eigenständig verfügbaren Zusammenhang, wie ihn der Unterricht in der 4. Stufe formuliert, sondern man lernt auf Vertrauen und Kredit, ohne sich selber überzeugen zu können, ob die Bank noch liquide ist. Deshalb geht es auch nicht ohne das Vertrauen in Menschheitsführer und Lehrer, die demgemäß durchaus den Gestus des Mehr-Wissens und höherer Einweihung darstellen sollen:

»Aber wir brauchen für die Erziehung die Kenntnis gewisser Lebensgeheimnisse. Die alten Mysterienlehrer haben solche Lebensgeheimnisse esoterisch bewahrt, weil diese nicht unmittelbar dem Leben übergeben werden konnten. Aber in gewisser Beziehung muß jeder Lehrer Wahrheiten haben, die er nicht unmittelbar der Welt mitteilen kann, weil die Welt, die draußen lebt, ohne die Aufgabe zu haben, zu erziehen, beirrt würde bei ihren robusten Schritten, wenn sie an solche Wahrheiten tagtäglich herangehen würde« (a.a.O., S. 88).

Das gilt für die Waldorferziehung im ganzen, es gilt auch für das Verhältnis von Kind und Lehrer. Es schadet nicht, wenn das Gelernte zunächst nur als Dargebotenes und gestalterisch Mitvollzogenes (nicht als Auswendiglerntes) bewahrt wird, d. h. ohne in seiner Bedeutung und inneren Struktur durchschaut zu sein. Herbartianisch könnte man sagen: es schadet nicht, wenn das explizite System und die entsprechende Methode fehlen; denn dem Kind wird sich schon zeigen, daß das, was es jetzt fühlt, später auch vor seinem Urteil bestehen kann:

»Sie müssen auf der einen Seite versuchen, diejenigen Dinge an das Kind

heranzubringen, die vorzugsweise künstlerische sind: Musikalisches, Zeichnerisches, Plastisches und so weiter, aber sie müssen auf der anderen Seite auch das, was einen Sinn haben kann in abstrakter Form dem Kinde so beibringen, daß es zunächst den Sinn zwar noch nicht versteht, sondern erst im späteren Leben, weil es ihn durch die Wiederholung aufgenommen hat und sich daran erinnern kann und mit stärkerem Reifezustand dann begreift, was es vorher nicht begreifen konnte. Da haben Sie auf sein Wollen gewirkt« (a.a.O., S. 85).

Das mag unbedenklich, ja ganz »natürlich« erscheinen; denn es läßt sich ja nicht leugnen, daß vieles, was wir einmal gehört und gelernt haben, nach einiger Zeit in einem anderen, schärferen Licht erscheint, daß uns überhaupt erst ein Licht zu einem Satz, einem Bild oder einer Formel aufgeht, die wir vorher »bloß gelernt« haben. Diese Veränderung des Gedankenkreises, die Verschiebungen und Neugewichtungen der »Bestände« ist eine selbstverständliche Lebenserfahrung; aber daraus macht *Steiner* eine Methode. Es soll unter Absehung und Abschirmung des Erklärbaren, des Sinnes also, ohne System und Methode gelernt werden, weil gerade dann der im Gefühl gegründete Wille geformt wird. Das ist das Bedenkliche.

Auch daß man nicht mit Lehrsätzen und Abstraktionen anfängt, versteht sich von selbst; aber es ist keineswegs selbstverständlich, auch nicht im Unterricht der Kinder, daß man deshalb bei der erlebnishaften Erstbegegnung stehenbleibt, dazu noch in der zugespitzten Form, das Präsentierte auf den Menschen zu beziehen. Die Aversion gegen erklärende Analyse und rationale Prüfung wird unterrichtsmethodisch so gewendet, daß in Wahrheit von dem alten Schema der Artikulation nur der erste Teil, die Vertiefung, übrigbleibt, weil es da um das Bekanntwerden mit der Sache und der inneren Verknüpfung geht. Bei diesem Anfang bleibt der Waldorfunterricht stehen, so wie der Lehrling in der Erkenntnis der höheren Welten auch nicht über das immer neue Darstellen und Beschreiben, über die Illustrationen und Beglaubigungen hinauskommt: die Darstellung ersetzt das Argumentieren.[84] Das ist bei *Steiner* so, und das ist so in dem von ihm inspirierten Unterricht.

Dazu noch einmal die Sache mit dem Tintenfisch, der Maus und dem Lamm, von der schon im Zusammenhang der Lehrplanfrage die Rede war. Wie bringt man den »Tintenfisch nahe«? (a.a.O., S. 100). Indem man von ihm erzählt, »wie er im Meere lebt« (ebd.), wie er aussieht und indem er »durch Anschauung oder Zeichnung« beschrieben wird (ebd.).

»Die Kinder werden fühlen, indem Sie ihnen den Tintenfisch beschreiben, daß Sie

ihn in einer eigentümlichen Art beschreiben. Vielleicht erst später, wenn Sie zum Beispiel die Maus beschreiben, werden die Kinder merken, wie verschieden Sie die Maus vom Tintenfische beschrieben haben. Sie müssen dieses künstlerische Gefühl bei den Kindern zu entwickeln suchen, daß sie an der Art, wie Sie bei der Beschreibung des Tintenfisches anders verfahren als bei der Beschreibung der Maus, zugleich ein gewisses Gefühl für den Unterschied zwischen diesen beiden Tieren bekommen« (ebd.).

Und so geht das weiter: die Maus wird beschrieben, damit sie als Rumpftier erlebt wird und ebenso das Lamm, und immer geht es darum, ein Gefühl für Unterschiede zu gewinnen, die im übrigen nur in dem Ordnungsschema der Anthroposophen ihren Sinn haben. Die Suggestion der Darstellung transportiert die Botschaft, und so wird eines neben das andere gestellt; neben die Tiere der Mensch, neben den Menschen Pflanzen und Sterne und was sonst noch alles im atmenden Kosmos vorkommt. Denn das Erzählen als die Grundform dieses Unterrichts verfährt auf eben diese Weise; es gewinnt den Zuhörer oder Leser nicht durch Beweise und Experimente, die man nachmachen kann, sondern nimmt ein und führt die Vorstellungen des Adressaten am Nacheinander dessen, was sich alles zeigt. Aber wenn man sich fragt, was lernt man eigentlich dabei, ebenso, wie man sich fragt, was kann man von *Steiner* lernen, so daß es auch ohne Steiner wahr und richtig und nicht bloß Wiedergabe seines Kosmos-Romans ist, dann steht man mit leeren Händen da.[85]

Man kann das unterrichtstechnisch auch so ausdrücken: die Waldorfmethodik macht den Anfang im Lernen, wo etwas anschaulich erschlossen wird, zum Abschluß, und das Ende des Lernens, wo sich die Ergebnisse vom Lernweg ablösen und für Anschlüsse frei verfügbar werden sollten, ist schon in den Anfang hineingenommen: die Darstellung ersetzt nicht nur die rationale Klärung, sie steht auch für den Sinn ein; sie *ist* der Sinn. Darin liegt die Stärke und die Schwäche der Waldorfpädagogik. Die Stärke besteht darin, daß dem Anfangenden in der Gemengelage von Anmutung, Kennenlernen und Beurteilen ein Ganzes geboten wird, bei dem er stehenbleiben kann; es kommt nichts Neues und Andersartiges hinzu. Hegelisch gesprochen: dem Erleben bleibt der Schmerz der Negativität erspart; die erste Anschauung ist im Recht und kann nun weiter exponiert und zur Darstellung gebracht werden. Und das ist zugleich die Schwäche; es wird nichts hinzugelernt, was nicht schon in der darstellenden Erzählung enthalten ist, und vor allem auch nichts anderes. Der geheime Verdacht gegen die Waldorf-

schule, da werde eigentlich nichts gelernt, ist insofern nicht unberechtigt: es ist das halbe Lernen, buchstäblich das Anfängerlernen in kindlich-naiven Auffassungsformen, die durch eine elaborierte Darstellungskunst auf Dauer gestellt werden.
So ist es kein Zufall, sondern unausweichlich, daß *Steiner* in seinen didaktisch-methodischen Anweisungen immer nur behandelt, wie etwas angefangen und erschlossen wird, so daß aus dem Anfang dann die tiefere Einsicht gewonnen werden soll. Doch immer dort, wo es um das Verständnis der Ergebnisse geht, bricht seine Darstellung ab. Das hat einen einfachen Grund. Es mag zwar sein, daß sich die Buchstaben, um auf das Paradebeispiel des Schreibunterrichts zu kommen, gattungsgeschichtlich aus Bildern mit zunehmender Abstraktion entwickelt haben, und man kann sicher auch diesen Weg, wenn es den Kindern dadurch leichter wird, noch einmal nachgehen. Aber das, was entstanden ist, die Abstraktionsprodukte, sind unterdes etwas anderes geworden, werden auch anders genutzt und stehen in einem eigenen Kontext. Die Bedeutung kann nicht mit der Herkunft identifiziert werden, ebenso wenig wie der Satz des *Pythagoras* nicht aus dem Zusammenhang der pythagoräischen Zahlenspekulation bewiesen wird, dem er seine Entstehung verdankt, sondern aus dem Argumentzusammenhang der gegenwärtigen Geometrie.
Was also tatsächlich geschieht, ist die Fixierung eines kindlichen Lernens, das in der Substanz beibehalten und zu einem »tieferen«, erlebnishaften Lernen stilisiert wird. Und man sieht, daß das nur recht funktionieren kann, wenn die Reflexion ausgeblendet wird, beim Lehrer ebenso wie beim Schüler: So wie die Erkenntnislehre *Steiners* einen regressiven Zug hat und den Versuch darstellt, vormodernes und geradezu archaisches Bewußtsein zu stabilisieren, so hat seine Unterrichtsmethodik eine Tendenz zur Stabilisierung kindlich-gesamthafter Erlebnisweisen, in der unterschiedslos Ansichten und Anmutungen, Stimmungen und Gründe zusammenlaufen.

V.

Aber das Künstlerische! Sind nicht die wahrhaft schönen Produkte aus dem Kunstunterricht der Waldorfschule, die Aufführungen mit ihrer gepflegten Sprechkultur und vielleicht noch die Eurhythmie ein schlagender Gegenbeweis? Kann man darüber hinweggehen, daß hier eine ästhetische Kultur bewahrt und entwickelt wird, der gegenüber die Manieren und Darstellungsformen aller anderen Schulen wie blankes Rowdytum erscheinen? In der Tat wäre es borniert und ungerecht, den spezifischen Beitrag der Waldorfschule zur ästhetischen Erziehung zu verkennen und nicht zu sehen, zu welchen künstlerischen Taten sie vielen Schülern verhilft und welche Chancen sie gerade denjenigen bietet, die sonst an Rechnen und Physik sich die Zähne ausbeißen. Wie steht es also mit der ästhetischen Erziehung in der Waldorfschule?

Zunächst ist festzuhalten, daß aller Unterricht künstlerisch angelegt sein soll: die Aneignung von Themen und Sachgebieten soll so erfolgen, daß immer auch das Gefühl und die eigene Betroffenheit angesprochen und dann über eigene gestalterische Versuche zurückgegeben wird. Das heißt: der gestalterische Umgang wird selbst zu einer Quelle der Einsicht. Wer erinnert sich zum Beispiel nicht an jene Literaturstunden, in denen *Mörike*s »Frühlingslied« durchgenommen wird und kein blaues Band zieht durch die Klasse, sondern Reim und Vers, Metapher und tieferer Gehalt werden »behandelt«. Zu Recht macht *Steiner* Front gegen »dieses abstrakte Erklären von Dichtungen, das hart an das Grammatikalische herangeführt wird« (a.a.O., S. 48). Solcher Unterricht bewahrt den Buchstaben und tötet den Geist; er ist »der Tod von allem, was auf das Kind wirken sollte. Das Interpretieren ist etwas ganz Furchtbares« (ebd.)

Wie kann man das anders und besser machen? Die Methodiker des Deutschunterrichts kennen dazu eine Form, die sie das »Erlesen« einer Dichtung nennen. Es wird nicht die Lektüre vorausgesetzt und dann durchgesprochen, sondern das Gedicht, die Romanpassage oder eine Bühnenszene wird wirklich gesprochen, so wie es der Schauspieler macht, der sich auf die Rezitation oder den Bühnenauftritt vorbereitet. Er muß natürlich mit Sinn und Verstand lesen und darstellen, muß wissen, was zu betonen und hervorzuheben, wie eine Bewegung aus der Sprache zu entwickeln ist, welche Mimik und Gestik paßt usw. Er eignet sich das Verständnis aktiv-gestalterisch zu, und wenn er schlecht inszeniert, sieht man, daß er den Text selbst nicht verstanden hat. *Steiner* gibt als Beispiel den »Spaziergang« von *Schiller* und sagt:

»Man kann ganz gut (...) das Kulturhistorische und Psychologische, das mit dem Gedichte zusammenhängt, dem Kinde vortragen, aber nicht indem man an der Hand des Gedichtes von Zeile zu Zeile geht, sondern so, daß man das, was über dem Inhaltlichen liegt, dem Kinde vorbringt. In der Rezitationsstunde

sollte lediglich Wert gelegt werden auf die künstlerische Mitteilung des Künstlerischen« (ebd.).

Es läßt sich gut vorstellen, wie ein solcher Unterricht aussieht: der Lehrer spricht vor; er führt in die Dichtung und durch die Dichtung, indem er sie spricht, als wäre sie seine eigene, und die Schüler sprechen nach und vollziehen die Form in einer Mitbewegung, die sie ergreift. Daß *Steiner* hier gerade ein Beispiel dessen gibt, was man »Gedankenlyrik« nennt – einGedicht, in dem eine Theorie der Geschichte präsentiert wird –, zeigt sehr gut, wie er sich die Rezeption vorstellt: das »Kulturgeschichtliche« und »Psychologische« wird nicht als ein Äußeres, das der Dichter »an sich« gemeint hat, herausgearbeitet, dann als Ergebnis gefaßt und womöglich in der nächsten Klassenarbeit wieder abgefragt, sondern die Klasse arbeitet sich mit dem Lehrer in das Gedicht lesend, mimisch, gestalterisch, eben: künstlerisch hinein. In den eurhythmischen Vorführungen wird dann noch das Tanzen hinzugefügt, so daß Sprache, leibliche Bewegung und melodiöse Darstellung zusammenfinden. Der ganze Mensch ist betroffen, nicht nur sein Verstand; die Darstellung zeigt das Verständnis, und das Verständnis ist in eine gelebte Anschauung übergegangen; es ist selber Bild geworden.

Die Parallelen zum Musikalischen, zum Plastischen und zum Malerischen lassen sich leicht auffinden. Das Verstehen ist an das Hervorbringen durch Hand, Stimme, Farbe, Ton gebunden, sei es als Nachmachen, sei es als eigene Gestaltung. Der Grundsatz, der hinter dieser Lern- und Lebensform steht, hat eine Vorgeschichte: Was *Steiner* hier aufnimmt, ist ein Leitgedanke der Moderne: wir verstehen nur, was wir machen (verum et factum convertuntur). Bloßes Betrachten hilft nicht, man muß selbst Pinsel und Spachtel in die Hand nehmen, selber singen und dichten, tanzen und turnen, um den Sinn einer Bewegung, einer Figur, eines Bildes zu erfahren. Es ist, wie *Aristoteles* gesagt hat: Schwimmen lernt man nur im Wasser.

Aber das ist nicht alles. Die aktiv-künstlerische Erschließung eines Gedankens oder einer Kunstform ist das eine und erste; es bleibt die Frage, auf welche Weise in diesem Verfahren oder hinterher auch wirklich verstanden wird. Hat derjenige *Rembrandt* verstanden, der ihn plagiiert? Mit anderen Worten: kann sich das Verstehen eigens aussprechen, so daß zu der künstlerischen Interpretation auch die kritische Analyse hinzutritt, zur Kunstübung auch das Kunsturteil, zur Kunst die Ästhetik? Wie auch sonst und wie schon gezeigt, bleibt Steiner mit den Schülern bei dem ersten stehen; das kritisch-analytische

Verständnis bleibt eingemischt in die Re-Präsentation dessen, was der Lehrer präsentiert. Und das hat einen Grund, der mit seiner Erziehungslehre im ganzen zusammenhängt. Daß im Schulalter zwischen Zahnwechsel und Pubertät die Bildekräfte des ätherischen Leibes maßgebend sind, war schon gesagt worden; deshalb soll bildhaft-darstellend, erzählerisch und plastisch vergegenwärtigend gelehrt werden,und nur so. Dazu *Steiner* in seinem Vortragskurs Stuttgart 1919:

»Sie dürfen nicht zuviel abstrakte Begriffe in das einmischen, was Sie in der Erziehung an das Kind heranbringen. Sie müssen mehr Bilder einmischen. Warum? (...) Bilder sind Imaginationen, gehen durch die Phantasie und Sympathie. Begriffe, abstrakte Begriffe, sind Abstraktionen, gehen durch das Gedächtnis und die Antipathie, kommen vom vorgeburtlichen Leben. (...) Indem wir den Kindern Bildern überliefern, fangen wir im Erziehen damit an, diese kosmische Tätigkeit wiederaufzunehmen. Wir verpflanzen in sie Bilder, die zu Keimen werden können, weil wir sie hineinlegen in eine Leibestätigkeit. Wir müssen daher, indem wir als Pädagogen die Fähigkeit aneignen, in Bildern zu wirken, das fortwährende Gefühl haben: du wirkst auf den ganzen Menschen, eine Resonanz des ganzen Menschen ist da, wenn du in Bildern wirkst« (Allg. Menschenkunde, S. 44).

Man kann das auch so sagen: Bilder wirken als Bilder, wenn sie nicht begriffen sind, sondern ergriffen werden, so wie sich der Schüler im Nachsprechen eines Gedichts mit seiner Form identifiziert. In diesen Bildern wird die Saat für die Zukunft gelegt, während das Frühere, was aus dem »Vorgeburtlichen« stammt, das Tote ist, dem wir uns überantworten, wenn wir abstraktiv, urteilend, mit Verstand und Reflexion verfahren. Auf der einen Seite steht also: »Wollen, Sympathie, Phantasie, Imagination«, auf der anderen: »Erkennen, Antipathie, Gedächtnis, Begriff« (a.a.O., S. 45). Beziehen wir uns auf das erste, ist der Unterricht lebensvoll und künstlerisch; machen wir das zweite zum Ziel und Maß des Unterrichts, d. h. streben wir Urteilsbildung an, dann stirbt der Unterricht, die Dichtung spricht nicht mehr, und der Lernende selber unterliegt einem »Prozeß der Leibesverhärtung, des Absterbens« (a.a.O., S. 44).

Läßt man den anthroposophischen Überbau beiseite, dann wird man hier eine gängige Meinung erkennen, die früher wie heute weithin die Einstellung und Beurteilung des Künstlerischen bestimmt. In der Tat haben auch andere Didaktiker gegen den Erklärungsbetrieb der Schule Front gemacht und das Selber-Tun, das Einverleiben der Dichtung zu ihrem Thema gemacht, so Martin Luserke im Laienspiel, die Musikerzieher in der Hörerziehung und im Orchesterspiel, aber auch der pädagogische Begriff der Arbeit gehört dazu. Auch kann sich diese Entgegensetzung von Gefühl und Ratio, Imagination und Kalkül, Erlebnis und Gedanke auf historische Autoritäten berufen. Heißt es nicht im »Faust«: »Name ist Schall und Rauch, Gefühl ist alles«? Wird nicht in dieser Hausdichtung der Deutschen das methodisch-formale Denken in seiner ganzen Lebensfremdheit vorgeführt (vom Teufel im übrigen) und dagegen das »Leben« und das Lebendige, das Schöpferische und Kraftbildende gesetzt?

In der Tat ist *Goethes* »Faust« im ersten Teil eine Apologie der Unmittelbarkeit gegenüber Wissenschaft, Philosophie, Theologie, des grünen Lebens gegen die graue Theorie, des Existenziellen gegen das Bücherwissen, wie immer man diesen Gegensatz formulieren will. Aber es ist weder der ganze *Goethe*, noch ist es die ganze Wahrheit; es ist überhaupt keine Wahrheit, sondern eine falsche Alternative, die die Reflexion um ihren Sinn und die Kunst um den Verstand bringt. Aus dem Umstand, daß man in eine Kunst hineinfindet, indem man sie ausübt, folgt nicht, daß sie nicht beobachtet und beurteilt, also auf den Begriff gebracht werden könne, so unzulänglich das Begreifen gegenüber dem Tun auch bleiben mag. Es ist hier bei *Steiner* wie auch sonst immer das gleiche Lied: der Anfang ist schon das Ganze, und man kommt über diesen Anfang nicht hinaus. Ein einfacher Blick in die Praxis der bedeutenden Künstler nicht erst der Moderne hätte ihn und alle diejenigen eines Besseren belehren können, die für unmittelbare Inspiration und geniale Schöpfung aus dem Nichts halten, was sich einem sehr klaren Kunstverstand verdankt, dem Kalkül und einer Reflexion, die keineswegs erkälten und zerstören und schon gar nichts mit irgendwelchen »vorgeburtlichen« Zuständen zu tun haben. Man sehe auf *Bach* oder die Wiener Klassik, auf *Schiller* oder *Hölderlin*, auf *Klee* oder *Barlach*: sie haben ein explizites, elaboriertes Kunstverständnis, teils im Anschluß an bestimmte ästhetische Theorien, teils im Zusammenhang ihrer Arbeit, teils als Zusatz und Rechtfertigung ihrer Schöpfungen.

Was *Steiner* aufnimmt und seiner Erziehungslehre einverleibt, ist eine Kunstauffassung, die programmatisch im »Sturm und Drang« verkündet, aber keineswegs ausgeübt worden ist. Es ist die Vorstellung, der Künstler sei ein berauschter Sänger und Seher, erleuchtet von Gesichten und Ausdrucksmedium ungeheurer Leidenschaften, jenseits von Kalkül und Regel, sozusagen ein kleiner Gott und Schöpfer einer Welt, die er zuletzt selber nicht mehr überblickt, geschweige denn der Zuschauer oder Hörer, der wahrhaft um des Himmels willen nicht mit philiströser Beckmesserei Silben und Verse, Metaphern und Stilfiguren nachrechnen möge. Dieses Bild ist ebenso kräftig und anhaltend wirksam wie falsch. Ihm liegt eine einfache Verwechslung zugrunde: aus dem Erlebnis von großer Kunst und ihrer Wirkung wird darauf geschlossen, es sei aus eben der Gestimmtheit entstanden, mit der es rezipiert wird. Was als Ganzes erlebt wird, dem wird in der Entstehung ein Ganzheitserlebnis vorrationaler oder überrationaler Art unterstellt. *Steiner* gibt dieser Vorstellung die praktische Wendung, aus dem Unterricht als einem Kunstwerk das Planbar-Rationale und Reflexive nach Möglichkeit herauszuhalten. Deshalb die Methode des Erzählens, Vortragens, Rezitierens und darstellenden Spiels; sie ist nicht falsch an sich, sondern falsch dadurch, daß er über sie nicht mehr hinausgeht. Oder etwa doch? In seinem Oxforder Vortragskurs sagt *Steiner*:

»Es wird nicht an den Intellekt appelliert, sondern an die Sympathie mit dem Guten, das im Bilde dem Kinde vor die Seele tritt, und an die Antipathie gegenüber dem Bösen. Dadurch wird die Seele so vorbereitet, daß das Gefühlsurteil später zum intellektuellen Urteil im rechten Alter ausreifen kann. Nicht auf die Vermittlung des »Du sollst« kommt es an, sondern darauf, daß man in dem Kinde ein ästhetisches Urteil hervorruft, so daß ihm das Gute gefällt, es mit ihm Sympathie hat, und daß es Mißfallen, Antipathie gegenüber dem Bösen hat, wenn sein Empfinden den moralischen Tatsachen gegenübersteht.«[86]

Auf den ersten Blick sieht es so aus, als könnten die Bedenken gegen die ästhetische Erziehung, wie *Steiner* sie ins Auge faßt, fallen gelassen werden. Im Gegenteil: die Einübung in das Schöne führt zum Guten und zum Wahren; über das ästhetische Gefallen gelangen wir zum moralisch-intellektuellen Urteil. Das ist das platonische Denkmotiv, hier wiederum mit einer Reminiszenz an *Herbart*. Die Rede vom ästhetischem Urteil, das unmittelbar im Gefallen oder Mißfallen sich bekundet, stammt von *Herbart*. Es gibt eine unmittelbare Nötigung der vollendeten Form, und an die ist anzuschließen in der Erziehung als »ästhetischer Darstellung der Welt«. Aber dieses Urteil schließt bei *Herbart* keineswegs das intellektuelle Urteil und die rationale Beurteilung aus, sonst wäre ja auch keine Ästhetik als Theorie des Schönen möglich. Entscheidend ist nun, wie *Steiner* sich den Übergang von dem ersten zum zweiten vorstellt. Die Reflexion begleitet nicht das ästhetische Erleben, und dieses wird auch nicht reflexiv bearbeitet, sondern es »reift später aus«. Was heißt das?

Indem dem Kind Bilder und Geschichten vorbildlicher Charaktere gegeben werden, nimmt es im sympathischen, mitgehenden, mitfühlenden Auffassen Bewertungen vor, die sich ihm einprägen und gewissermaßen verinnerlicht werden; diese Vor-Urteile im genauen Sinne werden dann »später«, wenn nämlich, so kann man *Steiner* hier ergänzen, der Astralleib geboren oder das Ich-Bewußtsein entstanden ist, rationalisiert. Der Verstand rechtfertigt, was ohnehin schon im Gefühl vorverstanden ist; er tritt nicht kritisch in seine Funktion ein, sondern ideologisch. Man kann das auch so sagen: das Künstlerische der Waldorferziehung ist so angelegt, daß es in den Schlaf des Kindes hineinspricht, und wenn es aufwacht, findet es sich mit Einstellungen und Vorbildern vor, die es dann nur noch auf den Begriff bringt. In der Rezeption des Kunstwerkes wie im Darstellen hat das Denken und Reflektieren, das Urteilen und Abstandnehmen keinen Platz; denn dann würden ja Differenzen auftreten, Abwägungen und Optionen, und das würde den affirmativ-identifizierenden Stil dieser Erziehung gefährden. Deshalb wird das Kognitive herausgehalten: das Nachmachen und Mitgehen, die Gestaltung als Nachgestaltung folgt dem, was im Moment gefällt und schafft so einen Grund, auf dem dann das sittliche Ergänzungsstück des Schönen entsteht: das moralische Urteil. Dieser Auffassung von der Aneignung der Kunstwerke und dem künstlerisch gestalteten Unterricht entspricht eine Kunsttheorie, in der *Steiner* der Kunst eine Aufgabe und Mission zusprechen will, die sie vielleicht einmal hatte, aber die im Zeitalter rivalisierender Künste und Formen, Weltanschauungen und Lebensdeutungen obsolet ist. Es ist das Verständnis der Kunst als Mimesis, als Nachbildung des Kosmos, in den wir ja mit alle Haut und Haaren eingeschaltet sind, in der Einbildung. Der Kunst soll noch einmal ihre Dienststellung im Kultus und Ritual zurückgegeben werden, als Code des Absoluten und Abbild des anthroposophischen Weltenplans.[87] Es ist eine Kunst, die noch einmal den ganzen Sinn der Welt, der Geschichte und des Menschen anschaulich vergegenwärtigen will, vermittelt durch den schöpferischen Seher und demutsvoll, devotionell empfangen von einer Gemeinde, der das Urteilen vorenthalten ist: Fragen stört die Andacht. Es geschieht etwas, Sinn ereignet sich, da hat der Vorwitz der Reflexion zu schweigen, nicht nur beim heranwachsenden Kind, sondern nicht anders bei den Kunstjüngern der Anthroposophie.

Aber in den lichten Höhen der Produktion herrschen andere Regeln: es läßt sich kaum etwas vorstellen, das gekünstelter und ausgeklügelter

wäre als seine Mysterienstücke, die *Steiner* in der Dornacher Gralsburg inszeniert hat, nichts, was weniger spontan und »natürlich« ist als das Alphabet der Eurhythmie mit seinen Buchstaben in Gesten, Figuren und Konfigurationen von Bewegung, Sprechen und Musik. Darin ist die anthroposophische Kunst modern, aber thematisch wird die Moderne nirgendwo, es sei denn in polemischer Abwehr. Zu der perspektivischen, durchreflektierten und »interessanten« Kunst der Gegenwart, zu *Joyce* und *Kafka*, zu *Klee* und *Picasso*, zu den Zwölftönern und der seriellen Musik hat die Anthroposophie keinen Zugang, das kommt in ihrem kosmisch gegliederten Curriculum nicht vor. Hier ist die Musik als »musica humana« noch immer mimetisches Nachbild der »musica mundana« und schließlich der »musica divina«; die Sonne tönt nach alter Weise, und allen Ernstes trägt *Steiner* vor, die Tonleiter der europäischen Musikkultur beruhe auf dem Knochenbau und den Abmessungen der Armknochen: der Mensch *ist* Musik; er macht sie nicht.[88] (Man muß dann wohl annehmen, daß die Musik nicht-europäischer Kulturen mit ihren anderen Intervallsystemen entweder auf einem anderen Knochenbau beruht, oder daß das, was da klingt und singt, keine Musik als Entsprechung des Armbaus ist).
So sollen große Welt, Menschenleben und künstlerisches Abbild zusammenpassen, Sein und Schein bruchlos ineinander übergehen, und weil das eben nicht paßt, muß es passend gemacht werden: der Unterricht, das Lernen und der Lehrplan. Dem Lernen im Atem des Kosmos geht nur dann die Luft nicht aus, wenn dieses Gesamtkunstwerk fest in eine Hand gelegt wird, wenn sie über Autorität versammelt wird. Es gibt kaum eine Schule, die in der gleichen Weise und zwingend lehrerorientiert ist und auch nicht anders sein kann wie die Waldorfschule.

VI.

Kein Gesamtkunstwerk ohne den Gesamtkünstler, der alles zusammenbringt, die Welterfahrung in großer Schau, den lebensvollen Blick, die inhaltlichen Kenntnisse und das technische Geschick im Umgang mit ungebärdigen Kindern. Der Lehrer ist nicht nur Regisseur des Stücks, er hat es auch geschrieben, die Bühne eingerichtet, die Kulissen vorbereitet, die Rollen besetzt und die Stimmen geschult, um dann sein Erziehungskunstwerk zu gestalten. Wie erhaben der Lehrer von sich denken darf, hat *Steiner* in seinem Stuttgarter Einführungsvortrag gesagt:

»Wir sind da im Schulzimmer: in jedem Kinde liegt ein Zentrum von der Welt aus, vom Makrokosmos aus. Dieses Schulzimmer ist der Mittelpunkt, ja viele Mittelpunkte für den Makrokosmos. – Denken Sie sich, lebendig das gefühlt, was das bedeutet! Wie da die Idee vom Weltenall und seinem Zusammenhang mit dem Menschen übergeht in ein Gefühl, welches durchheiligt alle einzelnen Vornahmen des Unterrichts (...) In dem Augenblick, wo wir solche Gefühle haben, übertragen sich diese durch unterirdische Verbindungen auf dieKinder (...) Haben Sie die großen Gefühle, wie sie entwickeln solche Ideen, wie wir sie eben entwickelt haben, dann geht eine unterirdische Leitung zu dem Kinde. Dann sind Sie mit den Kindern eins« (Allg. Menschenkunde, S. 165).

Der Lehrer greift aus dem kosmischen Gefühl (aus Ideen entwickelt) in das kosmische Schicksal der Kinder ein; im Schulzimmer vollzieht sich das Weltgeschick. Hybrider kann man nicht vom Unterricht denken; das ist ein pädagogisches Schamanentum großen Stils, magische Verbundenheit mit allem und jedem an jeder Stelle. Man sieht hier auch, daß *Steiner* den Gedanken des deutschen Idealismus, man solle immer so handeln, *als ob* die Menschheit von eben dieser Handlung abhinge, in eine platte Mechanik umdeutet: was wir tun oder unterlassen, greift wirklich in alles andere ein. Die Vorstellung einer moralischen Welt, die sein sollte und aufgegeben ist, wird zu einem Gegebenen und das Handeln zu einem einfachen Bewirken. *Steiner* macht aus Gedanken Dinge, aus Zielen Gegebenheiten, aus Postulaten für die Anleitung des Handelns sichere Gewißheiten über fertige Zustände. So gedankentief und idealistisch sein Konzept aussieht, es ist in Wirklichkeit ein Materialismus naivster Sorte: das Scheinen als Idee. Die Beziehungen zwischen Schule und Kosmos und die Beziehungen zwischen Lehrer und Klasse werden dramatisch-phantastisch überhöht; nichts ist mehr an seinem Platz und Ort, sondern das singuläre Geschehen der Belehrung wird entrückt und auf einen grandiosen Weltenplan transponiert: eine entrückte Schule, um nicht zu sagen eine ver-rückte. Aber diese Konzeption hat offenbar einen eigenen Zauber. Dürftig ist das Geschäft des Lehrers, wenn er bloß unterrichtet, und die Kinder ziehen dann mit Brauchbarem und Unnützem, Verstandenem und Halbverstandenem hinaus und machen, was sie wollen. Wieviel tiefer ist da die Vorstellung, schon dieses Lernen in der Pädagogik als »Lebenskunst« (ebd.) wirke gleich an dem Weltgeschehen mit. Der Traum von der Macht der Erziehung scheint realisiert; aber das ist kein Wunschtraum, sondern ein Alptraum. Denn da gibt es kein Entweichen. Im geschlossenen Kreis wird aufgenommen und gefangen, wer mit dem Lernen im Atem des Kosmos beginnt. Rudolf *Grosse* schildert das so:

»Vom ersten Schulalltag an geht unter den Schülern einer Klasse das Mysterium der Gemeinschaftsbildung vor. (...) Die Kinder leben tag-täglich in einem ›übersinnlichen‹ Zusammenhang miteinander. (...) Eine einzige Woche des Zusammenlernens genügt, um die Seele bleibend, ein ganzes Leben lang, mit den anderen innig zu verbinden. Das, was der Lehrer und der Unterricht am Kind vermögen, ist nur denkbar auf dem lebendigen Boden einer solchen Seelengemeinschaft. (...) Hier in der Schulklasse lebt sich handgreiflich Schicksal aus, bildet sich und eint eine Menschengruppe für lange Zeit« (a.a.O., S. 94).

Es ist weniger eine Schulklasse, die hier gemeint ist, als ein Novizenkonvent mit ihrem Seelenführer und Spiritual. Er ist ganz für das Kind da – so wird es verkündet; aber faktisch gilt vor allem das Umgekehrte: das Kind ist für den Lehrer da. Gerade an der Kritik des Fachlehrerprinzips der Staatsschule kann man sich das vor Augen führen.

»Im Staatsschulbetrieb mit seiner Methode des Lehrerwechsels, durch das Fachlehrersystem an einer Klasse, ist wenig Raum für solche Seelengesetze. Da gilt als König das Pensum, das Klassenziel. Hier herrscht die Vorschrift, und ihr Diener ist der Lehrer. Die Kinder haben sich nach der Schule zu richten« (a.a.O., S. 95).

So ist es in der Tat. Die Vorschrift herrscht, und sie kann durch Kritik, Verhandlung und Neuentscheidung verändert werden; das heißt, sie herrscht auf Grund von Vereinbarung nach Maßgabe des jeweiligen Erkenntnis- und Interessenstandes. Jeder weiß da, wonach er »sich zu richten hat«, nicht nur der Schüler, sondern auch der Lehrer. Deshalb kann man ihn verklagen, wenn er etwas versäumt oder übertreibt. In der Waldorfschule herrscht der Lehrer; er ist der König, absoluter Monarch und an keine Konstitution gebunden außer seiner Wesenserkenntnis, gegen die es keine Appellation und keine Berufung gibt.
Gerade der Lehrerwechsel, der in der Tat Umstellungsschwierigkeiten mit sich bringen kann, zeigt dem Schüler, daß es auf das Lernen ankommt, nicht auf diesen oder jenen Lehrer, daß er nicht für den Lehrer und ein gutes Verhältnis lernt, sondern für sich und unabhängig von der besonderen Person, die das vereinbarte und änderbare Pensum vertritt. Was ist daran falsch? Was spricht dagegen, das Lernen vom Lehrer abzubinden, den Lehrer also kontingent zu setzen, um es theoretischer zu sagen, statt ihn in die Weiherolle eines Spirituals zu erheben, der aus der Gnade höherer Einsichten, die nicht kontrollierbar

sind, weiß, was für den Schüler gut und richtig, wesensgemäß ist und was alles nicht? Das führt auf die Frage der Zeugnisse, die die Waldorfschule genauso kennt wie die Staatsschule, aber in anderer Funktion. Sie sind der Triumph der Autorität des Lehrers, seines unbegrenzten, absoluten Führungsanspruchs. *Grosse* charakterisiert sie wie folgt:

»Die Zeugnisse, die Rudolf Steiner für die Schüler angab, waren nur einmal im Jahr auszustellen. Sie sollten eine Art erzählender Biographie des Werdeganges in diesem Jahr sein, mit der Grundhaltung der Positivität« (a.a.O., S. 97).

Wer fände gerade das »Positive« nicht pädagogisch? Daß das Lernen verstärkt und nicht entmutigt, daß es gefördert und nicht überfordert werden sollte, darüber wird man Einverständnis erzielen können. Aber wie sieht diese Positivität näherhin aus, und worauf bezieht sie sich? Dazu noch einmal Grosse:

»Am Anfang sollte ein Spruch für das Kind stehen, in welchem es in poetisch-bildhafter Gestalt etwas gesagt bekommt, das der Lehrer ihm in spezieller Weise wie eine Art Leitspruch vor die Seele stellen möchte« (a.a.O., S. 98).

Dieses Motto ist ein Zuspruch; er sagt dem Kind indirekt, in poetisch-bildhafter Weise, was es zu wollen und zu sein hat, so wie man sein eignes Leben unter eine Leitformel stellen mag. *Gauß* hatte da sein »Pauca sed matura«; *Leibniz* folgte dem Motto: »In verbis veritas, simplicitas in rebus«; bei *Spinoza* findet sich »Caute«. Aber das sind selbstgewählte Leitformeln, hier wird aus der höheren Erkenntnis des Seelenführers ein solches Bild vorgegeben[89], das dann im Zeugnis mit einer weiteren Charakteristik verbunden und durch Bemerkungen zu den Fachgebieten, also der Musik und der Eurhythmie, dem Turnen und der Handarbeit weiter spezifiziert wird. Wie das aussehen kann, dazu ein Beispiel:

»Helmut hat in diesem zweiten Schuljahr nichts eingebüßt an ursprünglicher Kraft und an pausbäckiger Gesundheit, auch nicht an seiner Neigung zu allerlei Späßen und Scherzen. Die Aufgaben des Unterrichts packt er durchweg herzhaft und geschickt an; Rechnen, Schreiben und Lesen, das sind Gebiete, die in ihrem bisherigen Umfang kaum eine Schwierigkeit für ihn enthalten. Weniger hat er bis jetzt erfaßt, worauf es beim Malen ankommt, er behandelt die Farben ganz aus dem Willensmäßigen und bevorzugt auf seinen Bildern ein leuchtendes Rot, ohne daß ihm zunächst ein feineres Abstufen der Farben möglich ist. Im Kneten bringt er oft recht Originelles zustande. Seine Schrift verspricht schön zu werden. Im ganzen liegen seine Fähigkeiten stärker auf der Seite des Verstandesmäßigen als des Künstlerischen. Für alles, was Recht und Unrecht ist, hat Helmut ein

gesundes Gefühl entwickelt. Er zeigt viel praktischen Sinn, Gutwilligkeit und Hilfsbereitschaft. Über vieles macht er sich schon seine Gedanken und kommt oft mit ganz urwüchsigen Bemerkungen heraus.

Lieber Helmut, für dich sei dieser Spruch gegeben:
Arbeit zur rechten Zeit, zur rechten Zeit Spiel,
Schaffen und Lauschen führt uns zum Ziel.«[90]

Das Kind wird charakterisiert; und zwar projektiv entlang dem anthroposophischen Verständnis von Wille, Verstand und Gefühl. Auf diese Weise geschieht das »Behandeln der Schüler nach ihren Temperamenten«, wie *Grosse* das nennt (a.a.O., S. 100). Das Temperament wird vom Lehrer aus der Farbenwahl und Farbenbehandlung der Kinder ermittelt, es zeigt sich im Schritt und im Händedruck, an der Art, wie es dem Unterricht folgt und wie es mit den anderen umgeht. Die Charakterisierung spiegelt dem Kind zurück, wie der Lehrer es sieht, und soll so dazu beitragen, das überkommene Temperament zu kultivieren und mit dem der anderen vereinbar zu halten. Man kann das auch in der Sprache der Lernpsychologie sagen: das Kind wird auf der Linie, auf der man es vermutet, bekräftigt und operant konditioniert.

Dieses Schema der Gesamtcharakteristik und eines direktiven Zuspruchs wiederholt sich durch die Jahrgänge; nach dem achten Jahrgang wird auf den Spruch verzichtet: das Bild ist fest geworden. Aber die Bemerkungen zu den einzelnen Fächern und den Lernfortschritten, die der Schüler oder die Schülerin gemacht oder verfehlt haben, werden in einer unbestimmten Weise vorgetragen, unbestimmt insofern, als eher die Lernhaltung und das Betragen im Unterricht gewürdigt werden. Sieht man verschiedene Zeugnisse der Waldorfschule durch, gibt es einen wiederkehrenden Refrain: er oder sie »folgt gut«, »geht gut mit«, hat »freudig teilgenommen« und das »Gebotene innerlich aufgenommen.« Auf diese Weise wird nicht nur der Lernende auf seinem Wege bekräftigt, auch die Schule gratuliert sich zu ihrem Erfolg.

Gelegentlich kann das Zeugnis aber auch den ganzen Unmut enttäuschter Lehrer wiedergeben, wenn der Schüler eben nicht mitgeht, sondern »stört« oder sonst unerfreulich, »anti-rhythmisch« auffällt. So vermerkt das Zeugnis eines aufmüpfig-kritischen Jungen in der 9. Klasse für das Fach Geschichte, es mangele ihm »an kraftvollem Arbeitseinsatz, die häuslichen Aufgaben zu verrichten« und den »Darbietungen mit ungeteilter Aufmerksamkeit zu folgen«. In der Eurhythmie »wirkte sich sein Verhalten oft störend auf die Unterrichtssituation aus.« Ein Jahr später ist Besserung zu erkennen: »Er hat sich in diesem Schuljahr

gut entwickelt; nach der beinahe zu ausgedehnten Zeit eines (!) ›vita dulcis‹ ist er deutlich in eine andere Phase eingetreten, die mit sachlicher Arbeit und einer gewissen Ernsthaftigkeit zu tun hat« (Latein). Und auch der Musiklehrer atmet auf: »Er hat mit der Zeit immerhin so viel Achtung vor der Musik Beethovens entwickelt, daß er die grobianistischen Störungen unterlassen konnte.« Mancher Lehrer an einer öffentlichen Schule würde etwas dafür geben, wenn es ihm gestattet wäre, den pädagogischen Frust eines Jahres zu Protokoll und dem Störenfried sein wohlverdientes Fett geben zu dürfen.
Es fällt nicht schwer, das Muster und Leitmotiv einer Zeugnisgebung zu erkennen, die nicht Leistungsfortschritte dokumentiert, sondern die Haltungen charakterisiert. Wo der Schüler »freudig teilnimmt« und »mit innerer Bewegung das Gebotene aufnimmt«, wo er »folgt« und gehorcht, wird er bestärkt, und wo das nicht oder noch nicht der Fall ist, werden die Aussichten auf eine bessere Einstellung zum Unterricht beschworen. Im Grenzfall kann sich die Schule von Eltern und Kind trennen, wenn sie sich überhaupt nicht einfügen. Bewertet wird die Gesinnung, nicht das, was als Ergebnis faßbar und in den Grenzen menschlicher Irrtumsmöglichkeiten aussagbar ist. Die Zeugnisse der Waldorfschule sind das Paradestück der Gesinnungspädagogik, gegründet auf die Zuversicht, der Lehrer könne mit dem sicheren Blick eines kleinen Gottes die innere Einstellung, die Motive und Zukunftsaspekte des Lernenden erfassen.
Während die Noten der Staats- und Regelschule das Verhältnis des Schülers zu dem spezifischen Lehrkanon zu erfassen suchen und sich dazu in den ersten Klassen ja auch durchaus einer allgemeinen Formulierung bedienen, wird hier der Schüler an seinem vorgestellten Wesensbild im Zusammenhang der anthroposophischen Wesensschau gemessen. Messung ist beides. Nur im ersten Falle ist der Maßstab eine formulierte Norm (die auch anders sein kann), im Waldorffall wird der Schüler direkt am Lehrer gemessen, an der Art, wie er ihm erscheint, welchen Eindruck er von ihm hat, wie er ihn sieht und erlebt, und zwar in der generellen Optik des Geburtenschemas von Steiner.
Was dabei fehlt und als großer Vorteil erscheint, ist die selektive Funktion der Staatsschulzeugnisse. Aber ganz ohne Selektion kommt natürlich auch die Waldorfschule nicht aus. Sie ist nur weniger sichtbar, nicht kontinuierlich und vorhersehbar, deshalb auch nicht korrigierbar, sondern unwiderruflich. An zwei Stellen zeigt sich das: das erste betrifft das Ritual der Aufnahme. Der Lehrer wählt seine Klasse und setzt sie

zusammen, nämlich nach Gesichtspunkten der Temperamentenmischung, der Verteilung auf die Tierkreise, damit die Astrologie zu ihrem Recht kommt, und nach seiner eigenen Schätzung, so wie ein Künstler sich für ein bestimmtes Material entscheidet, mit dem er arbeitet. Als Privatschule kann die Waldorfschule sich ihre Schüler aussuchen, während die öffentliche Schule jeden nehmen muß, vergleichbar der Post, die auch jeden Brief zu befördern hat und nicht nach dem Sinn des Inhalts fragen darf.

Die zweite Stelle betrifft die Frage, wer nach dem normalen Durchgang bis zur 12. Klasse wert und geeignet befunden wird, sich im letzten Jahr auf das übliche Abitur vorzubereiten. Dazu findet ein »Gespräch« statt. Dabei geht es schlicht darum, ob der Aspirant genug gelernt hat, ob er also nicht nur schön mitempfinden und innerlich mitgehen kann, ob er »Stärke und Kraft ausgebildet« hat, sondern ob er genug weiß und kann, weil er anders keine Chance für das Bestehen der Prüfung hat. Das ist die Stunde der sozialen Wahrheit: die Wirklichkeit tritt in ihr Recht, und mancher, der schön lesen und schreiben kann, ist mit seinem Latein am Ende.

Blickt man von dieser Stelle auf die Zeugnisse zurück und darauf, ob sie die ganze Wahrheit sagen (was ja eigentlich zu einem Wesensverständnis gehören sollte), sind Zweifel angebracht. Was hilft es den Eltern und dem Schüler, wenn ihnen das Zeugnis sagt, er habe »geometrische Zeichnungen sauber und genau auszuführen gelernt«. Kann er nun den Pythagoras auf praktische Aufgaben anwenden oder nicht? Kann er Winkel errechnen und Längen bestimmen, oder eben bloß sauber zeichnen? Wie informativ ist die Mitteilung, der Schüler habe die Versuche »in Chemie und Physik aufmerksam verfolgt«? Was da erfaßt wird, ist vom Ende her gesehen nur die Schauseite des Lernens. Es gibt sehr aufmerksame und sympathische Dummköpfe, deren Rechenkünste beim umgekehrten Dreisatz abrupt aufhören, und herzlich unsympathische, nervtötende und sozial schwer erträgliche Künstler, deren Werke den Inbegriff gelungener Schönheit ausmachen. Man kann auf das eine sehen und auf das andere; aber ein Zeugnis, das sich anheischig macht, Wesenserkenntnis zu praktizieren, ist zumindest unvollständig, wenn es nur die schulbrave Beteiligung und nicht die Ergebnisse mitteilt. Es ist hier wie auch sonst bei *Steiner*: der Schein ist das Sein, der Eindruck das Ergebnis; die Geste steht für den Inhalt.

Worauf sollen sich Schüler und Eltern verläßlich stützen, wenn es nun zum »Gespräch« über die Schul-Zukunft kommt? Sie sind einem

absoluten Urteil ausgeliefert; denn sauber geführte Epochenhefte und schön gezeichnete geometrische Konstruktionen helfen da nicht mehr. Es hängt alles am Lehrer, ob er noch weiterhilft. Man sollte sich vor Augen halten, in welchem Maße Eltern und Schüler sich einer Schule ausliefern, die sie nicht an Standards, sondern an sich selbst mißt. Das sieht man, wenn es zum Konflikt kommt. Was in der öffentlichen Schule unter den Bedingungen des Rechtswegestaates gänzlich unmöglich und ein schlichter Skandal wäre, ist bei der Waldorfschule das Selbstverständliche: die Schule entscheidet allein und endgültig. Es gibt keine formale Prozedur mit Ansprüchen, Entscheidungs- und Revisionsverfahren: wie in der Erziehung steht an der Stelle von erkennbaren, nachprüfbaren und korrigierbaren Verfahren zuletzt die personale Autorität. Die Schule entscheidet unwiderruflich. Entweder man wird adoptiert oder nicht; aber ob Ja oder Nein, das steht am Anfang und am Ende allein in der Macht derer, die die Adoption vollziehen. Man sollte das beachten: wer die Waldorfschule wählt, sollte wissen, worauf er sich einläßt. Er unterwirft sich einem Urteil, das sich zunächst ganz auf den Eindruck des Schülers stützt und seine Teilnahme am Unterricht, sein innerliches Mitgehen und Mittun konstatiert, aber die wirklichen Resultate des schulischen Lernens im unklaren läßt. Der Teilaspekt des gesamthaften Ersteindrucks und der sozial-emotiven Präsentation wird für das Ganze genommen, und der andere Aspekt des kognitiv-instrumentellen Lernens kommt als unwillkommene Überraschung hinterher. Die Zeugnisse erfassen, wie der Schüler lernt – das ist wichtig, aber das Lernverhalten ist nicht alles; sie sagen nicht, was und wieviel er lernt, und insofern sagen sie nicht genug.
Sieht man auf die Beurteilungs- und Zeugnispraxis im ganzen, also darauf, wie die Schule den Schüler sieht, dann ist der Eindruck zwiespältig. Einerseits nimmt der vorwiegend ermutigende, fördernde Gestus der Bewertungen für dieses Verfahren ein, andererseits kann man sich über den Mut, der in diesem Ermutigen steckt, nur wundern, über die Gewißheiten und Sicherheit eines Charakter-Urteils, das Wesen und karmisches Schicksal der Schüler erfaßt. Es ist, als ob die Lehrer von keinem Hauch von Zweifel und selbstkritischer Irrtumsskrupel angeweht sind. Die Dürftigkeit der Ziffernzeugnisse verdankt sich nicht nur kalter Geschäftsmäßigkeit, sondern auch einer wohlbegründeten Reserve: als Lehrer kann ich sagen, ob einer rechnen kann oder nicht, ob er den AcI beherrscht oder nicht, aber was das existenziell für ihn bedeutet, das zu sagen, geht über die Menschenkenntnis im Zusammen-

hang des Unterrichts hinaus, und man muß sich auch fragen, ob nicht mit zunehmenden Alter damit die Intimität der Selbstverständigung verletzt, gestört und dem Schüler ein Bild fixierend vorgesetzt wird, in dem er sich gerade nicht erkennt und wenn er sich erkennt, bloßgestellt fühlt. Bei aller möglichen Diskretion bleibt hier ein Unbehagen angesichts der Gewißheitsansprüche, die dem Lehrer als Spiritual zuerkannt werden.

Wo Gemeinde ist, mag das alles hingehen; aber in der Waldorfschule wird eben auch Gemeinde gebildet, und es dürfte kein Zufall sein, daß viele Waldorfschüler als Lehrer zurückkommen: eine Institution rekrutiert sich per Adoption auf Probe und stellt sich so im geschlossenen Kreis auf Dauer. Darin liegt die letzte Frage an die Waldorfbewegung: wie hält sie's mit ihrer Umwelt und zwar so, daß sie sich nach innen stabil halten und ihr Proprium bewahren kann. Mit anderen Worten: was sehen die Anthroposophen, wenn sie aus ihren krummen Fenstern in die nicht-anthroposophische Gegenwart blicken?

8. Aussichten der Waldorfschule oder: Die Zukunft der absoluten Erziehung

I.

Nichts ist so falsch, als daß nicht noch etwas Wahres dran wäre, und keiner hat in allem Unrecht. Blickt man auf die theoretische und anthropologische Begründung der anthroposophischen Pädagogik, auf Menschenbild und Unterrichtslehre, auf den Lehrplan und die Stellung des Lehrers, dann bleibt da genug, was befremdlich, unverständlich und einfach widersinnig ist. Die weihepriesterliche Auffassung vom Lehramt geht über alles hinaus, was sonst schon an Übertreibungen und Überforderungen vorgetragen worden ist; die Funktion des Lehrplans als Abbild des Weltenplans und seine Wiederholung im karmischen Geschick der Kinder ist ein so absonderlicher Gedanke, daß schon seine Darstellung auf Schwierigkeiten stößt; die Lehren vom vorgeburtlichen Vorstellen und nachtodlichen Bewußtsein muten auch dem gutwilligen Interpreten mehr zu, als er mit ernster Miene aufnehmen kann; die Auffassungen vom Kunstschönen verlangen den Abschied von der Kunst der Gegenwart und die ästhetische Regression auf vormoderne, wenn nicht archaische Bewußtseinsstufen. Und man könnte die Liste des Skandalösen, das die Waldorfschule mit sich führt, beliebig fortsetzen. Es geht einem wie bei der Lektüre von Versicherungsverträgen: der Hauptgedanke und die Leitformeln wirken sehr einladend, aber liest man das Kleingedruckte und macht sich die praktischen Folgen klar, läßt sich nicht mehr sehen, wie das eine zum anderen paßt.
Dennoch bezieht sich die Waldorfpädagogik auf alte und wiederkehrende Motive der Erziehung und knüpft an Themen an, die fest zum pädagogischen Denken gehören. Daß zum Lernen Nachahmung gehört, zum kindlichen mehr als zum erwachsenen, ist nicht zu bestreiten, daß wir einer sinnlich-ästhetischen Kultivierung bedürfen angesichts der Funktionalisierung des Lebens, ebensowenig; daß der Lehrplan für den Schüler die Welt zu repräsentieren und dabei auch die kollektive Geschichte einzuholen hat, über die wir lernen, wer wir sind und wo wir stehen, darf nicht vergessen werden angesichts curricularer Strategien, die den Lernenden zum Funktionär von vorgeordneten sozialen Gefügen degradieren; daß der Lehrer den Unterricht führt und für den

Sinn dessen einzustehen hat, was auf welche Weise unterrichtet wird, daß er der vorausgehenden Autorität bedarf und daß es ohne Teilnahme und Zuhören nicht geht, das alles ist richtig und enthält Erinnerungen an konventionelle und vergessene Wahrheiten, die das pädagogische Denken und Handeln nicht ohne Nachteil aufgeben kann.

So scheint es schwer, zu einem Fazit über die Waldorfschule zu gelangen, das sowohl in Grenzen ihre Motive würdigt wie ihre Absonderlichkeiten und ideologischen Zumutungen relativiert. Es gibt indes eine Stelle, von der her ein Urteil über eine Schule im ganzen ermöglicht wird. Sie ergibt sich aus dem Umstand, daß jede Schule ihr Eigenleben in ein Verhältnis zu dem Leben »draußen« bringen muß. Über Sinn und Unsinn des schulischen Lernens wird zuletzt außerhalb der Schule befunden, nicht dadurch, daß man die Lernformen untersucht, die Lehrplankonstruktion nachprüft und die Verhaltensformen des Lehrers für sich analysiert. So sehr sich Schule und Lehrer wünschen mögen und gelegentlich erwarten, nach ihren Motiven und Absichten beurteilt zu werden, nicht nach ihren Wirkungen und Außenbeziehungen, es ist eben doch der Dienst für das sogenannte »Leben«, an dem sie zuletzt gemessen werden. Und faktisch wird das in der Schule immer schon dadurch berücksichtigt, daß das schulische Lernen inhaltlich und methodisch auf ein bestimmtes soziales Modell bezogen wird.

Man kann sich diesen Zusammenhang gut an der schultheoretischen Seite der reformpädagogischen Didaktik klarmachen. So sehr sie sich trotz ihrer Programmatik innerhalb des bekämpften Schemas der Herbartianer bewegte, was ihre Unterrichtsformen anging, so deutlich hebt sie sich in ihrer politisch-sozialen Zielsetzung von der alten Schule ab. Denn sowohl die Herbartianer in Preußen wie im K.u.K.-Österreich bezogen sich auf ein soziales System, das im ganzen statisch, konservativ bis reaktionär war, gerichtet auf die Erhaltung des politischen Status Quo und in der öffentlichen Erziehung auf ein Lernsystem eingeschworen, das diesen Status Quo nicht nur nicht gefährdete, sondern eher noch verstärkte. In dem Maße, wie diese Zuordnung disfunktional wurde, entstand die Nötigung, das Lernen beweglicher und änderungsoffener zu fassen, um den Bezug auf eine bewegliche politisch-soziale Ordnung herstellen zu können. Das gilt für *Kerschensteiner*s Lehre vom Unterricht als Analogon zur gesellschaftlichen Arbeit wie für *Oestreichs* Produktionsschule, für Berthold *Otto*s Gesamtunterricht vor dem Hintergrund seiner Lehre vom »Volksorganismus« ebenso wie für die sozialen Leitbilder der Kunsterzieher. Als dann die wilhelminischen Prämissen der alten Schule nicht mehr gegeben waren, war es auch mit der Didaktik der Herbartianer vorbei, die Reformpädagogik wurde in der Weimarer Republik offiziös.

Auf diesen Punkt hat man also zu sehen, wenn man sich nach der Tragweite der Waldorfschule fragt, nach ihrem Sinn und danach, worauf ihre relative Attraktivität in mehr als sechs Jahrzehnten beruht. Die Frage ist, wie versteht sie Gesellschaft, Staat und Wirtschaft, also das öffentliche Leben, und an welches Verständnis vermag sie so zu appellieren, daß sie innerhalb der deutschen Privatschulbewegung eine geradezu einmalige Erfolgsbilanz vorzuweisen hat? Danach läßt sich auch beurteilen, wie es um die Aussichten der Waldorfschule bestellt ist. Im Anschluß an die Sozialtheorie von Talcott *Parsons* hat Robert *Dreeben* gezeigt, daß die öffentliche Schule, unabhängig davon, *was* in ihr gelernt wird und wie die Lehrer ihr Amt verstehen, de facto die politisch-soziale Moral einer hochgradig anonymisierten, spezialisierten und funktionalisierten Gesellschaft vermittelt.[91] Dieser »geheime Lehrplan« ist kein Komplott ausgekochter Sozialtechniker, sondern im Grunde das unverzichtbare Vehikel, mit dem eine Gesellschaft unter modernen Lebensbedingungen dafür sorgt, daß die Kinder den Übergang von der partikularen Familienmoral zuhause, wo jeder nach seinem eigenen, unverwechselbaren Charakter behandelt und bewertet wird, zur universalistischen Moral des Öffentlichen erlernen. Sie üben sich darin ein, den Lehrer als Vertreter eines Status zu betrachten, der auch ersetzt werden kann, und sie lernen, selbst nach dem beurteilt zu werden, was sie nachweisbar leisten, und nicht nach dem, wie sie sich fühlen und was sie »eigentlich« sind. Mit anderen Worten: sie lernen unter anderem, Selektion zu akzeptieren (und wenn nicht hier, dann müßten sie es woanders erlernen, denn ohne Selektion kommt eine Gesellschaft generell nicht aus und ohne Selektion nach Leistung keine moderne). Darin liegt: die Form der Schule als sozialer Organisation repräsentiert eine bestimmte gesellschaftliche Struktur, und darauf beruht ihre erzieherische Bedeutung.

Aber man braucht die Gesellschaft, wie sie ist, nicht zu akzeptieren. Man kann ihre Schäden, die wirklichen und vermeintlichen, eben auch dadurch zu heilen suchen, daß man in der Schule und in der sozialen Organisation des Lernens eine bessere Zukunft vorwegnimmt, außerhalb der gegebenen Verhältnisse; in totalitären Zeiten als Republik der freien Geister, in kapitalistischen als klassenlose Gesellschaft, in funktional differenzierten als Gemeinschaft nach dem Modell von Sippe und

Großfamilie. In jedem Fall geht in das schulische Arrangement eine soziale Theorie ein, sei sie ausdrücklich formuliert oder nur mitgängig praktiziert.
Eine solche soziale Theorie hat *Steiner* vorgelegt; sie ist direkt mit dem pädagogischen Impuls der Waldorfschule verbunden; beides trägt und stützt sich wechselweise. Es geht, wie Frans *Carlgren* sagt, um »eine Pädagogik der Zukunft«[92], die sich auf eine »zukünftige Gesellschaft« bezieht (ebd.), von der *Steiner* »in jener Zeit ein Bild entwarf« (ebd.). Gemeint sind *Steiners* Vorträge nach dem Krieg über »soziale Dreigliederung«, die er dann 1919 unter dem Titel »Die Kernpunkte der sozialen Frage in den Lebensnotwendigkeiten der Gegenwart und Zukunft« veröffentlicht hat. Hier wird die Beziehung der Waldorfschule zur Gesellschaft, so wie sie ist und wie sie sein sollte, definiert. Soziale Dreigliederung meint nicht nur ein staatspolitisches, wirtschaftliches und rechtspolitisches Programm, das *Steiner* eben auch noch entworfen hat, sondern es geht um den »Weg zu einer lernenden Gesellschaft« (Chr. *Lindenau*).[93] *Steiners* Thesen zur sozialen Dreigliederung sind insofern nicht mit den weiten und uferlosen Gedankenreisen zu vergleichen, wie sie sich in der Akasha-Chronik finden, sondern sie handeln von der näheren Zukunft, den bestimmten Aufgaben in der Gegenwart und der Funktion der Erziehung in der kommenden gesellschaftlichen Formation. Eine Schulgründung braucht eine solche Sozialtheorie, wenn anders sie nicht auf den Treibsand guter Absichten und vergänglicher Tagesmotive gestellt sein soll.

II.

Im Frühjahr 1919 meldete sich *Steiner* mit einem »Aufruf an das deutsche Volk und an die Kulturwelt« zu Wort, nachdem er die »Kernpunkte der sozialen Frage« im engeren Anthroposophenkreis erörtert hatte.[94] Wie viele andere, die den verlorenen Krieg mit dem Untergang des Abendlandes verwechselten und jetzt mit Programmen auf den Plan traten, um sich entweder auf den Boden der neuen Tatsachen zu stellen oder Forderungen an die Zukunft zu richten, ist *Steiner* mit einem wegweisenden Wort zur Stelle. Aber anders als die wissenschaftliche Zunft der Professoren[95] oder volkspädagogische Einzelgänger wie Herman *Nohl* appelliert Steiner nicht an den Mut oder an alte Tugenden; er verlangt einen gründlichen Wandel der Gesinnungen und Denkwege. Nachdem der »Reichsbau«, den das deutsche Volk »sicher gefügt für unbegrenzte Zeiten glaubte« (a.a.O., S. 125), zusammengebrochen ist, »drängen die Kräfte der Zeit nach der Erkenntnis einer sozialen Struktur der Menschheit, die ganz anderes ins Auge faßt, als was heute gemeiniglich ins Auge gefaßt wird« (a.a.O., S. 127). Das alte Reich war ein Gebilde ohne »Sendung«, (a.a.O., S. 126), deshalb ist es niedergebrochen. Das kann und soll anders werden, und zwar nicht durch diese oder jene »soziale« Maßnahme, nicht durch die politische Revolution und Herstellung der Demokratie, nicht durch »radikale Überführung *aller* Einzelarbeit in gesellschaftliche« (a.a.O., S. 127), sondern durch einen Wandel der »Denkgewohnheiten« (ebd.). Worin dieses Neue besteht, wird auch andeutend skizziert:

»Der soziale Organismus ist gegliedert wie der natürliche. Und wie der natürliche Organismus das Denken durch den Kopf und nicht durch die Lunge besorgen muß, so ist dem sozialen Organismus die Gliederung in Systeme notwendig, von denen keines die Aufgabe des anderen übernehmen kann, jedes aber unter Wahrung seiner Selbständigkeit mit den anderen zusammenwirken muß« (a.a.O., S. 127).

Das Gesamtsystem gliedert sich also in ein »geistiges, politisches und wirtschaftliches System« (a.a.O., S. 129), so wie sich der Mensch in Kopf, Herz und Hand gliedert. Das Zusammen dieser Systeme ist organisch in dem Sinne, daß selbständige Organe, nicht unselbständige Elemente miteinander verbunden werden. Sie bestehen für sich und zugleich füreinander, und nur dann füreinander, wenn sie auch für sich bestehen. Das hört sich zunächst nicht unvernünftig an. Daß die Kunst nach Brot geht, ist beschämend seit je, und wenn sie nach *Steiner*s Aufruf endlich frei sein kann, werden Maler und Musiker, Romanciers und Stückeschreiber bereitwillig zustimmen. Daß der Staat besser darauf verzichtet, Geschäfte zu machen, indem er Bleistifte, Möbel, Computer und Autos produziert, weiß man ja auch aus den Versorgungsengpässen zentralwirtschaftlicher Planungssysteme. Und daß die Richter unabhängig von dem Geld der Großen und dem Zorn der Mächtigen Recht sprechen sollten, ist jedermanns Zustimmung gewiß. Der Staat als Rechtsgemeinschaft soll nicht wirtschaften, das Geistesleben soll nicht anderen gehorchen, sondern frei sein; die Wirtschaft soll nicht in die Opern hineindirigieren oder die Theorieproduktion übernehmen und vermarkten. Es handelt sich um unterschiedliche Aufgaben; sie sollen auch unterschiedlich behandelt werden. Es geht, wie

Christof *Lindenau* sagt, um »Bedarfsbefriedigung«, um »Zusammenarbeit« und »Vereinbarung« (a.a.O., S. 13). Wirtschaft, Recht (Staat) und Geist sind autonom, so wie der menschliche Leib auch am besten gedeiht, wenn mit dem Kopf und nicht mit dem Bauch gedacht wird, wenn die Hand wirtschaftet und nicht der Kopf, und wenn der Bauch verzehrt und nicht die Hand (durch Waffen zum Beispiel). Für jedes Unterorgan des Gesamtorganismus gilt ein besonderer Leitwert: für das Geistige geht es um Freiheit; für das Wirtschaftliche um Brüderlichkeit, damit alle satt werden; für das Rechts- und Staatsorgan um Gleichheit. J. *Hemleben* faßt den »sozialen Impuls« so zusammen:

»Freiheit *im Geiste,* Gleichheit *vor dem Recht,* Brüderlichkeit *in der Wirtschaft – so gab Rudolf* Steiner *den alten Idealen der Französischen Revolution einen neuen, realistischen Inhalt. – Er hat diese Idee der Dreigliederung nie als eine Ideologie angesehen, die man laut Programm in der Welt, notfalls mit Gewalt, durchzusetzen versucht. – Die Tatsachen selbst verlangen eine solche Verselbständigung der drei Systeme des sozialen Organismus. Darum ist es für Steiner eine Bewußtseinsfrage, ob man in diesem Sinne den Tatsachen gerecht wird oder nicht«.*[96]

Bevor man nun näher zusieht und fragt, wie dieser Organismus im ganzen und in seinen Teilen funktionieren soll, ist nach der Begründung zu blicken, die Steiner dieser trinitarischen Einheit gegeben hat. Immerhin gab und gibt es eine hochentwickelte Volkswirtschaftslehre, von der Rechts- und Staatslehre ganz zu schweigen. Aber damit setzt sich Steiner nicht auseinander, nicht mit *Böhm-Bawerk* oder *Pareto*, nicht mit *Ihering* oder *Kelsen*, das ist unter seinem Niveau:

»Wer etwa meint, der Verfasser hätte auch hinweisen sollen auf die sozialen Ideen anderer (...), den bitte ich zu bedenken, daß die Ausgangspunkte und die Wege der hier gekennzeichneten Anschauung, welche der Verfasser einer jahrzehntelangen Lebenserfahrung zu verdanken glaubt, das Wesentliche bei der praktischen Verwirklichung der gegebenen Impulse sind (...). Auch hat der Verfasser (...) für die praktische Verwirklichung sich schon einzusetzen versucht, als ähnlich scheinende Gedanken in bezug auf das eine oder andere noch nicht bemerkt wurden« (a.a.O., S. 22).

Steiner schlüpft in die Haut des Nationalökonomen und Juristen und wahrt zugleich seinen Originalitätsanspruch; auch hier ist der Prophet der erste und letzte, der alles weiß und sieht aus »geisteswissenschaftlichen Untergründen« (a.a.O., S. 48) und aus der »instinktiven Erkenntnis von der Notwendigkeit der Dreigliederung des sozialen Organismus« (a.a.O., S. 50). Das soll jetzt aus der Grauzone des Instinkts ins

helle Licht treten, und der Lichtträger ist Steiner. Damit man dieses Licht auch richtig würdigen kann, wird zunächst einmal die sog. »soziale Frage«, an deren Dringlichkeit Steiner anschließt, zu einem »Rätsel« erklärt (a.a.O., S. 37).
Worin besteht die soziale Frage? Ist es die Verelendung des Industrieproletariats, die Vermarktung der Arbeit im Ausbeutungszusammenhang der Güterproduktion, wird sie durch Ausdrücke wie »Entfremdung« und »Verdinglichung« gefaßt? Nichts von alledem. Armut, Unterdrückung, Entrechtung sind keine Themen für Steiner, sondern nur Anschlußstellen für seine eigene Sache. Denn in Wahrheit ist die soziale Frage ein Gesinnungsproblem: die Arbeiter haben ein »wissenschaftliches« Bewußtsein, das zeigt sich in ihrer Orientierung an dem sich wissenschaftlich gebärdenden Marxismus. Wissenschaft ist antipathisch; Antipathie macht krank und elend; diese Krankheit führt zu dem falschen Heilmittel der sozialen Revolution.

»Sieht man genauer zu, dann drängt es sich einem auf, wie *der eigentliche Nerv, der eigentliche Grundimpuls der modernen, gerade proletarischen Bewegung* nicht *in dem liegt, wovon der heutige Proletarier spricht, sondern liegt in* Gedanken*«* (a.a.O., S. 36).

Natürlich treiben Arbeiter bei *Krupp* oder *Borsig* nicht Wissenschaft, das ist auch *Steiner* nicht entgangen; aber ihre Gesinnung ist »wissenschaftlich«, intellektualistisch und antipathisch, und deshalb haben sie sich dem System von *Marx* und *Engels* geöffnet:

»Von dem Inhalte dieses Systems will ich gar nicht sprechen. Der scheint mir nicht als das Bedeutungsvolle in der modernen proletarischen Bewegung. Das Bedeutungsvollste erscheint mir, daß die Tatsache *vorliegt: Innerhalb der Arbeiterschaft wirkt als mächtiger Impuls ein Gedankensystem«* (a.a.O., S. 37).

Die Leute denken! Nicht fühlend und sporadisch, sondern konsequent und innerhalb eines Systems; das kann nicht gut gehen. So wie der kleine *Steiner* am Ritus der römischen Liturgie die Gebärden und Bräuche, das Drum und Dran wahrnimmt, wie der Waldorflehrer das »schöne geometrische Zeichnen« lobt, ohne daß beide auf den inhaltlichen Sinn und seine Tragfähigkeit blickten, auf die einfache Richtigkeit, so wird aus der Form des Erscheinens auf ein Motiv geschlossen und dann das Motiv als wesensfremd abgelehnt, um dagegen die eigenen Vorstellungen, die natürlich aus einem viel feineren Impuls stammen, vorzutragen. *Steiner* erklärt und versteht nichts, sondern er charakterisiert nach Anmutungen und Eindrücken, und die gibt er dann als

»Kernfrage« des sozialen Problems aus. Um es direkt zu sagen: die soziale Frage wird in den »Kernpunkten ...« nicht behandelt; sie ist ein Scheinproblem, eine Gesinnungssache, die sich von selbst erledigt, wenn die »notwendigen gesunden Ansichten« (a.a.O., S. 69) sich erst einmal gebildet haben.
Mit der sozialen Revolution ist es also nichts, und natürlich können auch nicht »ein paar Menschen oder Parlamente« (a.a.O., S. 12) das lösen, »was in dieser Zeit in das Menschenleben heraufgestiegen ist« (ebd.); die Lösung liegt im Geistesleben. Es ist eine selbstwirkende Macht, nicht planende Utopie, sondern Handschrift des Absoluten:

»Es wird gar nicht gesagt: Dies soll so oder so eingerichtet werden. Es wird nur darauf hingedeutet, wie die Menschen sich selbst die Dinge einrichten werden, wenn sie in Gemeinschaften wirken wollen, die ihren Einsichten und ihren Interessen entsprechen« (a.a.O., S. 15).

Das, was kommt, kommt nicht durch Plan und Absicht, nicht als Utopie, die verwirklicht wird; aber es kommt eben nur, wenn die Menschen wollen, was sein wird. Verquerer geht es nicht. *Steiner* zelebriert die rhetorische Figur der Selbsteinschränkung und Bescheidung, um dann resolut seine Ansichten und Wünsche vorzutragen. Er bestreitet, eine Utopie vorzutragen – und trägt eine Utopie vor; er weist es weit von sich, daß seine soziale Dreigliederung eine »Analogie-Spielerei« sei (a.a.O., S. 49), damit habe »dasjenige, was hier gemeint ist, absolut nichts zu tun« (ebd.) – und analogisiert dann munter drauflos. Der Programmatiker gibt sich als Analytiker, der Analytiker als Prophet und der Prophet als solider Wissenschaftsmann. Von einer Begründung der Idee der Dreigliederung kann überhaupt keine Rede sein; und das zeigt sich, wenn man sie sich näher ansieht und nach ihrer Realisierung fragt.

III.

Es sind mindestens zwei Fragen, die an *Steiner*s Konstruktion zu stellen sind, wenn man ihren sozialen Gehalt erfassen will: 1. wie kommt ein dreigegliederter Organismus zustande (denn wir haben ihn ja nicht)? – und 2. wie wird er erhalten, wenn er entstanden ist und Funktionsstörungen auftreten, d. h. wenn die Gesundheit wiederhergestellt und das Kranke ausgeschieden werden soll? Auf die zweite Frage haben die

Sozialsysteme seit je eine praktische und theoretische Antwort gegeben. Unter der Voraussetzung, daß es eine richtige, heilig-hierarchische Ordnung gibt, die man klar erkennen und sinnvoll verwirklichen kann, wird die Abweichung bestraft und die Ordnung über Macht wiederhergestellt.[97] Die erste Frage dagegen nach den Bedingungen der Herstellung der richtigen Ordnung ist modern und kennzeichnet das neuzeitliche Sozialdenken. Denn damit diese Frage überhaupt gestellt werden konnte, mußte eine ganz neue Erfahrung ins Spiel kommen, die weder den antiken noch den mittelalterlichen Sozialtheorien vor Augen stand; die Erfahrung nämlich, daß wir gar nicht mit Bestimmtheit wissen, wie die richtige Ordnung aussieht, daß wir ohne Gewißheit handeln müssen und deshalb experimentell und methodisch vorzugehen haben, um herauszufinden, wie eine bessere als die gegebene Ordnung und schließlich eine vollkommene hergestellt werden kann. Von *Machiavell* über *Locke* und Adam *Smith* zu *Kant* und *Marx* läßt sich diese Umstellung von der Ordo-Frage zu der Methoden-Frage beobachten, unterbrochen und begleitet von immer neuen Versuchen, die vollkommene Ordnung direkt zu beschreiben, wie im Naturrecht und der Apotheose dieses Denkens bei *Hegel*.[98] Aber gerade diese Unternehmungen, Stabilität endgültig in der Theorie zu sichern, haben ihrerseits gerade das Weg- und Methodenbewußtsein neu geschärft und die Frage nach den Bedingungen und Zielpunkten der Herstellung einer gerechten, friedlichen und die menschlichen Bedürfnisse befriedigenden Ordnung erneuert. *Steiner* denkt mittelalterlich und operiert mit Gewißheiten; er schweigt zu den Wegen und Methoden, die wirklich zu gehen, den Widerständen, die zu überwinden, und den Mitteln, die anzuwenden sind, wenn die neue Ordnung gefährdet ist. Es soll eben so sein, daß das Geistesleben frei, das Wirtschaftsleben brüderlich und das Rechtsleben gleich ist. Aber was heißt das, wenn man es sich in der Praxis vorstellt? Wie wird diese Dreigliederung operationalisiert? Der Staat darf nicht in die Wirtschaft hineinreden: bedeutet das jenes Manchestertum, das jedem Marktteilnehmer erlaubt, seinen Nutzen auf Kosten aller anderen zu maximieren? Nein, natürlich nicht: die Wirtschaftssubjekte sollen brüderlich sein. Und wenn sie es nicht sind (wie man ja weiß, wenn auch ohne anthroposophische Tiefenkenntnis), soll dann der Staat z. B. das Vertrags- und Tarifrecht mit Regeln über den Mindestlohn, das Streikrecht, die Arbeitszeit usw. normieren? Oder: soll er wirtschaftliche Leistungen für alle erbringen, indem er Straßen baut und Krankenhäuser, die Sozialversicherung abstützt und das Bildungswesen finanziert, oder soll das alles privatisiert werden und nach dem individuellen Kalkül von Nutzen und Kosten behandelt werden? Und weiter: darf der rechtlich verfaßte Staat, um Gleichheit zu ermöglichen, der Schulerziehung, auch wenn sie privatwirtschaftlich betrieben wird, Aufgaben und Verbote auferlegen, die er überwacht und deren Verletzung er ahndet?

Man könnte endlos fortfahren und einfache Tatbestände des sozialen Lebens, wie es wirklich ist, anführen, um zu erkennen, daß *Steiner* keine Antworten hat. Die tatsächlichen Probleme im Verhältnis der Leitwerte der Französischen Revolution zueinander zeigen sich an jeder Stelle, in der Wirtschaft, im Recht, in der Wissenschaft, in der Kunst, im Geldwesen und im Literaturbetrieb. Sie zeigen sich nicht als Probleme von Sozialgliedern, sondern in konkreten Situationen, in denen geklärt werden muß, wie Freiheit und Gleichheit zu vermitteln sind (z. B. im Vertragsrecht), wie brüderliche Solidarität und individuelle Initiative auszugleichen, und wie Solidarität und Rechtsgleichheit miteinander zu vereinbaren sind. Angesichts des realen Problemdrucks, für den *Steiner* im verlorenen Krieg ein bequemes Stichwort fand, postuliert er eine problemfreie Zone, als ob irgendein wirkliches Problem damit auch nur richtig formuliert wäre. Er differenziert organisch-global, um den wirklichen Differenzen und Entscheidungen zu entgehen und das Zusammenleben in den Brei eines höheren Organismus zu verrühren.

Das Einzige, was *Steiner* als Movens für die künftige Ordnung anerkennt, ist das »freie Geistesleben«. Von diesem »Zufluß« werden »sowohl der politische Staat wie das Wirtschaftsleben« profitieren (a.a.O., S. 69). Wenn alle vernünftig und anthroposophisch sind, wird auch die rechte Welt da sein:

»Auf dem Gebiete des politischen Staates werden sich die notwendigen gesunden Ansichten durch eine solche freie Wirkung des Geistesgutes bilden« (ebd.).

Insofern fällt bei aller Gleichwertigkeit der Einzelglieder doch dem Geistesleben eine Führerrolle zu, so wie sich *Plato* die Philosophen als Herrscher über die Restklassen der Gesellschaft dachte. Nur von Herrschaft ist bei *Steiner* nicht die Rede; es wird die Deckformel von der Erziehung benutzt, der denn auch für die Zukunft die entscheidende Aufgabe zufällt:

»Man wird der sozialen Frage niemals beikommen, wenn man nicht die Erziehungs- und Geistesfrage als einen ihrer wesentlichen Teile behandelt. (...) Der

Staat richtet juristische Lehranstalten ein. (...) Anstalten, die ganz aus einem freien Geistesleben hervorgegangen sind, werden den Inhalt der Jurisprudenz aus diesem Geistesleben schöpfen. Der Staat wird zu warten haben auf dasjenige, was ihm von diesem freien Geistesleben aus überantwortet wird. Er wird befruchtet werden von den lebendigen Ideen, die nur aus einem solchen Geistesleben erstehen können« (a.a.O., S. 11).

Die Freiheit des Geisteslebens dient also dazu, Staat und Wirtschaft nach eben diesem Geistesleben, – und das heißt praktisch doch wohl nach dem Curriculum der Waldorfschule und der esoterischen Schulung – auszurichten: die Anthroposophie herrscht über die Erziehung, auch wenn sie dem Anschein nach nur Freiheit für sich selbst fordert. Ihr Eigenleben soll das Gesamtleben werden: das soziale System wird ihre Bühne, und um das zu ermöglichen unter Verhältnissen, die noch ganz anders sind, wird eine Enklave verlangt, in der die Geistergreifung geprobt wird:

»Juristenschulen, Handelsschulen, landwirtschaftliche und industrielle Unterrichtsanstalten werden ihre Gestaltung aus dem freien Geistesleben heraus erhalten« (a.a.O., S. 10).

Was in diesen Schulen gelehrt wird, soll sich aus dem Geistesleben ergeben. Man sieht, daß es mit der Selbständigkeit der drei Glieder nicht weit her ist: Rechtsnormen und Wirtschaftsformen sollen von den Geistesforschern kommen, die selber nicht Verträge schließen, Klienten verteidigen, Ansprüche geltend machen und die selber nicht mit Geld handeln, Kredite geben und Bilanzen aufstellen. Und wenn die Geistesforscher noch nicht hinreichend erleuchtet sind, dann wird eben »der Staat zu warten haben«. Umgekehrt aber darf kein Hauch von Recht und Wirtschaft in das freie Geistesleben eindringen; es fehlen ja auch im Curriculum der Waldorfschule diese Gebiete. Das ist schnöde Erdenwirklichkeit:

»Im geistigen Gebiet waltet eine über das materielle Außenleben hinausgehende Wirklichkeit, die ihren Inhalt in sich selber trägt. (...) Kunst, Wissenschaft, Weltanschauung und alles, was damit zusammenhängt, bedarf einer solchen selbständigen Stellung in der menschlichen Gesellschaft. Denn im geistigen Leben hängt alles zusammen« (a.a.O., S. 67).

Wie für *Steiner* und mit *Steiner* alles zusammenhängt, braucht nicht wiederholt zu werden. Das Geistesleben ist absolut im genauen Sinn: es bestimmt sich aus sich selbst, und es bestimmt normgebend und orientierend alles andere, die rechtlichen und wirtschaftlichen Verhältnisse. Die über das »materielle Außenleben hinausgehende Wirklichkeit«, also der kosmische Weltenplan und das karmische Geschick, die Hierarchien der überirdischen Geister, der Angeloi und Archangeloi, diese ganze Geisterverwaltung, von der die Menschen unsichtbar geführt werden, gibt die Norm für Geld und Tausch, Straf- und Zivilrecht, Straßenverkehrsordnung und internationalen Warentausch. Man braucht *Steiner*s Andeutungen nur zu spezifizieren, um die haarsträubenden Folgerungen seiner Lehre von der Dreigliederung zu sehen.

Das Fatale und Unredliche ist: Herrschaft wird nicht Herrschaft, Macht nicht Macht, Führung nicht Führung genannt. Sie erscheinen in dem weiten Mantel menschenfreundlicher Liberalität, die alles gelten läßt und tausend Blumen blühen lassen will. Es soll herzlich frei und brüderlich gleich zugehen. Die richtigen Führer, die das Wahre sagen, werden kraft ihrer natürlichen Autorität schon Gefolgschaft finden, so wie die geliebte Autorität des Lehrers geradezu sehnsüchtig von den heranwachsenden Kindern angenommen wird. Wo *Steiner* Organismus sagt, ist Macht gemeint; wo er von Freiheit spricht, ist Führungim Spiel, und wo er das kindgemäße Lernen und die Erziehung vom Kinde aus propagiert, ist »Infiltration« seine Sache, um eine *Steiner*-Vokabel zu benutzen. Die Folge ist, daß all jene Bedenken und Sicherungen, die Vorkehrungen des Rechtswegestaates und die Kautelen gegen die unmittelbaren Eingebungen charismatisch bewegter Lehrer hinfällig werden und als sture Bürokratie, formelhafte Juristerei und intellektuelle Seelenferne denunziert werden dürfen. Wir sind ja alle einig, eine Gemeinschaft und ein dreigegliederter Sozialleib, in dessen Schwingungen einzutauchen ist. Da gilt es mitzusingen; und wer fragt, welche Melodie eigentlich gesungen wird, muß sich sagen lassen, daß er noch ein materialistischer Erdenkloß ist, in dem das Vorgeburtliche stark und das Nachtodliche schwach geblieben ist: eine verpatzte Inkarnation, die vielleicht in der nächsten Erdenrunde in lichtere Weiten gelangt.

Aber wer weiß das alles und handelt danach? Wer kennt sich aus mit dem Sozialorganismus und den Lebensgängen, mit Gegenwart und Zukunft? Denn Ordnung und Glieder herrschen ja nicht direkt, sondern durch Menschen, die sie auslegen; nicht »die« Erziehung erzieht, sondern einzelne Erzieher. Hier werden sie durch ein Wissen ins Recht gesetzt, das keine Grenze kennt:

»Die Fähigkeiten, die in dem Menschenkinde heranwachsen, werden der Gemeinschaft wirklich übermittelt werden, wenn über ihre Ausbildung nur zu

sorgen hat, wer aus geistigen Bestimmungsgründen heraus sein maßgebendes Urteil fällen kann. Wie weit ein Kind nach der einen oder anderen Richtung zu bringen ist, darüber wird ein Urteil nur in einer freien Geistesgemeinschaft entstehen können. Und was zu tun ist, um einem solchen Urteil zu seinem Recht zu verhelfen, das kann nur aus einer solchen Gemeinschaft heraus bestimmt werden« (a.a.O., S. 10).

Wer befindet darüber, ob jemand aus »geistigen Bestimmungsgründen heraus« urteilen kann? Gibt es eine Approbationsordnung für Geisterseher? Romane und Gedichte kann jeder schreiben, wie er will, da ist das Geistesleben frei, und niemand sollte da hineinreden und Änderungen erzwingen wollen. Aber ein Lehrer entscheidet über Menschen; wer entscheidet über den Lehrer? Und weiter: wie »entsteht« ein Urteil in der freien Geistesgemeinschaft? Gibt es eine Abstimmungsprozedur, oder entscheidet die »sanior pars«? Schließlich: wie wird eine Entscheidung geltend gemacht, und zwar so, daß der Betroffene sich wehren und Gegengründe vorbringen kann? Wie trennt sich eine Schule des freien Geisteslebens von den Irrenden, Ungläubigen und schlicht Unfähigen? Aber auch umgekehrt: wie kann ein Lehrer oder ein Schüler sich dagegen zur Wehr setzen, daß er exkommuniziert wird?
Aber das sind alles Fragen, die nach der Dreigliederungslehre gar nicht zugelassen sind: in der freien Geisteswelt geht es nicht rechtlich-demokratisch, sondern herzlich-familiär zu. Wer sich nicht fügt, wird nicht nach einer formalen Prozedur relegiert, er wird hinausgeekelt, oder wie es in der bildkräftigen und motivbildenden Sprache eines Waldorflehrers heißt: er wird »herausgeeitert«.[99] Man sieht, welchen Wert die Drei-Welten-Lehre für den Hausgebrauch hat. Sie sichert die unbefragbare Autorität der Geisterführer; denn Regeln und Normen, bürokratische Ordnung und Einklagbarkeit von Ansprüchen bestehen ja nur für die niederen Sphären des Rechts und der Wirtschaft, nicht für die exklusive Sphäre des Geistes. Man kann das auch schnöder sagen: im Verkehr mit der wirklichen Welt der Behörden, Verwaltung und Institutionen gelten die Regeln, die für jedermann auch gelten; aber im eigenen Zirkel herrscht noch das Ethos eines vormodernen Sippen- und Clansystems. Da ist man en famille, spricht seinen eigenen Code und blickt mit lächelnder Verachtung auf die unwissende Welt da draußen.

IV.

Der Gedanke der Dreigliederung des sozialen Organismus ist nicht allgemein geworden; wie sollte er auch. »Was auf die freie Einsicht und guten Willen angewiesen war, wurde zum Kampfobjekt von Politikern«, so bemerkt Johannes *Hemleben* und beschreibt die radikale Konsequenz, die *Steiner* nach dem Scheitern seiner Sozialpläne zog:

»Von heute auf morgen rief Steiner *seine Mitarbeiter zurück und beendete diesen, wie wir meinen, weltgeschichtlichen Versuch zur Lösung der sozialen Frage. Es war noch nicht an der Zeit«* (a.a.O., S. 123).

Der Kenner der größten planetarischen Abläufe und der fernsten Zukünfte, der Prophet einer neuen Geistepoche und Intimus des absoluten Geisterreichs hat sich also geirrt; er ruft wie ein Firmenchef, der sieht, daß sein Produkt vom Markt nicht angenommen wird, die Mitarbeiter in die Zentrale zurück. Doch was macht man jetzt mit dem Produkt? Was als Welterneuerungsidee gedacht ist, wird zur Betriebsideologie des eigenen Hauses. Nun dient die Dreigliederungsidee nach innen zur Legitimation einer Erziehung, die sich absolut setzt und sich zumutet, Weltschicksal zu spielen und karmische Anfänge zu stiften; und sie dient nach außen als Abwehrmechanismus gegen Politik und Wirtschaft, gegen die Rechenhaftigkeit und den Rationalismus der Welt draußen. Das Geistesleben ist frei, und die Erziehung braucht sich also nicht direkt, sondern nur menschheitlich und karmisch um das wirkliche Leben zu kümmern. Sie gewinnt ihre eigenen Themen aus dem Gewebe von Schauerlebnissen, theosophischen Lesefrüchten, ästhetisierenden Okkupationen der unterschiedlichsten und verschiedenartigsten Abteilungen aus dem geistesgeschichtlichen Museum und den Anregungen der aktuellen Pädagogik: der Schein wird zum Sein erklärt; der universelle Zuschauer hält sich für den Schöpfer dessen, was er alles sieht. Wie das im einzelnen zugeht, ist betrachtet worden. Was noch bleibt, ist die Frage, wer eigentlich eine solche Pädagogik braucht?

Es liegt nahe, zunächst von der Nachfrage auszugehen und hier die Antwort zu suchen. In der Tat ist die Anthroposophie und mit ihr die Waldorferziehung zur Anthroposophie als ein Reaktionsphänomen gedeutet worden. Zuletzt hat noch einmal Achim *Leschinsky* in seinem Aufsatz über »Waldorfschulen im Nationalsozialismus« auf die Affinität beider »Bewegungen« hingewiesen.[100] Man kann sie »bei allen Unterschieden als Bewegungen eines Antimodernismus« begreifen

(a.a.O., S. 273). Der zivilisatorische Druck des modernen Lebens, die Verstädterung und das Fremdwerden in der Gegenwart, der Prozeß der Anonymisierung der menschlichen Beziehungen – wie auch immer man den Stil der Moderne faßt: es ist für viele Menschen ein Sinnvakuum entstanden, auf das sie regressiv reagieren. Sie möchten eine Welt, wie sie früher einmal gewesen sein soll: Gemeinschaft statt Gesellschaft, väterliche Führung statt parlamentarischen Dauerstreit, häuslichen Frieden mit gesicherten Absatzchancen statt Konkurrenz bis aufs Messer im täglichen Kampf ums Weiterleben, überhaupt das einfache Leben statt Supermarkt und Fertigmenüs, Gefühl statt Verstand, authentisches Verhalten statt Formularbürokratie, mit einem Wort: Menschlichkeit statt Maschinen.
Das Unbehagen in der Kultur, wie es *Freud* unter triebpsychologischen Aspekten behandelt hat, ist leicht ansprechbar und als Sehnsucht nach Natur, Unmittelbarkeit, Tiefe, existenzieller Betroffenheit, Begegnung und Lebensnähe in eine Bewegung umzusetzen, die Gleichgesinnte vereint, um das Vergangene zur Zukunft und Heimat für alle zu machen. Aus konfessioneller Sicht stellt sich die Waldorfbewegung als Ersatzreligion dar, die die religiöse Nachfrage mit neuen Ritualen und Symbolen befriedigt, nachdem die Dorfluft des biblischen Christentums in städtischen Umwelten verweht ist. Sie erhalten das Numinose, das Unerforschbar-Zufällige des Lebens wird diskret serviert, in einer Verpackung, die auch Wissenschaft und Kunst einschließt und für die höheren Grade der Einweihung weitere Erkenntnisse vorhält. Auf jeden Fall bietet die anthroposophische Weltanschauung Gewißheit statt Diskurs und Diskussion, Antwort statt Skepsis, Ankunft statt Innovation und Variation als Dauerzustand. Im Asyl des freien Geisteslebens steht die Zeit still, so wie in einem Museum noch alles so erscheint, wie es früher einmal gewesen sein soll: geordnet, überschaubar, einfach, natürlich, menschlich, während auf der Straße und vor dem Fernsehen nichts so bleibt, wie es war. Wer nach wenigen Jahren an die Stätten seiner Kindheit und Jugend kommt, findet wenig noch so, wie er es verließ. H. *Lübbe* hat die zunehmende Musealisierung darauf zurückgeführt, daß der Veränderungsdruck und die »Beschleunigung« der Änderungen die Bewahrung einer bleibenden Identität gefährdet; so suchen wir uns Orte der Stabilisierung von Umständen und Verhältnissen, die uns sagen, wer wir sind.[101] Die Waldorfpädagogik ist ein Beispiel für die Musealisierung der Erziehung, mit einem Mut, dem keine Zweifel kom-

men. Das macht sie attraktiv für schwache Nerven, die eine feste Umwelt mit fixen Bedeutungen brauchen.
Wo es absolute Erkenntnis gibt, steht die Welt still. Denn mit Wesenserkenntnissen über Gott, Mensch und Welt gibt es keine Zweifel; für Wesenserkenntnisse gibt es keine wiederholbaren und variablen Verfahren, die auch zu Korrekturen der Ergebnisse führen könnten; gegen Wesenserkenntnisse gibt es keine Einwände und Rechtsmittel. Sie sind absolut und unabänderlich wie der Lauf der Sterne. Das ist ein Angebot, für das unter den Lebensbedingungen der Moderne eine dauerhafte Nachfrage besteht. Die Waldorfschule lebt von dem Sinnvakuum nach dem Abschied vom Absoluten, indem sie sich selbst absolut setzt, mit einem Curriculum als Abbild der Weltenordnung, mit einer unbefragbaren, selbstverständlichen Lehrerautorität, mit einer Methode, die unter dem Schirm preußischen Schulreglements entstanden ist und jetzt als Schlüssel zur Erkenntnis der höheren Welten dient, und mit einer Organisation, die noch dem schwachen Schüler einen Zugang zu dem Tauschwert eines höheren Schulabschlusses verspricht. Diese Kombination dürfte ihre Attraktivität behalten; die Zukunft der Waldorfschule ist gesichert durch das Bewußtsein der Unsicherheiten und Ungewißheiten, die dem nicht geträumten, sondern wirklich erfahrenen Leben heute nicht mehr auszutreiben sind.
Es könnte alles auch anders sein: die wissenschaftlichen Befunde und selbst die formale Logik, die eine Geschichte bekommen hat, die Standpunkte und Lebensprogramme, die Regierungsformen und die Sitten des Umgangs, der Geschmack und die Wertungen. Diese Erfahrung, berechtigt oder nicht, gehört zur Lebensluft der Moderne; eine Form, sich von dieser Last des Kontingenten zu befreien, besteht in dem bewußten Verzicht auf Bewußtsein, einem kalkulierten Glauben an Unveränderliches und dem methodischen Umstieg auf unmethodische Inspiration und Erleuchtung. Die Drachenformel, die jener ungenannte Lehrer und Seelenführer *Steiner* seinem Adepten empfohlen hat, stillt die Nachfrage nach existenzieller Sicherung im Bewußtsein der prinzipiellen Ungesichertheit.
Aber es ist nicht nur die Nachfrage, die zu einem Angebot führt und ihm einen guten Markt verschafft; das Angebot ist selber produktiv und schafft sich die Kunden, die es braucht, so wie die Medizin nicht nur Therapien entwickelt, um bestehenden Krankheiten zu begegnen, sondern mit neuen Therapien entstehen auch neue Krankheitsbilder und Patientengruppen. Diese Seite ist für die Zukunft der Waldorfschule

wahrscheinlich noch wichtiger als der Dauerbedarf an Sinn. Wie man weiß und lobend hervorhebt, zeigen die Waldorflehrer ein wesentlich stärkeres Engagement für die Sache der Erziehung als der durchschnittliche Lehrbeamte; sie kümmern sich mehr und verdienen weniger; sie pflegen einen steten Kontakt zu den Eltern und gehen auf die Sonderlage einzelner Kinder intensiver ein. Ist das etwa zu kritisieren und darf das in ein schiefes Licht gerückt werden? – Dennoch sei die Frage gestellt: wozu brauchen die Waldorflehrer die Erziehung? Wenn es zuletzt von ihnen abhängt, ob die Schule besteht und eine Zukunft hat, ist auch zu prüfen, was das spezifische Erziehungs- und Lehrerverständnis für den Einzelnen bedeutet und welche Funktion es in seiner Motivation hat. Erzieherische Motive sind gerade dann, wenn sie eine charismatische Färbung annehmen, nicht so unbedenklich, wie sie gegenüber dem zwar korrekten und bestenfalls wohlwollenden, aber sonst sehr affektneutralen Lehrer erscheinen mögen. Gerade der engagierte Erzieher, der sich als kleiner Menschheitsführer versteht, braucht die Schüler wie der Zahnarzt die Karies, aber nicht in dem trivialen Sinn, daß er damit sein Geld verdient, sondern er braucht die Erziehung, um seinem Leben einen Sinn und Inhalt zu geben.

Was damit angesprochen ist, geht weit über die Waldorfschule hinaus. Es betrifft die Motivlage in den helfenden Berufen, vor allem denen, die sich nicht nur auf technische und unmittelbar lebensdienliche Fragen beziehen (wie beim Rechtsanwalt oder Steuerberater), sondern auf die Motive der Klienten. Worin besteht das Motiv, auf Motive zu wirken? Was ist der Sinn einer Lebensführung, die anderen zeigt, wie das Leben zu führen ist? Wenn Pädagogik Motivation ist (als Erziehung zur Sittlichkeit oder zur sozial-kommunikativen Kompetenz, zum Staatsbürger oder Christen, zur Lernbereitschaft oder zu all dem zusammen), wie kommt dann die pädagogische Motivation zur Motivation anderer zustande?

Wie *Steiner* zum Erzieher und zum Erzieher der Erzieher geworden ist, ist vorgeführt worden: sein eigener Lerngang ist das genaue Gegenstück zu den Vorstellungen und Praktiken, die dann für die Waldorfschule verbindlich geworden sind. Das seltsam unbehauste Kind, fremd unter denen, die ihm die Nächsten sein sollen, schafft sich selbst ein Zuhause, das unantastbar ist, und bietet dann all den Suchenden und Fragenden mit seinen Vorstellungswelten eine Heimat. Es ist, als wolle er der eigenen Kindheit nacharbeiten, aufholen und einlösen, was da versäumt und vergessen wurde. Insofern ist *Steiner*s Erziehertum ein Stück

Selbsterziehung, die andere zu Zöglingen und Jüngern macht und ihnen die »devotionelle Haltung« zumutet, um das Unerfüllte seiner Jugend und das Problem der Distanz dadurch zu lösen, daß er ihre »Rätsel« beantwortet. In der ganzen Konstruktion einer auf unmittelbaren Schauerlebnissen beruhenden Lebensansicht bekundet sich ein seltsam kindlicher Narzismus und eine auf Dauer gestellte Egozentrik, die sich dann in dem Gedanken verfestigt, Kosmos, Geschichte und Natur seien nichts anderes als das Ich im großen. Für diese Konstellation bietet die Waldorfschule die organisierte Institution. Nicht für das Kind, sondern in seinem Namen kann der Lehrer sein, was sonst nicht mehr funktioniert: in der Waldorfschule ist er Kind, hier darf er's sein.
In einem der letzten Vortragszyklen über die »anthroposophische Pädagogik und ihre Voraussetzungen« (Bern im April 1924) wird dieses Weltbild eines Kindes noch einmal beschworen:

»Aber wie alles zugleich Anfang und zugleich Ende ist im Organismus, so auch im ganzen Geisteswesen. (...) Denn der Mensch ist ein Spiegel der Welt; im Menschen sind alle Geheimnisse des Weltalls enthalten. Im Menschen wirken die sich bewegenden Fixsterne, im Menschen wirken die sich bewegenden Planeten, wirken die Elemente der Natur.«[102]

Aus diesem Anfang und Ende, und man könnte genauer sagen: aus diesem Anfang als Ende soll eine goldene Regel für alles Erziehen hervorgehen, gleichsam ein pädagogisches Symbolum, das *Steiner* poetisierend in der folgenden Weise ausdrückt (a.a.O., S. 77):

Dem Stoff sich verschreiben,
Heißt Seelen zerreiben.
Im Geiste sich finden,
Heißt Menschen verbinden.
Im Menschen sich schauen,
Heißt Welten erbauen.

Das mag sich erbaulich anhören, aber es enthält einen Fingerzeig, welche Bedeutung das Erziehen anderer für einen Erzieher und seine Selbsterziehung hat, dem es zuletzt und einzig um sein eigenes Heil geht. Wer den Standpunkt des objektiven Wissens einnimmt, »verschreibt sich dem Stoff und zerreibt Seelen«; wer in der Sprache und in der Reflexion mit anderen eine gemeinsame Welt herstellt, kommt schon weiter, aber als das Höchste und Letzte erscheint das »Sich-Schauen«: der Erzieher als Selbsterzieher setzt sich selbst absolut und seine Umwelt kontingent; sie ist ein einziges Gleichnis für seine eigene

Komposition und auf sie kann er alles übertragen, was ihm selbst nicht gelingt. Denn er baut ja nicht wirklich, sondern die Erzogenen sollen nach seinem Bilde bauen. Das ist das Dilemma und eine Quelle der inneren Unredlichkeit des Erzieherberufs: er vermittelt etwas, was er selbst dann eben doch nicht ausführt.

Doch genau dieses Dilemma wird hier im abgeschirmten Bezirk einer exklusiven Erziehung geradezu Thema: der Waldorflehrer kann sich wie *Steiner* einbilden, daß er durch sein Wirken an einer Seele zugleich in den ganzen Kosmos, die Geschichte und den künftigen Erdengang eingreift, von den künftigen Inkarnationen ganz zu schweigen. Das absolute Wissen vermittelt zwischen der Geringfügigkeit und Unübersehbarkeit der Einzelaufgabe und dem Weltlauf: der Erzieher wirkt, obwohl er nicht wirklich eingreift und die Welt erhält oder richtigstellt oder positiv verändert. Er findet seine Erfüllung in der Aufgabenstellung für andere; das ist eine Konstellation, die zur Nachfolge einlädt. Man kann auch sagen: die Waldorfpädagogen gehen in die Falle der Selbstüberhöhung, wie es ihnen Steiner vorgemacht hat.

Warum hat dieses Motiv Zukunft? Weil diese Form, dem eigenen Leben einen menschlich befriedigenden, ganzheitlichen, nicht bloß funktionalen und arbeitsteilig fragmentarischen Sinn zu geben, gegen jedes Scheitern immun ist. Die wirkliche Probe auf die Erziehung liefern die Schüler, und in dem Maße, wie eine solche umfassende, ganzheitliche, Kunst und Wissenschaft, Arbeit und Andacht einheitlich geformte Sinnerfüllung unrealistisch ist, wird eine so verstandene Erziehungsaufgabe zu einem Notanker der Sinnfindung. Der Erzieherberuf gibt den Schein von bruchloser Sinnhaftigkeit, der anders nicht mehr zu verwirklichen ist, indem er sie anderen als Aufgabe zudenkt: Das Problem wird als Lösung dargestellt. Der pädagogische Beruf bietet eine scheinhafte Sinnchance, auf die man etwa als Rechtsanwalt für Steuerrecht oder internationales Privatrecht, als Arzt für Hautkrankheiten oder Hals-Nasen-Ohren, als Betriebswirt oder Wirtschaftsjournalist gar nicht mehr verfallen kann: eine totale Rolle, in der gedanklicher Inhalt, soziale Form und existenzielles Ethos bruchlos ineinander aufgehen. Der so verstandene Erzieherberuf gewinnt einen Heiligenschein höherer Einsichten und Wirkungen; aber eben nur als Schein des Heiligen und Gelungenen, eine großangelegte Scheinheiligkeit, die so tut, als ob sie sich aufopfert für andere und in Wahrheit die anderen mehr braucht als diese den Erzieher.

Genau dieser Umstand dürfte indes der Grund sein, weshalb gerade ein ideologisch so anspruchsvoller Beruf wie der des Waldorflehrers eine Zukunft hat. Solange das Sinnbedürfnis dem Traum von der »harmonisch ausgebildeten Persönlichkeit« nachstrebt und er faktisch von den wirklichen Lebensbedingungen dementiert wird, erscheint der Erzieherberuf in dieser scheinheiligen Vollkommenheit attraktiv für diejenigen, die ganzheitlich und authentisch statt differentiell und relativierend, affektiv statt kognitiv, normativ statt analytisch reagieren möchten, die in allem sich selber »finden« und selber anschauen möchten, ohne die Schule der Entäußerung und Kontingenzen durchzumachen. So wie *Steiner* das Thema seiner Dissertation über die »Verständigung des Bewußtseins mit sich selbst« immer und immer wieder behandelt hat, so spielt die Waldorfschule dem Lehrer diesen Enthusiasmus der Selbstverständigung und Eigenliebe zu.

Es ist kein Zweifel, daß die besitzergreifende Liebe durch intellektuelle Zumutungen abgestützt wird, die sich von allem emanzipieren, was man wirklich wissen und wovon man wissen kann, das es nicht zu wissen ist. Eine Schule, die für jedermann zumutbar sein soll, kann solche Umschlossenheit im Weltbild der Anthroposophie nicht übernehmen; sie würde doktrinär, eine Bekenntnisschule neuer Art. Es mag die Erziehungsaufgabe erschweren und belasten, daß es fertige Antworten für alles und jedes nicht gibt; aber sie wird zugleich ehrlicher und realistischer, wenn sie mit Brüchen und Differenzen, mit dem Stückwerkcharakter des Lebens rechnet. Die Enthaltsamkeit von definitiven Bestimmungen und Zuschreibungen dürfte der Freiheit der Einzelnen besser dienen als der angestrengte Versuch, der Selbsterziehung der Erzieher zuliebe das »sacrificium intellectus« zu bringen, und die absolute Erziehung zur Norm für alle zu machen. Insofern ist die öffentliche Schule gerade wegen ihrer Unzulänglichkeiten und verbesserungsfähigen Maßregeln eher der Ort, das Leben kennenzulernen, als eine Einrichtung, die mit allem schon fertig ist, wenn sie beginnt. Aber diese Überlegung kann keinem verwehren, wenigstens in der Schule das Vergangene als reale Gegenwart und bleibende Zukunft zu präsentieren. So gesehen sind die Aussichten der Waldorfschule nicht schlecht, und die kritische Reflexion kann nur hoffen, daß gelegentlich die Hand klüger ist als der Kopf und auch die Waldorfschule gegen Plan und Absicht, trotz karmischer Menschenkenntnis und kosmischer Gewißheiten die Menschen lehrt, das Unzulängliche auszuhalten, das Unverstandene fragend aufzunehmen und sich selbst als offene Bestimmbarkeit, nicht als Lösung zu begreifen.

Anmerkungen

[1] Das zeigen auch die Dissertationen, die sich mit der Waldorfpädagogik befaßt haben. Sie verfahren durchweg historisch-hermeneutisch; das heißt, sie bleiben im Umkreis der Formeln und Bestimmungen, die sie vorfinden, ohne das Selbstverständnis der Waldorfpädagogik systematisch zu überprüfen. Vgl. die Arbeiten von I. *Staedtke* (1929), J. W. *Schneider* (1952), U. *Koop* (1958) und S. *Oppolzer* (1959). – Aufschlußreich ist auch, unter welcher Ägide diese Arbeiten entstanden sind, nämlich Peter *Petersen*, Fritz *Blättner*, Wilhelm *Flitner* und Ernst *Lichtenstein*. Offenbar besteht in der reformpädagogisch-geisteswissenschaftlichen Pädagogik eine gewisse Sympathie mit den Motiven der Waldorfpädagogik, die bei aller Reserve gegenüber der Anthroposophie eine schonende Behandlung nahelegt. – Eine Ausnahme bildet die Dissertation von K. *Hövels* (1926), die die systematischen Schwachstellen der anthroposophischen Erziehung bloßlegt. Ihr wird deshalb auch prompt von I. *Staedtke* mangelndes Verständnis für die Motive der Waldorfpädagogik vorgeworfen.

[2] Sachlich und informativ ist die Darstellung von J. *Kiersch* (zuerst 1970); ebenso einnehmend und mit vielen Bildbeispielen das Buch von F. *Carlgren* (1981); G. *Wehr* (1983) geht stärker auf den theoretischen Hintergrund ein, während die Arbeiten von Chr. *Lindenberg* (1975 und 1981) auch aus anthroposophischer Sicht eher heterodox sind. Damit wird die Zugänglichkeit für Außenstehende und Neulinge gefördert.

[3] Vgl. H. *Scheuerl* (Hg.): Klassiker der Pädagogik, Bd. II, München 1979. Zu Rudolf *Steiner* der Artikel von Chr. *Lindenberg*, S. 170ff.

[4] Vgl. St. *Leber* (Hg.): Die Pädagogik der Waldorfschule und ihre Grundlagen. Darmstadt 1983. – Der Grundlagenteil ist von P. *Schneider*, E.-M. *Kranich*, H. *Müller-Wiedemann* und dem Herausgeber bearbeitet worden, und zwar ganz aus der Perspektive der Steinerschen Menschenkunde und Erkenntnislehre. Die theorie- und rezeptionsgeschichtlichen Hintergründe der Waldorfpädagogik bleiben im Dunkel, als gäbe es sie nicht. Der zweite Teil behandelt die Didaktik einzelner Fächer, vor allem aus der Sicht der Oberstufe, so daß auch hier die Darstellung eher einseitig ist und kaum das Charakteristische der Waldorferziehung trifft. Im dritten Teil geht es um »spezielle pädagogische Fragen und Fragen der Organisation«. Insgesamt fällt auf, daß sich die Verfasser nahezu ausschließlich auf die anthroposophische Zitiergemeinschaft beziehen. Die Waldorfgemeinde bleibt unter sich. Es ist unerfindlich, was ein solcher Sammelband in einer wissenschaftlichen Reihe zu suchen hat.

[5] Der Verfasser hat diesen Bericht zuerst unter dem Titel: »Von der Freiheit eines Waldorfmenschen – Eindrücke von der 31. öffentlichen Arbeitswoche der Freien Waldorfschule Stuttgart« veröffentlicht in: Schles-

wig-Holsteinische Schule, Jg. 34, 1981, S. 249ff. Einzelne Teile dieses Berichts sind hier übernommen.

[6] R. *Grosse*: Erlebte Pädagogik. Dornach 1975², S. 52. – Die pädagogische Atmosphäre um *Steiner* und die Waldorfpädagogen der ersten Stunde wird in dieser Autobiographie eines Beteiligten eindrucksvoll vergegenwärtigt. Sie wird im folgenden als eine Quelle authentischer Erziehungsweisheit der Anthroposophen benutzt.

[7] H. *Hahn*: Die Geburt der Waldorfschule aus den Impulsen der Dreigliederung des sozialen Organismus. In: M. J. *Krück v. Poturzyn* (Hg.): Wir erlebten Rudolf *Steiner*. Stuttgart 1980⁶, S. 87. – Dieses Erinnerungsbuch gibt gleichfalls einen aufschlußreichen Einblick in die Erziehung der Erzieher durch *Steiner*. Es zeigt den Meister auf der Höhe seiner charismatisch erlebten Wirkung.

[8] E. *Schwebsch*: Zur ästhetischen Erziehung. Stuttgart 1954, S. 187. – Schwebsch ist nach *Steiner* die maßgebende Autorität für den künstlerischen Unterricht an Waldorfschulen.

[9] H. *Nohl*: Pädagogische Aufsätze. Langensalza 1929² (Vorwort zur 1. Auflage 1919). – In welcher Weise sich die Pädagogik als Lösungspotential einer allgemeinen Krise inszeniert und überanstrengt hat, ist jetzt bei H.-E. *Tenorth* nachzulesen: Zur deutschen Bildungsgeschichte 1918–1945. Probleme, Analysen und politisch-pädagogische Perspektiven. Frankfurt 1985. – *Nohls* konstruktive Synthese aller möglichen Fragen und Bewegungen (der sozialen Frage und der Kunsterzieherbewegung, der Landschulheimbewegung und der Frauenfrage) zu der »reformpädagogischen Bewegung« konnte vermutlich nur deshalb einen solch durchschlagenden und bis heute wirksamen Erfolg haben, weil diese Synthese als Antwort auf das Enttäuschungserlebnis des verlorenen Krieges erschien. Vgl. H. *Nohl*: Die pädagogische Bewegung in Deutschland und ihre Theorie (zuerst 1935) Göttingen 1982⁹.

[10] R. *Steiner*: Anthroposophische Menschenkunde und Pädagogik, Gesamtausgabe Bd. 304a, Dornach 1979, S. 75f. – *Steiner*s Schriften und Reden sind in über 300 Bänden in der Dornacher Ausgabe zugänglich. Sie folgt jeweils den letzten Auflagen der noch von Steiner besorgten Ausgaben und den von Marie *Steiner-Sivers* redigierten Vortragstexten. Abweichungen und Umänderungen gegenüber früheren Auflagen, die oft erheblich sind, werden nicht vermerkt. Eine kritische *Steiner*-Ausgabe ist ein Desiderat. Außerdem sind die wichtigeren *Steiner*-Schriften in einer Taschenbuchausgabe zugänglich. Im folgenden wird, soweit möglich, nach der Taschenbuchausgabe (= TB und Bandnummer), sonst nach der Gesamtausgabe (= GA und Bandnummer), gelegentlich nach Einzeleditionen zitiert. Nähere Nachweise im Literaturverzeichnis.

[11] Über die Karmalehre in den sehr unterschiedlichen Zusammenhängen indischer Religions- und Seelenlehren unterrichtet H. *Glasenapp*: Die Religionen Indiens. Stuttgart 1955; und: Die Philosophie der Inder. Stuttgart 1958². –

Daß *Steiner* sich mit den Einzelheiten des indischen Denkens nicht eben gut auskannte, ist früh bemerkt worden. Darauf haben H. *Leisegang* (1922), J. W. *Hauer* (1923) u. a. hingewiesen. Zu *Steiners* Karma-Verständnis vgl.: Die Offenbarungen des Karma (GA 120; TB 620).

12 F. *Hiebel*: Zum Weltbild Rudolf Steiners, in: K. E. *Becker*/H.-P. *Schreiner*: Anthroposophie heute. München 1981, S. 31. – Man sieht bei *Hiebel* das Zweideutige der Anthroposophie gegenüber der zünftigen Wissenschaft. Einerseits möchte sie auf den Nimbus des Wissenschaftlichen nicht verzichten, andererseits enthält sie eine radikale Absage an die Wissenschaft als Inbegriff falschen, gegenständlichen und ertötenden Denkens. Wenn es mit Umdeutungen nicht geht, wird verdammt; wenn es paßt, wird freudig übernommen, je nach Lage der Diskussion. Daß dabei das Bild »der« Wissenschaft in beiden Fällen vollkommen verkannt wird, liegt auf der Hand.

13 A. *Steffen*: Die anthroposophische Pädagogik, Dornach 1983, S. 11. – Steffen gehörte mit G. *Wachsmuth* und *F. Rittelmeyer* zum innersten Kreis der Eingeweihten, der dann auch als Führungstroika nach *Steiners* Tod eingesetzt worden ist. Bei der Beerdigung *Steiners* durfte er aus seiner Ritualpoesie vortragen.

14 G. *Wachsmuth*: Rudolf *Steiners* Erdenleben und Wirken (zuerst 1941). Dornach 1964^2, S. 623. – *Wachsmuth* hat die offizielle Biographie verfaßt, und zwar im Anschluß an Steiners Selbstdarstellung im »Lebensgang«. Die anthroposophische Bewegung wird als karmisch-kosmisches Ereignis behandelt, das in Sieben-Jahres-Rhythmen sich entfaltet, nicht anders als ein individuelles Leben. Die Biographie stellt einen singulären Fall in der sonst verödeten Gattung der Heiligenviten dar. – Etwas gemäßigter, aber auch sehr verehrungsvoll ist die Darstellung von Fred *Poeppig* (1960). Vgl. auch die gleichfalls anthroposophische Monographie von J. *Hemleben* (1963).

15 Zitiert nach M. *Seiling*: Die anthroposophische Bewegung und ihr Prophet. Lorch 1921^2, S. 26. – *Seiling* war ursprünglich Anhänger, um dann aus seiner Insiderkenntnis die Brüche, Ungereimtheiten und menschlichen Unzulänglichkeiten, die er am Meister zu bemerken meinte, zu archivieren. Gleichwohl ist seine Arbeit um eine sorgfältige Dokumentation der Vorwürfe bemüht und vermeidet den unbelegbaren Klatsch, der gerade auch in Anthroposophenkreisen um Steiner blühte.

16 Insbesondere die christlich-konfessionelle Kritik hat sich durch *Steiners* Christusspekulationen herausgefordert gefühlt. Vgl. aus früherer Zeit neben M. *Seiling* vor allem M. *Kully* (1920 und 1920/21), aus der Gegenwart V. *Pierott* (1983) und J. *Badewien* (1985). Diese und andere Schriften gehören zur theologischen Kontroversliteratur, wie sie sich im Umkreis weltanschaulicher Bekenntnisse üblicherweise findet.

17 Nach *Seiling*, a.a.O., S. 4. – Seiling selber nennt *Steiner* einen »Verwandlungskünstler« (S. 50), der sich mit Absicht und Bedacht geläufiger Formeln

und Bilder bedient, um damit etwas ganz anderes, ja Entgegengesetztes zu transportieren. Als Beleg für die Absichtlichkeit dieser Methode verweist *Seiling* auf eine Stelle aus *Steiner*s Mysterienspiel »Die Prüfung der Seele«, wo Lucifer sagt: »Man kann für Christi Gegenbild/ Am besten Menschenherzen fangen,/ Wenn man Christi Namen diesem Bilde gibt«. Es ist zu beachten, daß die Luzifergestalt bei *Steiner* positiv besetzt ist.

[18] So erscheint in der »Frankfurter Zeitung« vom 16. 10. 21 ein Artikel (gez.: *Mörike*), der die unredliche Publikationspraxis *Steiner*s nachweist, indem er frühere Positionen wegläßt oder umschreibt, um sie aktuell passend zu machen: »Wir fragen uns, wie wir dem ›Hellseher‹ und ›Geistesforscher‹ *Steiner* auf dem heiklem Gebiet seiner Hellseherei und seiner Forschungen in der Akasha-Chronik Glauben und Vertrauen schenken sollen, wenn wir schon auf dem höchst diesseitigen seiner literarischen Tätigkeit so erschreckende Beweise für seine Unwahrhaftigkeit finden. Und der soll der Messias sein? Wir sehen nur das Zerrbild eines Führers (...), einen Gaukler und Komödianten« (zitiert nach H. *Leisegang*: Die Grundlagen der Anthroposophie. Eine Kritik der Schriften Rudolf *Steiner*s. Hamburg 1922, S. 44). Es ist hinzuzufügen, daß auch in der Dornacher Gesamtausgabe die scharfzüngigen Bemerkungen des Kulturkritikers Steiner aus seiner Magazinzeit weggelassen sind.

[19] Zitiert nach *Seiling*, a.a.O., S. 19

[20] H. *Leisegang*: Die Grundlagen der Anthroposophie. Hamburg 1922, S. 45. – *Leisegang* hat eine immer noch lesenswerte Auseinandersetzung mit der Anthroposophie geschrieben, die sich in ihrer direkten Sprache wohltuend von den weihepriesterlichen Verehrungshymnen unterscheidet, mit denen sonst die »essentiale Geisteswissenschaft« behandelt wird. Die Diskontinuität in *Steiner*s Grundauffassungen hat detailliert vor allem J. W. *Hauer* (1923) nachgewiesen.

[21] G. *Wehr*: Der innere Weg. Reinbek 1983, S. 33

[22] Die Autobiographie »Mein Lebensgang« hat *Steiner* für die anthroposophische Zeitschrift »Goetheanum« in Fortsetzungen geschrieben (1923 bis 1925). Sie umfaßt Kindheit und Jugend (1861 bis 1879), Studienzeit, die Arbeit im Weimarer-Goethearchiv (ab 1890), die Berliner Zeit (ab 1897), den Eintritt in die Theosophische Gesellschaft (1902) und die Tätigkeit als deren Sekretär und Chefideologe (bis 1913). – Im folgenden wird zitiert nach der Taschenbuchausgabe 636, Dornach 1975 (GA 28, Dornach 1962).

[23] Zuerst in: Neues Wiener Journal, 26. 4. 1925; hier zitiert nach F. *Poeppig*: Rudolf Steiner. Der große Unbekannte. Wien 1960, S. 60. – Richard *Specht* (1870–1932) war nach den Angaben von *Poeppig* erst Publizist, später Professor an der Akademie für Musik und darstellende Kunst in Wien.

[24] Welche Bedeutung Marie *v. Sivers* (1867–1948) für *Steiner*s Avancement zukommt, läßt sich schwer abschätzen und bedürfte einer eigenen Untersu-

chung. Durch sie gewinnt er Zugang zu den Theosophen, die ihn für sich entdecken und ihm das Bewußtsein einer Mission zuspielen; durch sie dürfte auch die praktisch-ästhetische Wendung eingeleitet sein: der Zuschauer und Kritiker geht selbst auf die Bühne und inszeniert je länger desto mehr sein eigenes Stück und schließlich nur noch sich selbst als Hauptthema seines Lebens. Wie scharf der Bruch *Steiners* mit seiner bisherigen Lebensform und »Weltanschauung« von seiner Umgebung empfunden wurde, sozusagen als theosophische Konversion, wird bei F. Poeppig belegt (a.a.O., S. 147).

25 R. *Steiner*: Briefe I, Dornach 1955, S. 10

26 Vgl. Allgemeine Menschenkunde als Grundlage der Pädagogik (GA 293; TB 617): »Warum kann der Mensch zum Beispiel Geometrie ausbilden? (...) Er zeichnet ein Dreieck und sagt: das ist ein Dreieck! – In Wahrheit ist das eine unbewußt ausgeführte Bewegung, die er im Kosmos vollführt. – Diese Bewegungen, die Sie in der Geometrie fixieren, indem Sie geometrische Figuren zeichnen, führen Sie mit der Erde aus. (...) Und noch viel kompliziertere Bewegungen werden ausgeführt, solche Bewegungen zum Beispiel, die in den Linien liegen, welche die geometrischen Körper haben: der Würfel, das Oktaeder, das Dodekaeder, das Ikosaeder und so weiter. Diese Körper sind nicht erfunden, sie sind Wirklichkeit, nur unbewußte Wirklichkeit. Es liegen in diesen und in noch anderen Körperformen merkwürdige Anklänge an dieses für den Menschen unbewußte Wissen. Das wird dadurch herbeigeführt, daß unser Knochensystem eine wesentliche Erkenntnis hat, aber Sie reichen nicht mit Ihrem Bewußtsein bis zum Knochensystem hinunter. Das Bewußtsein davon erstirbt, es wird nur reflektiert in den Bildern der Geometrie, die der Mensch da als Bilder ausführt« (S. 58–60). Zu dieser anthroposophischen Knochengeometrie und ihrer didaktischen Umsetzung vgl. auch L. *Locher-Ernst*: Raum und Gegenraum. Einführung in die neuere Geometrie. Dornach 1970.

27 Zitiert nach J. *Hemleben*: Rudolf *Steiner*. Reinbek 1963, S. 25. – Das Zitat stammt aus dem Vorwort zur französischen Übersetzung der Schrift »Das Christentum als mystische Tatsache« durch E. *Schuré*.

28 R. *Steiner*: *Goethes* Weltanschauung (zuerst 1897), GA 6, TB 625

29 Die überragende Bedeutung J. F. *Herbarts* (1776–1841) für das österreichische Kulturleben im 19. Jahrhundert belegt umfassend und eindrucksvoll W. M. *Johnston*: Österreichische Kultur- und Geistesgeschichte. Wien-Köln-Graz 1972. – Seine Psychologie und Pädagogik wurden ebenso wie seine Ästhetik sowohl theoretisch als auch praktisch-institutionell rezipiert. Insbesondere der eigentümliche Formalismus Herbarts fand Nachfolger, z. B. in E. *Hanslicks* Attacke gegen *Wagner* und gegen die Programmusik, dann aber vor allem in der Philosophie Robert *Zimmermanns* (1824–1898). Seine »Anthroposophie« (Wien 1882) hat *Steiner* mehr als nur das Stichwort gegeben. *Johnston* bemerkt: »Beginnend mit ›Ästhetik‹ und gipfelnd in ›Anthroposophie‹ (Wien 1882) bemühte sich Zimmermann, die Kontinuität

von Wissen, praktischem Leben und Kunst im engeren Sinne zu verfechten. (...) In Rudolf *Steiner* (...), der in seinem Lehrer ein Modell der Vielseitigkeit *Goethes* sah, fand dieses Werk eine Art Fortführer. Von *Zimmermann* hat Steiner auch den Terminus Anthroposophie übernommen, mit dem er seine eigenen, ganz andersgearteten geisteswissenschaftlichen Forschungsergebnisse bezeichnete« (S. 292). – Um es bildlich zu sagen: *Steiner* hat vom Herbartianismus österreichischer Provenienz die Melodie übernommen und ihr resolut seinen eigenen Text eingepaßt. Das gilt auch, wie sich zeigen wird, für seine Übernahme der herbartianischen Pädagogik. Es ist in der Tat überraschend, wie wenig die Abhängigkeit *Steiners* von dem *Herbart*schen Ästhetizismus und von der Schule der Herbartianer beachtet worden ist. Die Selbstpräsentation als Originalgeist wird ungeprüft übernommen. Aber nicht nur im Hinblick auf die anthroposophischen Grundlehren, sondern auch im Hinblick auf Didaktik und Methodik sieht man, daß es wenig Neues unter der anthroposophischen Sonne gibt.

30 Zu dieser Unbestimmtheit gehört auch, daß *Steiner* wenn nicht gefördert, so doch zugelassen hat, daß er sich in einer peinlichen Weise als Reinkarnation von Menschheitsführern hat verehren lassen. *Seiling* (1921) meint, einige hätten ihn für eine Reinkarnation von *Jesus* gehalten; V. *Pierott* äußert die Ansicht, *Steiner* habe sich selbst als die Reinkarnation eines indischen Buddha verstanden: Anthroposophie – eine Alternative? Neuhausen/Stuttgart 1983². – In jedem Falle bleibt, daß *Steiner* seine geisteswissenschaftlichen Gaben nicht dazu benutzt hat, klar zu sagen, was er in seinem vorherigen Erdenleben gewesen ist oder wofür er sich hielt, und bloßen Vermutungen entgegenzutreten.

31 L. *Wittgenstein*: Tractatus logico-philosophicus, in: Schriften I, Frankfurt 1960, S. 23: »Wenn sich alles so verhält, als hätte ein Zeichen Bedeutung, dann hat es auch Bedeutung.«

32 H. *Schrey*: Waldorfpädagogik. Kritische Beschreibung und Versuch eines Gesprächs. Bad Godesberg 1968, S. 11 – Vgl. auch H. *Kloss*: Waldorfpädagogik und Staatsschulwesen. Stuttgart 1955

33 In einem internen Rundbrief für Lehrer wird deshalb auch gewarnt vor der »Unterwanderung durch fremde Interessen, die heute von seiten derer kommen können, die nur eine Alternative suchen (...) im Sinne heutiger Demokratiebestrebungen«. – Zitiert nach J. *Badewien*: Anthroposophie. Eine kritische Darstellung. Konstanz 1985, S. 141

34 P. *Schneider*: Einführung in die Waldorfpädagogik. Stuttgart 1982, S. 14. – *Schneider* stützt sich, wie es die anthroposophische Orthodoxie verlangt, vor allem auf die »Philosophie der Freiheit«, die als Grundlegung gilt, ohne allerdings die mannigfachen Änderungen zu beachten, die *Steiner* in den verschiedenen Auflagen vorgenommen hat, um sie seinen späteren Positionen anzupassen. Vor allem aber bleiben bei *Schneider* die wirkli-

chen »Forschungsergebnisse« *Steiners* im Schatten, an denen sich doch die Triftigkeit seiner Grundlegung zeigen müßte.

[35] H. *Lübbe*: Bewußtsein in Geschichten. Studien zur Phänomenologie der Subjektivität. Stuttgart 1972, S. 30 – *Lübbe* behandelt so verschiedenartige Denker wie *Husserl, Wittgenstein* und *Schapp* unter dem Gesichtspunkt, daß Identität über Geschichten vermittelt wird. Vor allem Wilhelm *Schapps* »Philosophie der Geschichten« (1959) hat für *Lübbe* eine maßgebende Bedeutung für die Rehabilitierung der vorwissenschaftlichen Weltsicht. Vgl. auch von W. *Schapp*: In Geschichten verstrickt (1953)

[36] H. *Kiene*: Grundlinien einer essentialen Wissenschaftstheorie. Die Erkenntnistheorie Rudolf *Steiners* im Spannungsfeld moderner Wissenschaftstheorie. Perspektiven essentialer Wissenschaft. Stuttgart 1984 – *Kiene* will vor allem am Beispiel der medizinischen Forschung die Unfruchtbarkeit relativistisch orientierter Erkenntnisparadigmen zeigen, wie sie im kritischen Rationalismus von Karl *Popper* und Hans *Albert* bzw. von der historistisch argumentierenden Wissenschaftslehre von Paul *Feyerabend* u. a. vertreten wird.

[37] Vgl. dazu M. *Scheler*: Die Wissensformen und die Gesellschaft. Bern/München 1980, und von J. *Habermas*: Erkenntnis und Interesse, in: Technik und Wissenschaft als ›Ideologie‹. Frankfurt 1968. – Auch die Arbeiten von *K.-O. Apel* entwickeln ein triadisches Interessenschema, vgl. Wissenschaft als Emanzipation? – Eine kritische Würdigung der Wissenschaftskonzeption der ›Kritischen Theorie‹, in: Transformation der Philosophie, Bd. 2, Frankfurt 1973, S. 128ff.

[38] J. F. *Herbart*: Hauptpunkte der Metaphysik (1806), in: Sämtliche Werke, Bd. 2, Aalen 1964, S. 187

[39] B. *Kallert*: Die Erkenntnistheorie Rudolf *Steiners*. Der Erkenntnisbegriff des objektiven Idealismus. Stuttgart 1960, S. 48 – Was *Kallert* »objektiven Idealismus« nennt und bei *Steiner* findet, ist nichts anderes als eine Wiedergeburt der scholastischen Lehre von den substanzialen Formen, von der man meinen sollte, daß ihr seit der Kritik von Occam und seiner Schule längst der Garaus gemacht worden sei.

[40] Zitiert nach K. *Rittersbacher*: Zur Beurteilung der Pädagogik Rudolf *Steiners*. Eine kulturpädagogische Studie. Basel 1969, S. 21 f. – Julius *Langbehn* mutet nach seiner geistigen Struktur und den Bedingungen seiner Sozialisation wie der etwas weniger begabte Bruder Steiners an. Er verkörpert den Typ des Weltanschauungsproduzenten, der mit »*Rembrandt* als Erzieher« (1890 anonym veröffentlicht) einen sensationellen und offenbar neiderregenden Erfolg verbuchen konnte. Zu *Langbehn* vgl. auch: »Vom Geist des Ganzen«, hg. v. M. B. *Nissen*, Freiburg 1930

[41] R. *Steiner*: Aus der Akasha-Chronik, GA 11; hier zitiert nach TB 616, Dornach 1983

[42] R. *Steiner*: Die Geheimwissenschaft im Umriß (zuerst 1910), GA 13; hier zitiert nach TB 601, Dornach 1979, S. 296

[43] M. *Dessoir*: Vom Jenseits der Seele. Die Geheimwissenschaften in kritischer Betrachtung. Stuttgart 1931[6], S. 415. – *Dessoir* macht vor allem klar, wieviel *Steiner* der Überlieferung »geheimer« Offenbarungen aus den verschiedenen Strömungen des europäischen und europäisierten Okkultismus verdankt. Insbesondere das Sieben-Stufen-Schema ist uralt; es zieht sich von der Pythagoräern bis zu den Rosenkreuzern als Dechiffrierschlüssel durch gnostische, kabbalistische und mystische Spekulationen. Unerfreulich ist nur, wenn dann die Wissenschaft kommt und zu den sieben Planeten noch einen weiteren (Pluto) hinzuentdeckt, wie es nach Steiners Tod geschehen ist. Was ist nun falsch: das Entsprechungsschema von Kosmos und Geschichte, Geschichte und Menschenleben oder die Wissenschaft? Oder muß die Geisteswissenschaft ihre Schaugedanken ändern und noch eine achte Großepoche in die ›Akasha-Chronik‹ schreiben, der dann auch noch eine weitere Seelenetage zu entsprechen hätte? Bisher ist das noch nicht geschehen. Das anthroposophische Schauen ist offenbar nicht ganz auf dem letzten Stand der Physik.

[44] Von G. A. *Lindners* Schriften dürfte *Steiner* die »Einleitung in das Studium der Philosophie ...«, Wien 1866, und das »Lehrbuch der empirischen Psychologie nach genetischer Methode«, Graz 1858, mit Sicherheit gekannt haben (wie übrigens auch der Wiener Gymnasiast S. *Freud*). – Wie sicher er sich in dem Grundgedankengang der Herbartschule bewegte, zeigt allgemein eine Bemerkung in dem Baseler Vortrag vom 20. 4. 1920: »Ich habe selber die Herbartsche Strömung recht intim kennengelernt. (...) An allen österreichischen Universitäten wirkten für die Pädagogik Herbartianer ...« (GA 301, S. 10); und mehr noch am 11. 5. 1920, gleichfalls in Basel: »(...) was ja schließlich auch *Herbart* gesagt hat: Er könne sich keinen Unterricht denken, der nicht zugleich Erziehung wäre, und er könne sich keine Erziehung denken, die des Unterrichts entbehren könne. Aber es handelt sich darum, daß wir alles dasjenige, was uns geboten wird als Unterrichtsstoff von der fortschreitenden Entwicklung der Menschheit, in die Schule so hineintragen können, daß es unter unseren Händen Erziehung wird für das Kind« (a.a.O., S. 230).

[45] Der deutsche Herbartianismus hat das große Zeugnis seiner systematischen und sorgsam differenzierten Leistung in dem »Enzyklopädischen Handbuch der Pädagogik«, 10 Bde, 1894ff., hg. von W. *Rein*, gegeben. Hier findet sich alles, was T. *Ziller* und V. *Stoy*, E. v. *Sallwürk* und W. *Rein* sowie die vielen Mitarbeiter der Schule zu den allgemeinen und den hochspeziellen Fragen der Erziehung, des Unterrichts, der Organisation und Methodenwahl erwogen und vertreten haben.

[46] Vgl. J. F. *Herbart*: Berichte an Herrn Karl Friedrich *Steiger* (1797/98), in: Kleinere Pädagogische Schriften, hg. v. W. *Asmus*, Stuttgart 1982[2]

[47] R. *Steiner*: Anthroposophische Erziehung und ihre Voraussetzungen. Eine Vortragsreihe gehalten in Bern vom 13. April bis 17. April 1924, Basel 1951, S. 1

[48] Zu den Arbeiten von J. W. *Schneider* und U. *Koop* vgl. Anmerkung Nr. 1

[49] K. *Rittersbacher*: Zur Beurteilung der Pädagogik Rudolf *Steiners*. Basel 1969, S. 56

[50] Zur Reformpädagogik vgl. die Darstellungen von W. *Scheibe* (1969) und H. *Röhrs* (1977). – Beide gehen von dem durch H. *Nohl* geprägten und sozusagen kanonischen Verständnis einer einheitlichen und gegen die alte Erziehung abgesetzten Bewegung aus, d. h. sie tradieren das Verständnis, das sich eine bestimmte Richtung der Reformerziehung selbst gegeben hat.

[51] R. *Steiner*: Die Erziehung des Kindes vom Gesichtspunkte der Geisteswissenschaft und andere Schriften (1907). Dornach 1981 (GA 34)

[52] F. *Carlgren*: Erziehung zur Freiheit, Stuttgart (1972) 1977², S. 14 – Die Bibliotheksausgabe, die der Verfasser benutzt hat, enthält auf der Titelseite den emphatischen Hinweis eines Lesers: »Echt toll, dieses Buch!« – Es steht zu vermuten, daß nicht der ursprünglich-exakte Sinn dieser Redewendung gemeint ist.

[53] Chr. *Lindenberg*: Waldorfschulen: Angstfrei lernen, selbstbewußt handeln. Reinbek 1975, S. 41

[54] Das findet sich mit der üblichen Kautele, es werde »nicht Anthroposophie« gelehrt, sehr klar bei H. *Gerbert*: Menschenbildung aus Kunstverständnis. Kunstgeschichte und Ästhetik in der Oberstufe der Waldorfschule. Stuttgart 1983², S. 18: »So fern es dem Unterrichtenden liegen muß, Anthroposophie in die Schule zu tragen, für seine Methodik kann er hier sicheren Halt gewinnen, wenn er alle Einzelheiten in Beziehung zum Menschen, als dem mikrokosmischen Zentrum allen Weltgeschehens bringt.« – Die Anthroposophie braucht in der Tat nicht hineingetragen zu werden, sie ist immer schon da.

[55] Chr. *Lindenberg*: Rudolf *Steiner*, in: Klassiker der Pädagogik, Bd. II, hg. von H. *Scheuerl*, München 1979, S. 177

[56] Vgl. J. *Piaget* /B. *Inhelder*: Die Psychologie des Kindes. Olten/Freiburg 1973² sowie allgemein zur Problematik des Imitationslernens C. *Zumkley-Münkel*: Imitationslernen. Düsseldorf 1976

[57] J. *Kiersch*: Die Waldorfpädagogik (1970). Stuttgart 1984⁶, S. 17

[58] zitiert nach J. *Kiersch*, a.a.O., S. 15

[59] R. *Steiner*: Die geistige Führung des Menschen und der Menschheit (GA 15) TB 614, S. 11

[60] R. *Steiner*: Allgemeine Menschenkunde als Grundlage der Pädagogik (GA 293) TB 617, S. 66 (im folgenden: Allg. Menschenkunde)

[61] R. *Steiner*: Wie erlangt man die Erkenntnisse der höheren Welten? (zuerst 1909; GA 10) TB 600

[62] J. W. *Goethe*: Maximen und Reflexionen (Nr. 347), in: Berliner Ausgabe, Bd. 18, Berlin-Ost 1972, S. 524

[63] W. *Roeßler* hat in dem Buch »Die Entstehung des modernen Erziehungswesens in Deutschland« (Stuttgart 1961) dargestellt, wie sich der Übergang von den vorindustriellen Lebensformen zur modernen, arbeitsteiligen, markt-

orientierten Gesellschaft für die Erziehungs- und Lernformen ausgewirkt hat und wie er sich im pädagogischen Denken spiegelt. Der Bedarf an pädagogischen Konsensformeln wächst, wenn nicht mehr allein durch Geburt und Besitz bestimmt ist, was einer wird, sondern die schulische Ausbildung als mitbestimmender Faktor hinzutritt. Vgl. auch N. *Luhmann*/H.-E. *Schorr*: Reflexionsprobleme im Erziehungssystem (Stuttgart 1979) zum Stichwort »Inklusion«, S. 29ff. und passim.

64 G. A. *Lindner*: Enzyklopädisches Handbuch der Erziehungskunde, Wien/Leipzig 1884, S. 471 – Daß *Lindners* Definition nicht veraltet ist, kann der Vergleich mit folgender Lehrplandefinition zeigen: »Der Lehrplan ist die geordnete Zusammenfassung von Lehrinhalten, die während eines vom Plan angegebenen Zeitraumes über Unterricht, Schulung oder Ausbildung vom Lernenden angeeignet und verarbeitet werden sollen.« (H. *Blankertz*: Theorien und Modelle der Didaktik. München 1975[9], S. 118)

65 So gesehen hat die Waldorfschule genauso einen Lehrplan wie jede andere Schule, der sagt, welche Fächer unterrichtet werden und welche nicht (z. B. Gartenbau, aber nicht politische Bildung), wann mit den einzelnen Fächern begonnen wird (Englisch in der Grundschule), welche Reihenfolge die Themen haben (erst Märchen und Legenden, dann Mythologie) usw. Dieser Lehrplan gehört zum Leistungsangebot der Schule: er sagt den Abnehmern, was sie zu erwarten haben und was nicht. Insofern bindet er die Lehrer in genau der gleichen Weise wie die Lehrpläne der öffentlichen Schule. So trivial diese Feststellungen anmuten mögen, sie sind gleichwohl unverzichtbar angesichts der Polemik gegen die »bürokratische« und »reglementierte« öffentliche Schule, der gegenüber die Waldorfschule eine Oase regelfreien Lernens sei. Nichts dergleichen ist der Fall: der Schüler »hat« genauso Stricken oder Eurhythmie wie der Staatsschüler Sachkunde oder Rechnen, ob er will oder nicht.

66 R. *Steiner*: Erziehungskunst. Methodisch-Didaktisches (GA 294) TB 618, S. 21 (im folgenden: Erziehungskunst)

67 Zu T. *Ziller* vgl. B. *Schwenk*: Das Herbartverständnis der Herbartianer. Weinheim 1963, sowie H. B. *Dunkel*: *Herbart* and Herbartianism. An Educational Ghost Story. Chicago/London 1970. – Texte der Herbartschule haben wieder zugänglich gemacht: B. *Adl-Amini*, J. *Oelkers* und D. *Neumann* (Hg.): Pädagogische Theorie und erzieherische Praxis. Grundlegung und Auswirkungen von *Herbarts* Theorie der Pädagogik und Didaktik. Bern/Stuttgart 1979 (mit einer problemgeschichtlichen Einleitung der Herausgeber)

68 Die Stuttgarter Vorträge sind enthalten in den Bänden »Allgemeine Menschenkunde« und »Erziehungskunst«; sie sind für die Erstbegegnung mit der Waldorfpädagogik maßgebend, dürften aber nicht ausreichen, die anthroposophische Einbettung der Pädagogik hinreichend zu verdeutlichen.

69 C. v. *Heydebrand*: Vom Lehrplan der Freien Waldorfschule (zuerst 1928),

Neuauflage Stuttgart 1978 – Das Seltsame an diesem Lehrplan ist, daß er eigentlich keiner sein will. Nach v. *Kügelgen* wird er »fälschlich ›Lehrplan‹ genannt« (S. 7), als ob erst die spezielle Ausführung der richtige, nämlich »lebendige Lehrplan« sei (ebd.). Faktisch dürfte kein anderer Lehrplan aus der Zeit um 1920 noch in Geltung sein, der mit der gleichen Regelmäßigkeit und Verbindlichkeit beachtet wird.

70 R. *Steiner*: Die Kunst des Erziehens aus dem Erfassen der Menschenwesenheit, GA 311, S. 13f.

71 Die Idee des genetischen Lernens geht auf *Pestalozzi, Diesterweg, Mager* u. a. zurück und ist in einer modernen Fassung noch einmal von M. *Wagenschein* aufgenommen worden. Vgl. ders.: Die pädagogische Dimension der Physik. Braunschweig 1965[2]

72 Gelegentlich werden bei *Steiner* weitergehende Ambitionen zur Einführung eines ausdrücklich anthroposophischen Curriculums sichtbar: »Wir können heute noch nicht dasjenige, was Geisteswissenschaft geben kann für Pädagogik und Didaktik, anders verwenden im Unterrichten denn in seiner Konsequenz für die Unterrichtskunst. Das ist nämlich das Wesentliche der Geisteswissenschaft, daß sie zu gleicher Zeit künstlerische Impulse enthält, daß sie so in den Menschen übergeht, daß er etwas kann durch sie.« (Die Erneuerung der pädagogisch-didaktischen Kunst durch Geisteswissenschaft, GA 301, S. 181).

73 Problematisch und faktisch nicht mehr erreichbar ist eine verbindliche Formulierung des Verhältnisses von objektiver Kultur und individueller Bildung, was sich gut an den Worthülsen von Lehrplanpräambeln ablesen läßt. Daran zeigt sich, daß die implizite Voraussetzung des älteren Erziehungsunterrichts, es müsse *einen* Zweck der Erziehung geben, längst hinfällig geworden ist, so daß die Schule genötigt ist, ihre erreichbaren Ziele bescheidener und unbestimmter zu fassen. Gesinnungsunterricht herbartianischer Manier und Gesinnungspädagogik nach *Steiner* unterstellen einen moralisch-intellektuellen Konsens, der gerade nicht gegeben, sondern immer nur aktuell vereinbart, also relativ formuliert werden kann. Anders gewendet: worauf wir uns allgemein einigen können, ist dies, daß wir uns ein für allemal nicht zu einigen brauchen, sondern nur von Fall zu Fall und auf Widerruf.

74 Das ist ein Punkt, den *Ziller* eingeschärft hat, indem er nachdrücklich vor »Generalurteilen« über den Schüler warnte. Die Zensur erfaßt gerade nicht den »ganzen« Menschen (was auch immer das sein mag), sondern eine spezifische Leistung, die auch anders sein könnte. Insofern ist die Zensur viel zurückhaltender und diskreter als die Charakteristik; sie versucht zu sagen, was man wissen und ändern kann, nicht zu schauen, was sich nur vermuten läßt und als karmisches Geschick dann erfüllt werden soll. Vgl. T. *Ziller*: Materialien zur Speziellen Pädagogik des ›Leipziger Seminarbuches‹, hg. v. M. *Bergner*, Dresden 1886.

[75] R. *Steiner*: Die pädagogische Praxis vom Gesichtspunkte geisteswissenschaftlicher Erkenntnis, GA 306, S. 70. Wer meint, er könne hier »Gesinnung« neutral und freundlich-allgemein, ohne ihre anthroposophische Grundrichtung, verstehen und sich »an die Praxis« halten, der sei auf *Steiner* verwiesen: »Die beste Art, die Waldorfschule kennenzulernen, die beste Art die Pädagogik der Waldorfschule kennenzulernen, ist, anthroposophisch orientierte Geisteswissenschaft kennenzulernen zunächst. Denn sich die Dinge anzuschauen und in der Waldorfschule hospitieren zu wollen, dadurch wird man von der Waldorfschule nicht viel erfahren können.« (Erziehungs- und Unterrichtsmethoden auf anthroposophischer Grundlage, GA 304, S. 51).

[76] Chr. *Lindenberg*: Waldorfschulen ..., S. 15

[77] E. *Schwebsch*: Zur ästhetischen Erziehung ..., S. 9

[78] Vgl. L. *Klages*: Der Geist als Widersacher der Seele (zuerst 1929–1932) Bonn 1972², sowie O. *Spengler*: Der Untergang des Abendlandes (zuerst 1919/21) München 1963 – Für die Intellektuellen des Anti-Intellektualismus ist charakteristisch, wie stark ihre ästhetisierende Tendenz ausgebildet ist. Sie wählen Darstellungsformen im Übergang zum Roman oder zu »metaphysischen Memoiren«, versuchen sich gelegentlich poetisch, um über symbolische Darstellung Anschluß an das »Leben« zu gewinnen. Man sieht das auch an den Anhängern im *George/Gundolf*-Kreis, bei M. *Heidegger*, E. *Dacqué*, E. *Jünger* u. a.

[79] Vgl. M. *Luserke*: Schule am Meer. Ein Buch vom Wachsen deutscher Jugend geradeaus vom Ursprünglichen bis ins Letzte. Bremen 1925 – Bei *Luserke* findet sich gleichfalls diese Mischung aus regressiver Ideologie und künstlerischer Stilisierung. Das Leiden an der Gegenwart rettet sich in ein Formgefühl, das sich über einen vormodernen Zustand der Kunst stabilisiert. Die abgelegten Moden von gestern werden gewissermaßen zur Dauertracht des unglücklichen Bewußtseins. Die Parallele zu *Steiner* ist frappant: die Ästhetisierung der Erfahrung gibt sich als Weltschicksal.

[80] Aufschlußreich ist die Rezeption der von F. *Toennies* eingeführten Unterscheidung von »Gemeinschaft und Gesellschaft« (1887). – Gegen die Intention des Verfassers, der seine Termini deskriptiv einführt und zeigt, daß Gemeinschaft eine Sache von gestern und Gesellschaft die Sozialform der Stunde ist, wird der Gemeinschaft, der wir angehören durch Herkunft und Geburt, ein Wertvorrang gegenüber dem gesellschaftlichen Verband, aus dem wir austreten können, eingeräumt.

[81] H. *Nohl* hat in seinem Aufsatz »Der lebendige *Herbart*« die von ihm selbst begünstigte *Herbart*-Verdrängung richtiggestellt: »Als *Gaudig* einmal (...) seine Theorie der freien geistigen Arbeit entwickelt und tapfer auf *Herbart* gescholten hatte, gab er uns ein Beispiel seiner Arbeitsweise, und sie hielt sich ebenso tapfer an die Herbartschen Stufen«. In: Erziehergestalten. Göttingen 1963³, S. 58

[82] Vgl. vom Verfasser: Bauformen des Unterrichts. Eine Didaktik für Lehrer, Bad Heilbrunn 1983, Kapitel III über die »Artikulation des Unterrichts«

[83] J. F. *Herbart*: Kurze Enzyklopädie der Philosophie (1831), in: Sämtliche Werke, Bd. 9, Aalen 1964, S. 140

[84] Das immer sich wiederholende Anfangen gehört zu *Steiner*s Rede- und Lebensstil, bis schließlich der Anfang als Ergebnis präsentiert wird. Man möchte meinen, daß die Grundfigur in Steiners frühen Jahren, der immer erneuerte Versuch, Anschluß zu finden – in der Wissenschaft, bei den Sozialdemokraten, bei den Freimaurern, in den unterschiedlichsten Literatenkreisen und Zirkeln –, auf Dauer gestellt und gleichsam institutionalisiert wird. Die Waldorfschule hat diesen Einschlag mitbekommen; deshalb eignet sie sich für Anfänger und entlastet vom Druck, fertig zu werden und etwas zu leisten, was unabhängig von den eigenen Anfangsschwierigkeiten besteht. Darin dürfte auch die therapeutische Funktion der Waldorfschule liegen; sie bietet denen, die nicht zu Rande kommen, Halt und Sicherheit, indem sie Anfangsschwierigkeiten als Lösung offeriert.

[85] Man sollte auch beachten, daß das Erzählen, das dem Waldorflehrer von Steiner immer wieder gegenüber dem Erklären empfohlen wird, um Bilder zu erzeugen, nach denen man motiviert leben kann, eine Variante des Frontalunterrichts ist: der Lehrer stellt sich vor die Kinder wie der Prediger vor die Gemeinde. Diese Frontalität ist ein Grundzug der anthroposophischen Pädagogik. Sie zeigt sich gleichfalls in der seltsam unnatürlichen Bewegungsstilistik der Eurhythmie, wo die Tänzer immer die Gesichter gegen den Betrachter wenden, als ob der Raum keine Tiefe hätte und der Anblick nie unterbrochen werden dürfte. Darin liegt ein angestrengtes, dauerhaftes Vorzeigen, das offenbar suggerieren soll, immer präsent und in Form zu sein. In dieser Weise gehört Frontalität (einen geschlossenen, guten Anblick bieten) auch zum Stil von Herrschaftskunst, wie in Byzanz, wie in der Renaissance und in der Monumentalkunst totalitärer Regime: die Fassade repräsentiert das Sein.

[86] R. *Steiner*: Die geistig-seelischen Grundkräfte der Erziehungskunst (GA 305), TB 604, S. 65

[87] Zum Ende der repräsentativen Kunst und ihrer neuen Funktion als perspektivische Sinnerschließung und Handlungsanleitung vgl. W. *Benjamin*: Das Kunstwerk im Zeitalter seiner technischen Reproduzierbarkeit (zuerst 1935) Frankfurt 1963. Vgl. auch vom Verf.: Ästhetische Erziehung im Zeitalter der technischen Reproduzierbarkeit, in: Unterricht – Sprache zwischen den Generationen, hg. von J. *Petersen*, Kiel 1985, S. 289ff.

[88] R. *Steiner*: Der pädagogische Wert der Menschenerkenntnis und der Kulturwert der Pädagogik, GA 310, S. 142f.: »Wer den Menschen musikalisch versteht, der weiß, daß der Ton in ihm wirkt. Was da rückwärts beim Menschen sitzt, wo die Schulterblätter zusammengehen, was dort beginnt und sich von da in den ganzen Menschen hinein formend gestaltet, das sind

diejenigen Menschenformen, die aus der Prim heraus sich konstituierten; geht es weiter zum Oberarm, so geht die Form nach der Sekund über. Und geht es zum Unterarm, so kommen wir in die Terz. Und weil es eine große und eine kleine Terz gibt – nicht eine große und eine kleine Sekund –, deshalb haben wir *einen* Oberarmknochen; aber wir haben eine große und eine kleine Terz, und daher *zwei* Unterarmknochen: Speiche und Elle. In allem steckt die Tonskala; wir sind nach ihr gebildet (...) Und kommen wir zur Hand, so kommen wir damit zur Quart und dann in die Quint.« Und so weiter in dieser Knochenharmonie. Was Steiner nicht wahrhaben will, ist einfach dies, daß es »die« Tonskala nicht gibt. Er macht aus Beziehungen Gegenstände, ein Beleg dafür, daß die Geisteswissenschaft von dem nichts versteht, was ihr Thema sein soll: vom Geist.

89 Der suggestiv-zusprechende, etikettierende Duktus des Zeugnisses ist von *Steiner* durchaus gewollt: »Wir geben Zeugnisse, in denen wir einfach das Kind beschreiben, so daß jedes Zeugnis eine individuelle Leistung des Lehrers ist. Und dazu geben wir dem Kind in das Zeugnis hinein einen Jahresspruch mit, den das Kind sich gewissermaßen, indem es ihn immer wieder und wiederum sich im folgenden Jahre, bis es den nächsten bekommt, vor die Seele führt, an dem das Kind sich kräftigen kann, der ganz auf die Individualität des Kindes zugeschnitten ist. (...) Man kann, indem man so verfährt, starke Dinge in die Zeugnisse hineinschreiben. Die Kinder nehmen ihr Spiegelbild, selbst wenn es nicht ganz lobend ist, durchaus hin« (Erziehungs- und Unterrichtsmethoden auf anthroposophischer Grundlage, GA 304, S. 181). Um die Bedeutung des Spruches einzuprägen, müssen in manchen Waldorfschulen die Kinder ihren Spruch einmal im Monat vor der Klasse aufsagen: das zugeschriebene Selbstbild wird öffentlich ritualisiert und bekräftigt. – Es wäre einmal interessant, dieses Verfahren unter Gesichtspunkten des symbolischen Interaktionismus zu behandeln. Vgl. H. *Becker*: Außenseiter. Zur Soziologie abweichenden Verhaltens. Frankfurt 1981

90 Zit. nach G. *Schröter*: Zensuren? Zensuren! Baltmannsweiler 1981[3], S. 178. – Der Verfasser hat das Zensurenproblem im Zusammenhang seiner »Didaktik für Lehrer« behandelt; vgl. Bauformen des Unterrichts. Bad Heilbrunn 1983, Kap. 15. – Welche Verstörungen sich aus einer moralisierenden Wesensbewertung ergeben können, darauf weist mit Fällen aus seiner schulpsychologischen Beratungspraxis F. *Beckmannshagen* hin: Rudolf *Steiner* und die Waldorfschulen. Eine psychologisch-kritische Studie. Wuppertal 1984: »Viele Waldorflehrer werden von den Eltern als unnahbar hochmütig beschrieben. Lehrer wiederum beschweren sich, daß viele Eltern das Geisteserbe Rudolf Steiners zu lax behandelten« (S. 9).

91 R. *Dreeben*: Was wir in der Schule lernen. Frankfurt 1980. – In seinem Vorwort zur deutschen Ausgabe ist H. *Fend* auf den Zusammenhang der von Dreeben vorgelegten Analyse mit der Diskussion um den »geheimen Lehr-

plan« eingegangen. Es kommt ein falscher Zungenschlag in den Gebrauch dieses Slogans, wenn darunter eine Konspiration zur Durchsetzung von öffentlich nicht vertretbaren Erziehungszielen gesehen wird. Vielmehr geht es um das, was die Schule eben dadurch bewirkt, daß sie ist, wie sie ist. Will man anderes, muß man sie anders organisieren. Vgl. zur Diskussion J. *Zinnecker* (Hg.): Der heimliche Lehrplan. Weinheim 1973.

92 F. *Carlgren*: Erziehung zur Freiheit ..., S. 12

93 Vgl. Chr. *Lindenau*: Soziale Dreigliederung. Der Weg zur lernenden Gesellschaft. Stuttgart 1983

94 R. *Steiner*: Die Kernpunkte der sozialen Frage in den Lebensnotwendigkeiten der Gegenwart und Zukunft, (GA 23), TB 606

95 Vgl. die »Erklärung der Berliner Universitätslehrer« v. 20. November 1918, in der sie erklären, »daß sie sich bereitwillig der provisorischen neuen Regierung unterstellen und die endgültige Ordnung der Verhältnisse von einer auf lauteren demokratischen Grundsätzen aufgebauten Nationalversammlung erwarten ...« und zugleich »es für ein Gebot der Würde und Aufrichtigkeit halten, ihre bisherige Anhänglichkeit an die glorreichen Traditionen des bisherigen Staates nicht zu verleugnen«. In: Aufrufe und Reden deutscher Professoren im Ersten Weltkrieg, hg. von K. *Böhme*, Stuttgart 1975, S. 238

96 J. *Hemleben*: Rudolf *Steiner*, Reinbek 1963, S. 122

97 Zu dieser im ursprünglichen und genauen Sinne »hierarchischen« Staatsidee des alten Reiches vor 1806 vgl. H. *Hattenhauer*: Zwischen Hierarchie und Demokratie. Karlsruhe 1971 – In der Tat ist Steiners Gesellschafts- und Staatsverständnis nicht demokratisch, sondern hierarchisch-hierokratisch.

98 Den Zusammenhang von absolutem Seins- und Ideenwissen und autoritärer Herrschaft hat K. *Popper* klargemacht: Die offene Gesellschaft und ihre Feinde. 2 Bde, Bern 1957/58. – Die demokratische Organisation des öffentlichen Lebens ist relativistisch-fallibilistisch; vgl. auch H. *Kelsen*: Verteidigung der Demokratie (1932), in: Demokratie und Sozialismus. Darmstadt 1967: »Nur wer an die Existenz eines absoluten Wertes glaubt, wer sich selbst oder einen anderen im Besitz dieses Wertes weiß, hat das Recht, die Demokratie zu verurteilen, hat das Recht, seinen Willen gegen den aller anderen durchzusetzen (...) Wer aber weiß, daß menschlicher Erkenntnis nur relative Werte zugänglich sind, der kann den zu ihrer Verwirklichung notwendigen Zwang nur dadurch rechtfertigen, daß er die Zustimmung wenn nicht schon aller (...), so doch wenigstens der Mehrheit jener hat, für welche die Zwangsordnung Geltung beansprucht« (S. 67).

99 Diese Bemerkung des Waldorflehrers St. *Leber* nach P. *Brügge*: Die Anthroposophen. Reinbek 1984, S. 89 – Die Prozedur wird als »qualvoll« bezeichnet, aber »noch schlimmer wird es, wenn im unregulierten Hin und Her zwischen Lehrerkollegium und den Eltern vom Schulvorstand ein unerziehbarer Lehrer herausbefördert werden muß« (ebd.). Daß eine Institution

Möglichkeiten braucht, sich von denen zu trennen, die ihren Zweck nicht erfüllen, ist nicht zu bestreiten; aber es bedarf auch der Appellations- und Einspruchsrechte des Mitglieds, ohne die es der Willkür von Geschmacksurteilen ausgeliefert ist. Wie sehr es daran mangelt und wie sehr die organisierte Waldorfschule eine Einrichtung ohne formale Organisation sein will, dazu vgl. aus anthroposophischer Sicht St. *Leber*: Die Sozialgestalt der Waldorfschule. Stuttgart 1974. – Aufschlußreich ist auch, was F. *Beckmannshagen* aus seiner Beratungspraxis berichtet: »Ich habe *anthroposophische* Männer, Familienväter, in der Beratungsstelle weinen gesehen, weil sie den Konflikt zwischen ihrem Verlangen nach Selbstachtung und dem ständigen Zwang zum Selbstverrat nicht mehr ertrugen. (...) Es dauert viele Jahre, bis man annäherungsweise eine Vorstellung bekommt von dem Netz aus Schikanen und Intrigen, aus Tricks und Machenschaften, aus Mißgunst und Verdächtigungen, in dem jeder Kollege mehr oder weniger ›gefangen‹ sitzt« (a.a.O., S. 47).

100 A. *Leschinsky*: Waldorfschulen im Nationalsozialismus, in: Neue Sammlung, Jg. 23, 1983, S. 255–275. – Das gleiche Heft enthält auch den Abdruck des Gutachtens, das A. *Bäumler* vermutlich 1937 über die Waldorfschulen angefertigt hat und in dem er, wie nicht anders zu erwarten, den Anti-Intellektualismus der Waldorfschule und ihrer anthroposophischen Grundlage positiv beurteilt (a.a.O., S. 282).

101 H. *Lübbe*: Der Fortschritt und das Museum. Über den Grund unseres Vergnügens an historischen Gegenständen (The 1981 Bithell Memorial Lecture) London 1982

102 R. *Steiner*: Anthroposophische Pädagogik und ihre Voraussetzungen, Basel 1951, S. 76

Literaturverzeichnis

I. Schriften Rudolf Steiners

(Zu den Abkürzungen vgl. Anmerkung 10, S. 171)

1. Philosophie der Freiheit. Grundzüge einer modernen Weltanschauung – Seelische Beobachtungsresultate nach naturwissenschaftlicher Methode (1894). GA 4, Dornach 1978[14]; TB 627, Dornach 1984
2. Wie erlangt man Erkenntnisse der höheren Welten? (1904). GA 10, Dornach 1975[22]; TB 600, Dornach 1984
3. Theosophie. Einführung in die übersinnliche Erkenntnis und Menschenbestimmung (1904). GA 9, Dornach 1978[30]; TB 615, Dornach 1983
4. Die Geheimwissenschaft im Umriß (1910). GA 13, Dornach 1962, TB 601, Dornach 1979
5. Aus der Akasha-Chronik (1904–1908). GA 11, Dornach 1973[5]; TB 616, Dornach 1983
6. Die Offenbarungen des Karma. Ein Vortragszyklus in Hamburg vom 16. bis 28. Mai 1910. GA 120, Dornach 1975[7]; TB 620, Dornach 1980
7. Das menschliche Leben vom Gesichtspunkte der Geisteswissenschaft (Anthroposophie). GA 35 (Philosophie und Anthroposophie. Gesammelte Aufsätze 1904–1918); hier: TB 612, Dornach 1982
8. Die geistige Führung des Menschen und der Menschheit. Geisteswissenschaftliche Ergebnisse über die Menschheitsentwicklung. GA 15, Dornach 1974[9]; TB 614, Dornach 1983
9. Allgemeine Menschenkunde als Grundlage der Pädagogik. Ein Vortragskurs bei der Begründung der Freien Waldorfschule in Stuttgart vom 21. August bis 5. September 1919 (Erster Teil). GA 293; Dornach 1932; TB 617, Dornach 1982
10. Erziehungskunst. Methodisch-Didaktisches. Ein Vortragskurs bei der Begründung der Freien Waldorfschule in Stuttgart 1919 (Zweiter Teil). GA 294, Dornach 1974[5]; TB 618, Dornach 1981
11. Die geistig-seelischen Grundkräfte der Erziehungskunst. Ein Vortragskurs gehalten in Oxford 1922. GA 305, Dornach 1978[2]; TB 604, Dornach 1981
12. Die Erneuerung der pädagogisch-didaktischen Kunst durch Geisteswissenschaft. Vierzehn Vorträge gehalten für Lehrer und Lehrerinnen Basels und Umgebung 20. April bis 11. Mai 1930. GA 301, Dornach 1977
13. Erziehung und Unterricht aus Menschenerkenntnis. Neun Vorträge gehalten für Lehrer der Freien Waldorfschule in Stuttgart. GA 302a, Dornach 1977
14. Erziehungs- und Unterrichtsmethoden auf anthroposophischer Grundlage. Neun öffentliche Vorträge, gehalten zwischen dem 23. Februar 1921 und 16. September 1922 in verschiedenen Städten. GA 304, Dornach 1979

15. Anthroposophische Menschenkunde und Pädagogik. Neun öffentliche Vorträge, gehalten zwischen dem 25. März 1923 und dem 30. August 1924 in verschiedenen Städten. GA 304a, Dornach 1979
16. Die pädagogische Praxis vom Gesichtspunkte geisteswissenschaftlicher Menschenerkenntnis. Die Erziehung des Kindes und jüngerer Menschen. Acht Vorträge, gehalten in Dornach vom 15. bis 22. April 1923. GA 306, Dornach 1982
17. Der pädagogische Wert der Menschenerkenntnis und der Kulturwert der Pädagogik. Zehn Vorträge, gehalten in Arnheim vom 17. bis 24. Juli 1924. GA 310, Dornach 1965
18. Die Kunst des Erziehens aus dem Erfassen der Menschenwesenheit. Sieben Vorträge, gehalten in Torquay vom 12. bis 20. August 1924. GA 311, Dornach 1979
19. Die Erziehung des Kindes vom Gesichtspunkte der Geisteswissenschaft. Dornach 1981
20. Anthroposophische Pädagogik und ihre Voraussetzungen. Ein Vortragszyklus gehalten in Bern vom 13. bis 17. April 1924. Basel 1951
21. Mein Lebensgang (1923–1925). GA 28, Dornach 1962; TB 636, Dornach 1975
22. Die Kernpunkte der sozialen Frage in den Lebensnotwendigkeiten der Gegenwart und Zukunft. GA 23, Dornach 1976[6]; TB 606, Dornach 1984
23. Briefe, Bd. I. GA 38, Dornach 1955

II. Zur Biographie Steiners aus anthroposophischer Sicht

Hemleben, J.: Rudolf Steiner. Reinbek 1963

Lindenberg, Chr.: Rudolf Steiner. In: H. Scheuerl (Hg.): Klassiker der Pädagogik, Bd. 2, München 1979

Poeppig, F.: Rudolf Steiner. Der große Unbekannte. Wien 1960

Krück v. Poturzyn, M. J. (Hg.): Wir erlebten Rudolf Steiner. Erinnerungen seiner Schüler (1956). Stuttgart 1980[6]

Rittelmeyer, F.: Meine Lebensbegegnung mit Rudolf Steiner. Stuttgart 1980

Wehr, G.: Rudolf Steiner. Wirklichkeit, Erkenntnis und Kulturimpuls. Freiburg 1982

Wachsmuth, G.: Rudolf Steiners Erdenleben und Wirken von der Jahrhundertwende bis zu seinem Tode (1941). Dornach 1964[3]

III. Werk und Wirkung aus anthroposophischer Sicht

Becker, K. E., Schreiner, H. P. (Hg.): Anthroposophie heute. Frankfurt 1984
Brotbeck, K.: Durchbruch zur Menschenschule. Schaffhausen 1982
Carlgren, F.: Erziehung zur Freiheit. Die Pädagogik Rudolf Steiners. Frankfurt 1981
Gerbert, H.: Menschenbildung aus Kunstverständnis. Kunstgeschichte und Ästhetik in der Oberstufe der Waldorfschule. Stuttgart 1983[2]
Grosse, R.: Erlebte Pädagogik. Schicksal und Geistesweg. Dornach 1968
Hartmann, G.: Erziehung aus Menschenerkenntnis. Vom pädagogischen Impuls der Anthroposophie Rudolf Steiners. Dornach 1976[3]
Heydebrand, C. v.: Vom Lehrplan der Freien Waldorfschule (1928). Stuttgart 1983[3]
Kallert, B.: Die Erkenntnistheorie Rudolf Steiners. Der Erkenntnisbegriff des objektiven Idealismus (1960). Stuttgart 1971[2]
Kiene, H.: Grundlinien einer essentialen Wissenschaftstheorie. Die Erkenntnistheorie Rudolf Steiners im Spannungsfeld moderner Wissenschaftstheorie. Perspektiven essentialer Wissenschaft. Stuttgart 1984
Kiersch, J.: Waldorfpädagogik. Eine Einführung in die Pädagogik Rudolf Steiners (1970). Stuttgart 1984[6]
Kugler, W.: Rudolf Steiner und die Anthroposophie. Wege zu einem neuen Menschenbild. Köln 1978
Leber, St. (Hg.): Die Pädagogik der Waldorfschule und ihre Grundlagen. Darmstadt 1983
ders.: die Sozialgestalt der Waldorfschule. Ein Beitrag zu den sozialwissenschaftlichen Anschauungen Rudolf Steiners. Stuttgart 1974
Lindenau, Chr.: Soziale Dreigliederung. Der Weg zu einer lernenden Gesellschaft. Stuttgart 1983
Lindenberg, Chr.: Waldorfschulen. Angstfrei lernen, selbstbewußt handeln. Praxis eines verkannten Schulmodells. Reinbek 1975
ders.: Die Lebensbedingungen des Erziehens. Von Waldorfschulen lernen. Reinbek 1981
Locher-Ernst, L.: Raum und Gegen-Raum. Einführung in die neuere Geometrie. Dornach 1970
Rittersbacher, K.: Zur Beurteilung der Pädagogik Rudolf Steiners. Eine kulturpädagogische Studie. Basel 1969
Schneider, P.: Einführung in die Waldorfpädagogik. Stuttgart 1982
Schwebsch, E.: Zur ästhetischen Erziehung. Stuttgart 1954
Steffen, A.: Die anthroposophische Pädagogik. Dornach 1983
Wehr, G.: Der innere Weg. Anthroposophische Erkenntnis, Orientierung und meditative Praxis. Reinbek 1983
ders.: Der pädagogische Impuls Rudolf Steiners. Frankfurt 1983

IV. Werk und Wirkung aus nicht-anthroposophischer Sicht

Badewien, J.: Anthroposophie. Eine kritische Darstellung. Konstanz 1985

Beckmannshagen, F.: Rudolf Steiner und die Waldorfschulen. Eine psychologisch-kritische Studie. Wuppertal 1984

Brügge, P.: Die Anthroposophen. Reinbek 1984

Dessoir, M.: Vom Jenseits der Seele. Die Geheimwissenschaften in kritischer Betrachtung. Stuttgart 1931

Gahr, Chr.: Die Anthroposophie Steiners. Phil. Diss. Erlangen 1929

Hauer, J. W.: Wesen und Werden der Anthroposophie. Eine Wertung und Kritik. Stuttgart 1923

Hövels, K.: Beiträge zur Kritik der anthroposophischen Welt- und Lebensanschauung und kritische Beleuchtung der anthroposophischen Unterrichtslehre. (Phil. Diss.) Kaldenkirchen 1926

Hoffmann, K.: Die Anthroposophie R. Steiners und die ›moderne Geisteswissenschaft‹. Phil. Diss. Gießen 1928

Kloss, H.: Waldorfpädagogik und Staatsschulwesen. Stuttgart 1955

Koop, U.: Die Pädagogik der Waldorfschulen. Phil. Diss. Hamburg 1958

Kully, M.: Die Wahrheit über Dr. Steiner. Olten 1920

ders.: Das Geheimnis des Tempels von Dornach, 2 Bde. Basel 1920/21

Leisegang, H.: Die Grundlagen der Anthroposophie. Eine Kritik der Schriften Rudolf Steiners. Hamburg 1922

Leschinsky, A.: Waldorfschulen im Nationalsozialismus. In: Neue Sammlung, Jg. 23, 1983, S. 255ff.

Oppolzer, S.: Anthropologie und Pädagogik bei Rudolf Steiner. Phil. Diss. Münster 1959

Pierott, V.: Anthroposophie – eine Alternative? Neuhausen/Stuttgart 1983[2]

Prange, K.: Von der Freiheit eines Waldorfmenschen – Eindrücke von der 31. Öffentlichen Arbeitswoche der Freien Waldorfschule Stuttgart. In: Schleswig-Holsteinische Schule, Jg. 34, 1981, S. 249ff.

Schneider, J. W.: Die Rudolf-Steiner-Schule, ihre theoretische Begründung und praktische Gestaltung. Phil. Diss. Kiel 1952

Schrey, H.: Waldorfpädagogik. Kritische Beschreibung und Versuch eines Gesprächs. Bad Godesberg 1968

Seiling, M.: Die anthroposophische Bewegung und ihr Prophet. Lorch 1921[2]

Staedtke, I.: Schiller und die Waldorfpädagogik. Phil. Diss. Leipzig 1929

V. Zur herbartianischen Vorgeschichte der Waldorfpädagogik

Adl-Amini, B. / Oelkers, J. /Neumann, D. (Hg.): Pädagogische Theorie und erzieherische Praxis. Grundlegung und Auswirkungen von Herbarts Theorie der Pädagogik und Didaktik. Bern/Stuttgart 1979
Dunkel, H. B.: Herbart and Herbartianism. An Educational Ghost Story. Chicago/London 1970
Herbart, J. F.: Berichte an Herrn Karl Friedrich Steiger (1797/98). In: Kleinere pädagogische Schriften, hg. v. W. Asmus. Stuttgart 1982[2]
ders.: Hauptpunkte der Metaphysik (1806). In: Sämtliche Werke, Bd. 2. Aalen 1964
ders.: Kurze Enzyklopädie der Philosophie (1831). In: Sämtliche Werke, Bd. 9, Aalen 1964
Lindner, G. A.: Lehrbuch der empirischen Psychologie nach genetischer Methode. Graz 1858
ders.: Einleitung in das Studium der Philosophie mit Rücksicht auf das Bedürfnis der Gymnasien entworfen. Wien 1866
ders.: Enzyklopädisches Handbuch der Erziehungskunde. Wien/Leipzig 1884
ders.: Grundriß der Pädagogik als Wissenschaft. Wien/Leipzig 1889
Rein, W. (Hg.): Enzyklopädisches Handbuch der Pädagogik, 10 Bde. 1894 ff., 2. Aufl. 1903–1910
Schwenk, B.: Das Herbartverständnis der Herbartianer. Weinheim 1963
Ziller, T.: Materialien zur Speziellen Pädagogik des ›Leipziger Seminarbuches‹, hg. v. M. Bergner. Dresden 1886
Zimmermann, R.: Ästhetik, 2 Bde., Wien 1858–65; Neudruck 1968
ders.: Anthroposophie. Wien 1882

VI. Zur reformpädagogischen Nachbarschaft der Waldorfschule

Bäumler, A.: Gutachten über die Waldorfschulen (vermutlich 1937). In: Neue Sammlung, Jg. 23, 1983, S. 279 ff.
Böhme, K. (Hg.): Aufrufe und Reden deutscher Professoren im Ersten Weltkrieg. Stuttgart 1975
Langbehn, L.: Rembrandt als Erzieher. Leipzig 1890 u. ö.
ders.: Vom Geist des Ganzen (hg. v. M. B. Nissen). Freiburg 1930
Luserke, M.: Schule am Meer. Ein Buch vom Wachsen deutscher Jugend geradeaus vom Ursprünglichen bis ins Letzte. Bremen 1925
Nohl, H.: Pädagogische Aufsätze (1919). Langensalza 1929[2]
ders.: Die pädagogische Bewegung in Deutschland und ihre Theorie (1935). Göttingen 1982[9]
ders.: Der lebendige Herbart. In: Erziehergestalten. Göttingen 1963[3]

Klages, L.: Der Geist als Widersacher der Seele, 3 Bde. (1929–32). Bonn 1972[2]
Spengler, O.: Der Untergang des Abendlandes, 2 Bde (1919/21), München 1963

VII. Erziehungswissenschaftliche Literatur

Becker, H.: Außenseiter. Zur Soziologie abweichenden Verhaltens (zuerst amerik. 1963). Frankfurt 1981
Blankertz, H.: Theorien und Modelle der Didaktik. München 1975[9]
Dreeben, R.: Was wir in der Schule lernen (zuerst amerik. 1968). Frankfurt 1980
Luhmann, N. / Schorr, H.-E.: Reflexionsprobleme im Erziehungssystem. Stuttgart 1979
Piaget, J. / Inhelder, B.: Psychologie des Kindes. Olten/Freiburg 1973[2]
Prange, K.: Bauformen des Unterrichts. Eine Didaktik für Lehrer. Bad Heilbrunn 1983
ders.: Ästhetische Erziehung im Zeitalter der technischen Reproduzierbarkeit. In: Unterricht – Sprache zwischen den Generationen, hg. v. J. Petersen, Kiel 1985
Röhrs, H.: Die Reformpädagogik. Ursprung und Verlauf in Europa. Hannover 1977
Roeßler, W.: Die Entstehung des modernen Erziehungswesens in Deutschland. Stuttgart 1961
Scheibe, W.: Die reformpädagogische Bewegung 1900–1930. Eine einführende Darstellung. Weinheim 1969
Scheuerl, H. (Hg.): Klassiker der Pädagogik, Bd. 2, München 1979
Tenorth, H.-E.: Zur deutschen Bildungsgeschichte 1919–1945. Probleme, Analysen und politisch-pädagogische Perspektiven. Frankfurt 1985
Wagenschein, M.: Die pädagogische Dimension der Physik. Braunschweig 1965[2]
Zinnecker, J. (Hg.): Der heimliche Lehrplan. Weinheim 1973
Zumkley-Münkel, C.: Imitationslernen. Düsseldorf 1976

VIII. Allgemeines

Apel, K.-O.: Wissenschaft als Emanzipation? – Eine kritische Würdigung der Wissenschaftskonzeption der ›Kritischen Theorie‹. In: Transformation der Philosophie, Bd. 2, Frankfurt 1973
Benjamin, W.: Das Kunstwerk im Zeitalter seiner technischen Reproduzierbarkeit (1935). Frankfurt 1963

Habermas, J.: Erkenntnis und Interesse. In: Technik und Wissenschaft als ›Ideologie‹. Frankfurt 1968

Glasenapp, H.: Die Religionen Indiens. Stuttgart 1955

ders.: Die Philosophie der Inder. Stuttgart 1958²

Goethe, J. W.: Maximen und Reflexionen. In: Berliner Ausgabe, Bd. 18, Berlin-Ost 1972

Hattenhauer, H.: Zwischen Demokratie und Hierarchie. Eine Einführung in die geistesgeschichtlichen Grundlagen des geltenden deutschen Rechts. Karlsruhe 1971

Johnston, W. M.: Österreichische Kultur- und Geistesgeschichte. Wien-Köln-Graz 1980²

Kelsen, H.: Demokratie und Sozialismus. Ausgewählte Aufsätze. Darmstadt 1967

Lübbe, H.: Bewußtsein in Geschichten. Studien zur Phänomenologie der Subjektivität. Stuttgart 1972

ders.: Der Fortschritt und das Museum. Über den Grund unseres Vergnügens an historischen Gegenständen (The 1981 Bithell Memorial Lecture). London 1982

Popper, K.: Die offene Gesellschaft und ihre Feinde, 2 Bde. (zuerst engl. 1944). Bern 1957/58

Schapp, W.: Philosophie in Geschichten (1959). Wiesbaden 1975²

ders.: In Geschichten verstrickt. Zum Sein von Mensch und Ding (1953). Wiesbaden 1976²

Scheler, M.: Die Wissensformen und die Gesellschaft (1926). In: Gesammelte Werke, Bd. 8. Bern/München 1980

Toennies, F.: Gemeinschaft und Gesellschaft (1887). Darmstadt 1969

Wittgenstein, L.: Tractatus Logico-Philosophicus. In: Schriften, Bd. I. Frankfurt 1960